权威·前沿·原创

皮书系列为
"十二五""十三五""十四五"时期国家重点出版物出版专项规划项目

BLUE BOOK

智 库 成 果 出 版 与 传 播 平 台

深圳蓝皮书
BLUE BOOK OF SHENZHEN

深圳法治发展报告
（2024）

ANNUAL REPORT ON THE RULE OF LAW
IN SHENZHEN (2024)

主　编／罗　思
副主编／李朝晖

社会科学文献出版社
SOCIAL SCIENCES ACADEMIC PRESS（CHINA）

图书在版编目（CIP）数据

深圳法治发展报告 . 2024 ／ 罗思主编 . －－北京：
社会科学文献出版社，2024.10. －－（深圳蓝皮书）.
ISBN 978-7-5228-3958-5

Ⅰ. D927. 653

中国国家版本馆 CIP 数据核字第 20240QP578 号

深圳蓝皮书
深圳法治发展报告（2024）

主　　编／罗　思
副 主 编／李朝晖

出 版 人／冀祥德
组稿编辑／张丽丽
责任编辑／徐崇阳
文稿编辑／白　银　孙玉铖　刘　燕
责任印制／王京美

出　　版／社会科学文献出版社·生态文明分社（010）59367143
　　　　　地址：北京市北三环中路甲 29 号院华龙大厦　邮编：100029
　　　　　网址：www.ssap.com.cn
发　　行／社会科学文献出版社（010）59367028
印　　装／天津千鹤文化传播有限公司

规　　格／开本：787mm×1092mm　1/16
　　　　　印 张：22.75　字 数：338 千字
版　　次／2024 年 10 月第 1 版　2024 年 10 月第 1 次印刷
书　　号／ISBN 978-7-5228-3958-5
定　　价／138.00 元

读者服务电话：4008918866

主要编撰者简介

罗　思　中山大学法律系毕业，先后在深圳市工商行政管理局（物价局）、中共深圳市委政策研究室、深圳市政府发展研究中心、深圳市社会科学院工作。长期从事公共政策和社科理论研究，尤其关注城市发展战略、法治建设和人才政策领域，参与"深圳质量研究""提升深圳法治化建设水平研究""深圳人才发展研究""深圳社会组织发展和管理体制研究""深圳建成现代化国际化创新型城市研究""城镇化过程中珠三角村居治理模式及路径研究""深圳市供给侧政策效果评估"等 20 余个深圳市重大课题，推动形成一批具有前瞻性、可操作性强的研究报告，多项调研成果获省、市主要领导批示，被评为哲学社会科学优秀成果。

李朝晖　深圳市社会科学院政法研究所所长、研究员。主要研究方向为经济法、地方法治、信息法等。承担完成"证券市场法律监管比较研究""社会信用体系建设中的法律问题研究""个人信息保护法律问题研究""借鉴国际经验，提高深圳法治化建设水平""新时期深圳社会主义民主法治建设研究""深圳市大部门制改革研究""深圳政府管理层级改革研究""深圳率先建设社会主义现代化先行区研究""深圳营商环境建设研究"等数十项课题；出版《个人征信法律问题研究》《证券市场法律监管比较研究》《新时代深圳法治先行示范城市建设的理念与实践》等个人专著，参与 10 余部著作撰写；在《法学评论》《学术研究》等学术刊物上发表论文数十篇。

摘　要

《深圳法治发展报告（2024）》由深圳市社会科学院研创。本书梳理了深圳在中国特色社会主义先行示范区、中国特色社会主义法治先行示范城市建设的背景下，立法、法治政府、司法、社会法治、涉外法治等方面工作的基本情况以及法治发展中的突出亮点，并对深圳法治未来发展提出建议。

2023年，深圳坚持以习近平法治思想为指导，持续推进法治先行示范城市建设。立法的引领、促进和保障作用持续发挥，一流法治政府建设全面推进，司法服务保障作用发挥充分，法律服务业快速发展，法治建设水平不断提升。在基层矛盾纠纷化解、知识产权保护、破产制度改革、法治保障高水平对外开放等方面取得良好成效。本书专题研究了深圳的产业促进和民营经济立法，应急管理、不动产登记、住房公积金等制度的变迁，注册资本制度改革与深圳对新《公司法》的适应，政府普法履职、粤港澳大湾区民事诉讼规则衔接、检察建议、检察监督以及国际法务区发展、涉外司法鉴定等问题。本书还关注了蓝碳产权保护、人工智能知识产权保护、电竞赛事联盟内部处罚权效力等方面的前沿实践问题。

2024年，深圳应当深入贯彻党的二十大和二十届二中全会精神，以习近平法治思想为指导，坚持中国特色社会主义法治道路，深入推进中国特色社会主义法治先行示范城市建设，持续建设一流法治政府，不断优化法治化营商环境，更好发挥法治固根本、稳预期、利长远的保障作用，为深圳"双区"建设、"双改"示范提供法治保障。

关键词： 习近平法治思想　法治先行示范城市　法治化营商环境

目　录 ⬗

Ⅰ　总报告

Ⅱ　立法篇

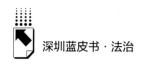

Ⅲ 法治政府篇

Ⅳ 司法篇

Ⅴ 社会法治篇

Ⅵ　涉外法治篇

Ⅶ　法治前沿篇

皮书数据库阅读**使用指南**

总 报 告

B.1
2023年深圳法治发展报告

赵 丹 娄卫阳 李朝晖*

摘 要： 2023年，深圳坚持以习近平法治思想为指导，持续推进法治先行示范城市建设。立法的引领、促进和保障作用持续发挥，一流法治政府建设全面推进，司法服务保障作用充分发挥，法律服务业快速发展，法治建设水平不断提升。在基层矛盾纠纷化解、知识产权保护、破产制度改革、法治保障高水平对外开放等方面取得良好成效。2024年，深圳应当继续坚持以习近平法治思想为指导，加快法治先行示范城市建设，持续优化法治化营商环境，为深圳"双区"建设提供法治保障。

关键词： 法治先行示范城市 法治化营商环境 矛盾纠纷化解

---

* 赵丹，深圳市社会科学院政法研究所副研究员，主要研究方向为国际法；娄卫阳，上海政法学院上海司法研究所博士研究生，主要研究方向为国际法；李朝晖，深圳市社会科学院政法研究所所长、研究员，主要研究方向为经济法、地方法治、信息法。

一 2023年深圳法治发展基本情况

2023年，深圳坚持以习近平法治思想为指导，推进法治先行示范城市建设。出台《深圳市优化法治化营商环境工作方案（2023—2025年）》，强化高质量立法，引领保障经济社会发展，着力构建一流法治政府，推进营商环境优化，持续推进公正高效司法，提升司法保障水平，加快法律服务业发展，强化优质服务供给。

（一）强化高质量立法，保障经济社会发展

2023年深圳紧扣高质量发展的重点领域、关键环节，在促进科技创新、新兴经济发展、扩大制度型开放、保护生态环境以及民生保障方面稳步推进法规规章制定工作。

1. 立法的引领、促进和保障作用持续发挥

2023年，深圳市人大常委会立法计划包含拟继续审议和新提交审议项目32项、预备项目19项、调研项目15项；实际审议法规29件，通过20件，其中制定法规9件、修改法规9件、废止适用法规2件（见表1）。

表1 2016~2023年深圳法规立改废情况

单位：件

分类	2016年	2017年	2018年	2019年	2020年	2021年	2022年	2023年	合计
制定法规	3	3	5	3	15	5	11	9	54
修改法规	1	16	23	126（120）	9	10	5	9	199（120）
废止适用法规	4	1	1	0	3	1	0	2	12

注：2019年修改的126件法规中，有120件是根据法规清理进行的一揽子技术修改，不涉及法规实质内容的修改。

资料来源：深圳市人大网，http://www.szrd.gov.cn/。

充分发挥立法对科技创新、新兴经济的引领、促进作用。2023年，出台国内首部科学城专项法规——《深圳经济特区光明科学城发展促进条例》，建立光明科学城在科研、产业、技术、资本和人才等方面良性互动的机制；审议通过全国首部促进低空经济产业发展法规——《深圳经济特区低空经济产业促进条例》，从低空飞行的基础设施建设、飞行服务、产业应用、产业支持、技术创新、安全管理等方面制定一整套促进产业发展的制度。

充分发挥立法对粤港澳大湾区融合发展、扩大制度型开放的促进和保障作用。2023年10月31日，审议通过全国首部区域性投资者保护立法——《深圳经济特区前海深港现代服务业合作区投资者保护条例》，在投资便利、权益保障、优化监督、法治保障等方面制定创新性举措，进一步促进前海对外开放。2023年11月29日，审议通过《深圳经济特区国际船舶条例》，探索建立与国际对接的国际船舶登记管理制度体系，提升深圳国际航运综合竞争力。

充分发挥立法对社会建设、民生幸福、生态保护的保障作用。出台《深圳经济特区居民生活用水电燃气价格管理若干规定》，规范出租屋水电气收费，对未按政府定价和使用人实际使用数量收取水、电、燃气费用的行为设立了罚则。出台《深圳经济特区消费者权益保护条例》，创新针对大数据杀熟、诱导式消费、预付款"跑路"等消费领域的突出问题制定了规范措施。出台《深圳经济特区城市燃气管理条例》，规定推行燃气企业公众责任保险制度等，加强燃气安全防护。制定《深圳经济特区成品油监督管理条例》，针对成品油经营使用环节监督管理工作中存在的问题，构建协调统一、科学高效的成品油监管体制。修订《深圳经济特区海域污染防治条例》，对陆源、涉海工程、船舶等污染防治以及海域污染应急处置等方面作出制度安排。

2. 政府规章立改废工作持续加强

2023年，深圳市政府继续加强重点领域、新兴领域和社会民生领域立法。除提请市人大常委会审议法规议案11件外，还制定规章9件、废止规章3件。

新制定的规章主要聚焦公共住房、医疗、储备粮保障等民生领域。制定《深圳市公共租赁住房管理办法》《深圳市保障性租赁住房管理办法》《深圳市共有产权住房管理办法》《深圳市保障性住房规划建设管理办法》，分别对公共租赁住房、保障性租赁住房、共有产权住房三类住房的保障对象、申请条件、供应分配方式、租售价格标准、用地保障、建设筹集主体和渠道、建设标准、监督管理等进行了规范，保障各类住房困难居民住有所居。制定《深圳市医疗保障办法》，进一步规范医保制度体系，完善医保筹资机制，提升待遇保障水平。制定《深圳市市级储备粮管理办法》，规范深圳市市级储备粮管理，加快构建高标准粮食安全保障体系。还制定了《深圳市预拌混凝土和预拌砂浆管理规定》，规范预拌混凝土和预拌砂浆的生产、销售、运输及监督管理。制定《深圳市人民政府关于规划和自然资源行政职权调整的决定》《深圳市人民政府关于将一批市（区）级行政职权事项调整由深圳市前海深港现代服务业合作区管理局在前海深港现代服务业合作区实施的决定》，以适应改革需要。

此外，根据社会发展实际，废止了《深圳市计划生育若干规定》《深圳市生活垃圾分类和减量管理办法》《深圳市行政执法证件管理办法》等规章。

（二）着力建设一流法治政府，持续优化营商环境

深圳提出建设一流法治政府已经十多年，持续从规范性文件管理、规范执法及监督、完善行政复议制度，以及加强政府法律顾问工作、政府信息公开工作、公共法律服务等方面，强化政府行为的规制，提高行政和执法效率，优化政务服务，创造优质的法治化营商环境。

1. 规范性文件管理持续加强

在规范性文件制定方面，2023 年，市司法局完成市政府部门规范性文件审查 132 件，通过 117 件，通过率 88.64%（见图 1），总体稳定；审查各区提请备案的规范性文件 106 件，同意备案 106 件；向省政府和市人大常委会报备规范性文件 11 件。同时，规范性文件清理工作持续推进，全市行政规范性文件统一查询平台也得到进一步完善。

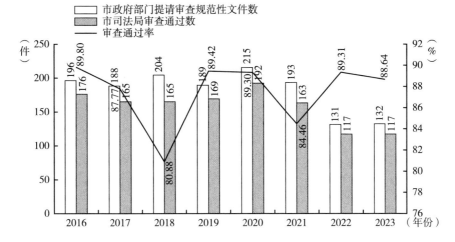

图1 2016~2023年深圳市司法局审查市政府部门规范性文件情况

注：2018年及以前深圳市司法局为深圳市政府法制办公室。

资料来源：《深圳市2023年法治政府建设年度报告》，深圳市司法局网站，2024年1月31日，https：//www.sz.gov.cn/cn/xxgk/fzzfjsndbg/szffzjs/content/post_11129477.html。

2. 政务公开工作不断深化

2023年，深圳市政务公开领导小组办公室加强统筹指导，印发《深圳市深化政务公开助力高质量发展行动计划》，明确了17项工作任务和落实单位，推动各区各部门高质量做好政府信息公开工作。紧扣高质量发展主线，政策发布与解读同步推进，政府门户网站的咨询服务功能不断完善。全市各级行政机关全年共办理政府信息公开申请15065宗，同比增长64.8%，城市更新、土地整备、互联网金融等是申请最集中的领域。[①] 2023年，深圳市政府信息公开类行政复议维持率和行政诉讼胜诉率均为100%。根据中国政法大学法治政府研究院主编的《中国法治政府评估报告（2023）》，深圳所有一级指标的得分率均高于全国平均得分率，其中，政务公开得分率高于90%，为93.16%（全国平均82.82%）。

---

① 《深圳市人民政府2023年政府信息公开工作年度报告》，深圳政府在线，2024年3月8日，https：//www.sz.gov.cn/cn/xxgk/ndxxgkbg/index.html。

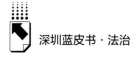

3. 行政执法监管质效持续提升

免责清单制度促进包容柔性执法全面推行。2023年，深圳市司法局推动落实行政执法减免责清单制度，推动市直各执法部门在30个领域编制免处罚清单事项416项，13个领域编制减轻处罚清单事项553项，15个领域编制从轻处罚清单事项913项，8个领域编制免强制清单事项37项，2023年适用约10881次，减免金额34512.95万元。[①]

"随信综合查"推进市场监管减负增效。深圳市市场监督管理局在全国首推"随信综合查"跨部门联合监管阳光执法模式，实施检查任务去重融合管理，2023年，全市共抽查对象12.53万户，联合融合检查3.27万户，每100次任务减少26.1次上门，减负率为26.1%。建立市场主体信用分级分类评估制度，综合行政处罚、产品抽检、举报投诉等情况对市场主体信用进行分类，并与"双随机、一公开"系统对接，按照企业信用风险综合分数等级，进行差异化监管。积极开展"互联网+监管"，在信用好、风险低的领域推行"互联网+双随机"监管方式，着力解决现场检查事项多、频次高的问题，大大减少对市场主体正常经营活动的干扰。

4. 行政复议主渠道作用日益发挥

行政复议首选率较高，已成为化解行政争议的主渠道。深圳出台《关于进一步加强行政应诉工作的指导意见（试行）》，提升行政机关负责人出庭应诉率。深化行政复议体制改革，推动建立市、区两级共用的行政复议专家库。制定行政复议抄告规定，建立全市统一的抄告制度。推动市、区两级行政复议机关统一审理标准；探索实现复议文书的"无纸送达、当日送达、一键送达"；在全国率先实现全市统一使用"行政复议专递"。2023年8月31日，深圳市司法局（市复议办）首次以白皮书形式向社会发布《2022年深圳市行政复议和行政应诉工作报告》，打造提高行政复议知晓度和增强行政复议公信力的"深圳样板"。深圳市司法局"行政复议职责统一行使"项

---

① 《以法治力量赋能高质量发展——2023年深圳法治先行示范城市建设工作盘点》，"深圳司法"搜狐号，2024年2月6日，https://www.sohu.com/a/756822778_120083644。

目入选深圳综合改革试点创新举措和典型经验（第二批）并面向全国推广。

2023 年，深圳市人民政府行政复议办公室登记复议申请 6180 件，受理后办结（含上年结转）5131 件（见表2）；充分发挥行政复议化解行政争议主渠道作用，行政复议首选率超过 80%（见表3）；发出首份综合性行政复议建议书，共发出建议书 13 份。

表2 2014~2023 年深圳市人民政府行政复议办公室登记及办结行政复议案件情况

单位：件

类型	2014 年	2015 年	2016 年	2017 年	2018 年	2019 年	2020 年	2021 年	2022 年	2023 年
登记申请	2204	2236	3017	3148	1615	2159	4409	6282	5048	6180
受理后办结	1846	1963	2209	2880	1147	1544	3801	4737	3574	5131

资料来源：历年深圳市人民政府行政复议办公室办理行政复议案件情况文件。

表3 2023 年深圳市人民政府行政复议办公室办理行政复议案件情况

单位：件，%

类型	处理情况	数量	占比
登记复议申请(6180)	受理	5447	88.1
	不予受理	143	2.3
	告知处理	150	2.4
	申请人撤回	440	7.1
办结复议案件(5131)	维持	2549	49.7
	撤销	58	1.1
	确认违法	47	0.9
	责令履行	25	0.5
	驳回	444	8.7
	终止	2008	39.1

资料来源：深圳市司法局行政复议统计数据。

5. 政府法律顾问与首席专家作用持续发挥

2023 年，深圳继续深入实施政府法律顾问制度，提升科学决策水平，推进法治政府建设。市政府法律顾问室政府法律顾问全年出具法律意见 790 份，审查行政决策、重大项目、合同 335 项（见图2），参与处置历史遗留问题 44 宗。全市组织首席法律咨询专家化解各类疑难案件 125 件，参与课题研究 12 个，参与立法咨询项目 22 项，形成了一批典型案例。

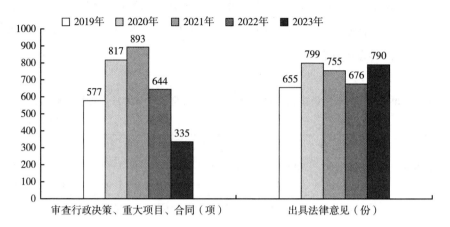

图 2　2019~2023 年深圳市政府法律顾问室政府法律顾问工作情况

资料来源：2019~2023 年深圳市人民政府法治政府建设年度报告。

6. 现代公共法律服务体系持续完善

多措并举健全公共法律服务体系。强化顶层设计，发挥规划的统领作用。2023 年，深圳市司法局印发了《深圳市公共法律服务体系建设规划（2023—2025 年）》，明确提出"十四五"期间全市公共法律服务体系建设的六个方面 23 项具体任务，涵盖了推进公共法律服务均衡发展、促进公共法律服务多元化专业化等方面。加强技术赋能，提升公共法律服务质效。福田区开发"福田法务掌中宝"，为群众提供 24 小时"不打烊"一站式公共法律"云服务"。罗湖区推出"法治资源电子沙盘"，集中收录辖区公证机构、律所等 252 个法律服务实体平台信息。探索特色公共法律服务中心建设，服务产业发展。福田区在前沿科技、金融行业、数据要素、生态环境 4 个重点产业（领域）设立公共法律服务中心，构建"产业集群+公共法律服务"体系，延伸法律服务惠企助企的触角。

积极推进公共法律服务资源下沉，加强基层法律顾问制度实体化、规范化、价值化运作。福田区发挥多元共治优势，在全市率先启动"社区法律顾问实验室",成立"民生律师服务团";罗湖区抓实"一社区一法律顾问",全年开展线上直播 400 余场次、线下宣传 189 场次,覆盖 12.1 万人次;南山区政府法律顾问室共出具法律意见 795 件,在"西丽高铁枢纽及相关工程土地整备"等政府投资项目、城市更新等重大问题和重大项目上提供法律支撑和保障;宝安区社区律师值班 32860 天次,共为群众提供免费法律服务 31772 件、免费法律咨询服务 19369 人次,参与法治宣传或法治讲座 1769 场次、人民调解工作 2995 宗,提供法律意见 1534 宗,协助提供法律援助 69 宗;龙岗区龙岗街道建立"司法所法律工作者+街道法律顾问+社区法律顾问"的全方位法律服务体系,全年代理街道诉讼案件 31 宗,审核各类合同 1504 份,出具法律修改意见 986 条,参与土地整备、城市更新、信访维稳等重大事项谈判 50 余次;坪山区深化政府法律顾问集中统筹机制改革,新增 23 家单位纳入政府法律顾问集中统筹范围,政府法律顾问列席区政府及各部门会议 178 次,提供咨询 439 次,开展重大行政决策事项和规范性文件合法性审查 25 件,出具各类法律意见书 2711 份。①

创新法治教育宣传方式,推进法治社会建设。2023 年,深圳市普法办围绕"谁执法谁普法"履职评议、"法律明白人"队伍建设等方面开展了一系列形式多样的法治宣传教育活动。龙岗区委牵头编撰并出台《龙岗区民营企业司法服务保障手册》和《龙岗区民营企业常见法律风险防范手册》,服务民营企业发展。龙岗区坂田街道自创"执法大讲堂"普法品牌,积极探索"共建共治共享暖心城管"新模式。坪山区建设国家安全主题公园,打造学习国家安全知识、提升安全防范意识的科普阵地,全面提升市民群众的国家安全意识。

7.行政权力制约和监督体系持续完善

2023 年,深圳全市办理各级人大代表建议 846 件、政协提案 554 件(见图 3);全市法院受理行政诉讼案件 6198 件(含旧存);全市检察机关办理行政检察监督案件 1984 件,全市行政公益诉讼立案 505 件;全市审计机

---

① 根据 2023 年各区司法局法治政府建设工作报告整理。

关完成审计（调查）项目 229 项，提出审计建议 909 条。市政府督查督办事项超 3000 项。开展行政执法不规范专项整治，常态化开展案卷评查 9 次，评查案卷 1636 宗。龙华区打造政府投资工程廉洁合规数字治理新模式。

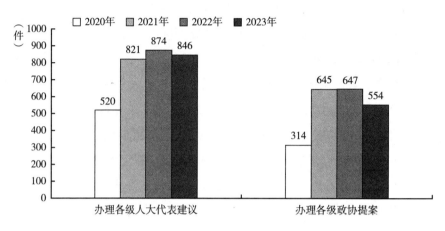

图 3　2020~2023 年深圳办理各级人大代表建议、政协提案情况

（三）持续推进公正高效司法，司法保障水平不断提升

随着司法体制改革的深入推进，特别是多元纠纷解决机制的不断完善以及智慧法院和智慧检务的不断优化，深圳司法运行日益顺畅，法院受理案件数量连续三年减少，结案率稳步提升，诉讼服务便利化水平进一步提高；检察监督和检察建议工作日益加强，案件一体化平台推动"四大检察"质效持续提升。公正高效的司法对经济社会发展的保障不断增强。

1. 全市法院工作情况

（1）案件情况

2023 年，全市法院受理案件 556233 件，同比下降 3.6%；结案 499908 件，同比下降 0.13%；未结 56325 件，同比下降 26.21%，创近九年新低；结案率 89.87%，同比上升 3.1 个百分点（见图 4）；诉前化解纠纷 177116 件，在上年诉前化解纠纷案件数量增长 80% 的基础上进一步增长 23.9%，实现以更低的时间成本和经济成本解决纠纷。

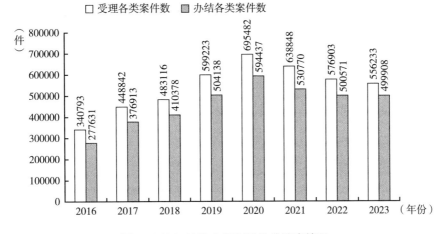

图4 2016~2023 年深圳法院收结案情况

（2）不断提升诉讼服务便利化水平

2023 年，深圳法院全面修订立案指南、诉讼须知，推动各类诉讼服务事项在全市法院无差别受理、同标准办理。完善线上线下诉讼服务衔接机制，各类诉讼服务均可通过线上预约办理或直接到现场办理，网上立案率、电子送达率分别达到89%、80.7%，网上立案平均办理周期压减到 3.59 天。优化群众诉求"一号通办"机制，全口径受理来电来访132.89 万件，诉求回应率100%，办理满意率99.89%，入选全国法院"十大最受欢迎一站式建设改革创新成果"。

（3）全面提升审判质效

深圳法院完善案件繁简分流机制，推广"要素式"审理、"错时"异步审理模式，加大小额诉讼程序适用力度，60%的案件通过速裁、快执程序办结。编撰《类案标准化审理指南》，构建商事类案件标准化审理机制，提升审判质效。在知识产权、环境资源、证券期货等领域深化案件"三合一"审理机制改革，优化专业化审判体系。开展"推进实质解纷、防止程序空转"专项行动，出台16 项机制举措，力争以最小的程序成本定分止争。研发"四类案件"监管系统，细化监管流程。开展强化司法规范化管理专项行动，采取 24 项针对性举措，全覆盖开展审务督察，推动办案各环节规范

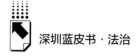

高效运行。在"一站式多元解纷和诉讼服务体系建设"质效评估中,深圳法院连续三年位居全省法院第一。①

2.检察工作情况

（1）检察机关案件办理情况

2023年,深圳检察机关全链条做优刑事检察监督,受理审查逮捕犯罪嫌疑人24764人,受理审查起诉25266人;批准逮捕9721人,提起公诉16815人。全方位做强民事检察监督,受理监督案件1394件,提出监督意见237件,同比分别上升52.5%和89.6%,提出和提请抗诉25件,发出再审检察建议146件。全要素做实行政检察监督,办理案件2040件,同比增长88.5%,制发检察建议112份。全领域做深公益诉讼检察监督,立案554件,发出诉前检察建议118份;提起诉讼11件,均得到审判机关支持。

（2）智慧检务建设持续推进

2023年,制定《深圳市检察机关数字检察行动计划（2023—2025年）》。研发案件质效一体化提升平台,聚焦业务领域和数据应用,形成14个主题库、12个专题库,建立资深检察官"线上会诊"工作模式,常态化开展案件评查。依托智慧检察数据一体化平台,归集办案、办公和队建等内部数据112万多条,对接市政务信息资源共享平台、法治政府信息平台和外部公共信息,累计归集外部数据资源3900余万条。深入开展数字专项监督,刑事、民事、行政、公益诉讼"四大检察"建立法律监督模型84个,筛查案源7135条,流转监督事项4899项,立案2673件,其中流转监督事项和立案数同比分别增长6.8倍和10.5倍。

（四）积极推进律师行业快速发展,为经济社会发展提供专业化法律服务

律师队伍是依法治国的一支重要力量,深圳高度重视加强律师工作和律

---

① 《一图读懂市中级法院2023年工作报告》,载微信公众号"深圳市中级人民法院",2024年1月30日。

师队伍建设。2023 年出台《深圳市律师业高质量发展三年行动计划（2023—2025 年）》，围绕提升创新能力、品牌影响力、综合服务能力等方面，提出支持深圳市律师业国际化发展、健全涉外律师人才培养机制、鼓励支持律师事务所做专做强等共 37 项具体措施，促进律师行业发展，力图充分发挥律师在法治先行示范城市建设中的作用。2023 年，深圳律师行业规模与队伍保持快速增长，粤港澳大湾区律师服务业合作不断深入，律师服务业开放水平不断提高，国际化程度不断提升。

1. 律师行业规模与队伍快速增长

近年来，深圳律师行业快速发展，行业规模与队伍增长较快，执业律师人数和律师事务所数量均保持 10% 左右的增速。截至 2023 年 12 月，深圳执业律师人数达 24630 人（见图 5），律师事务所数量为 1283 家，其中普通合伙所 1035 家、特殊合伙所 11 家、个人所 227 家、联营所 10 家，[①] 呈现个人律师事务所数量逐渐减少，合伙所数量稳步上升的趋势。同时，深圳女律师人数快速增长，占比接近 45%，"男多女少"的律师队伍结构正在改变。

图 5　2012~2023 年深圳律师队伍发展情况（执业律师人数）

加快涉外律师培养，数量不断增长。2023 年 12 月，第六批深圳市涉外律师领军人才库、新锐人才库名单确定 51 名律师入选领军人才库、95 名律

---

① 参见深圳律协网站，http://www.szlawyers.com/，最后访问日期：2024 年 3 月 8 日。此处律师人数统计不包括港澳台、公司、公职、法援律师。

师入选新锐人才库，合计入库律师 146 名。① 截至 2023 年，全市累计有涉外律师领军人才 254 人，新锐（后备）人才 433 人（见图 6）。2024 年 2 月，9 家深圳律师事务所入选第五批广东省涉外律师事务所库，6 名深圳律师入选第五批广东省涉外律师领军人才库，49 名深圳律师入选第五批广东省涉外律师先锋人才库，219 名深圳律师入选第五批广东省涉外律师新锐人才库。

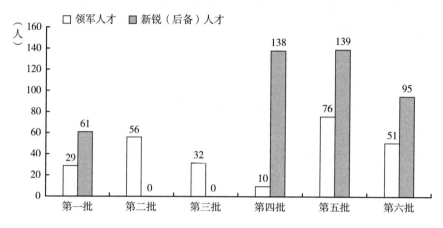

图 6　2018~2023 年第一至六批深圳涉外律师队伍建设情况

2. 粤港澳大湾区律师服务业合作深入推进

深圳在促进粤港澳大湾区律师服务业开放与合作的过程中作用显著，是内地九市中对大湾区律师执业和联营律所落户最具吸引力的城市之一。截至 2023 年底，深圳市已有 230 名粤港澳大湾区律师，数量位居全省第一。截至 2024 年 3 月，内地与港澳联营律所（含分所）共计 34 家②，其中 13 家（含 2 家分所）落户深圳，占比超过 1/3，入驻前海的联营律师事务所共 10

---

① 《关于公布第六批深圳市涉外律师领军人才库、新锐人才库名单的通知》，深圳律协网站，2023 年 12 月 19 日，http：//www.szlawyers.com/info/85a81636814941988184b8e13ad73141。

② 根据全国律师执业诚信信息公示平台的数据统计，参见 https：//credit.acla.org.cn/credit/lawFirm?picCaptchaVerification＝&keyWords＝%E8%81%94%E8%90%A5%E5%BE%8B%E5%B8%88%E4%BA%8B%E5%8A%A1%E6%89%80&refer_＿1711＝WqUx0DgD9GiQDtGODlOI%3DbLEGD8QPeDRYD&alichlgref＝https%3A%2F%2Fcredit.acla.org.cn%2F，最后访问日期：2024 年 2 月 5 日。

家，分别是：华商林李黎（前海）联营律师事务所、国匠麦家荣（前海）联营律师事务所、中伦文德胡百全（前海）联营律师事务所、锦天城史蒂文生黄（前海）联营律师事务所、诚公冯黄伍林（前海）联营律师事务所①、德和衡（前海）联营律师事务所②、中银—力图—方氏（横琴—深圳）联营律师事务所、京师浩然（前海）联营律师事务所、梦海谢伟俊（前海）联营律师事务所、炜衡沛雄（前海）联营律师事务。另外，华商希仕廷（福田）律师事务所、盈科郑黄（福田）律师事务所分别于2023年6月6日和21日落户福田。

3. 深圳律师服务业开放水平不断提高

2023年2月13日，广东省司法厅印发《广东省司法厅关于在前海深港现代服务业合作区开展中外律师事务所联营试点实施办法》，深圳前海获准开展中外律师事务所联营试点。2023年6月，美国摩根路易斯律师事务所驻深圳代表处、英国夏礼文律师事务所驻深圳代表处获批设立。自此，深圳市已有5家外国律师事务所驻深圳代表处，律师服务业的国际化程度不断提升。

二 2023年深圳法治发展的特点和亮点

2023年，深圳推进法治先行示范城市建设，在基层矛盾纠纷化解、知识产权保护、破产制度改革、法律未成年人权益保障、法治保障高水平对外开放等具体方面不断取得新进展。

（一）多措并举促进纠纷化解，维护社会经济稳定发展

经济社会快速发展中不可避免出现矛盾纠纷，司法途径解决矛盾纠纷耗时长、成本高，近年来深圳一直努力推进完善矛盾纠纷多元化解机制，积极

---

① 2020年，名称由诚公顾叶（前海）联营律师事务所更名为诚公冯黄伍林（前海）联营律师事务所。

② 2022年，名称由德和衡简家骢永本金月（前海）联营律师事务所变更为德和衡（前海）联营律师事务所。

探索更快捷、成本更低的矛盾纠纷化解方式，2023年基层各区继续积极进行新探索，取得新成效。

1. 多措并举促进矛盾纠纷源头化解

龙华区成立调解院，实现各类调解案件多渠道接入、区统一分拨、标准化处置、全周期管理的规范化运作，2023年，共有5114宗诉源案件向人民调解、行政调解流转，92%的流转案件按期办结。龙岗区法院积极探索"法院+商会"民营经济纠纷多元化解模式，全年共指导商会成功化解涉企矛盾纠纷案件232宗，涉及金额7654万元。深圳深汕特别合作区人民法院开展深圳市首家"无讼村居"创建，将无讼理念与乡村治理相结合，指导试点村红泉村、红罗村将"无讼"和谐理念融入《村民公约》。深圳市坪山公证处开创了全国首个"公证资产自行处置"的新模式，发挥公证公信力，保障交易安全，加速矛盾纠纷化解。

2. 推进信访工作法治化建设

2023年，光明区入选全国首批14个信访工作法治化试点县（市、区）。光明区全面开展18项探索，建章立制，构建"1+5+N"制度体系。坚持源头治理，打造群众诉求服务"小分格"源头治理信访治理模式，推动问题发现在早、化解在小、预防在先，大量矛盾纠纷和信访问题及时化解在基层和萌芽状态。2023年，光明区共受理化解群众诉求超过9.2万宗，化解率99.83%。在光明区开展信访工作法治化试点的同时，深圳市同步以点带面，推广光明区试点成果，推进全市信访工作法治化建设。2023年全市共受理各类群众诉求85.59万宗，化解82.42万宗，化解率96.3%，80%以上群众诉求在街道、社区层面当天解决。

（二）持续完善个人破产申请制度配套，推进改革试点持续向纵深发展

2023年，深圳创新预重整、快速重整、快速和解机制，审结企业破产案件699件，审结个人破产案件106件（见图7），全国首宗个人破产重整案执行完毕。2023年11月，国家发展改革委、司法部等七部门发布《关于再次推广借鉴深圳综合改革试点创新举措和典型经验的通知》①，其中，"破产制度突破创新"作为22条创新举措和典型经验之一，在全国推广。

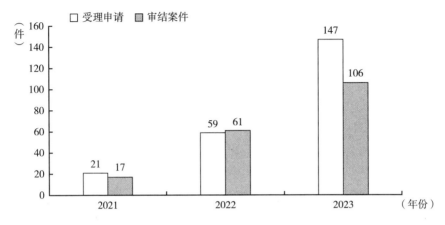

图7　2021～2023年深圳个人破产案件受理与审结情况

1. 发布全国首个个人破产程序指引《关于审理个人破产重整案件的工作指引》

2023年6月，深圳破产法庭发布全国首个个人破产程序指引《关于审理个人破产重整案件的工作指引》，明确重整程序中的各个环节，包括债务人申报信息依法公开、债务人重整调查报告制作、债务清偿计划评估、重整计划执行监督等。该工作指引是深圳破产法庭在两年多来的个人破产案件审理经验中总结出来的成果，体现了个人破产制度和中国传统观念、国情实际相互融合，具有可操作性和可复制性，为未来在全国实施推广个人破产制度奠定基础。

2. 个人破产申请前辅导机制常态化运行

目前，个人破产申请前辅导制度形成了一套相对成熟的工作机制，常态化运行。在集中讲解环节，辅导服务团队重点讲解个人破产申请条件、个人

---

① 该通知提到，深圳市构建府院联动在线"一网通办"通道，便利法院与公安、工商、税务、不动产登记、人民银行及破产管理协会等共享数据；建设全国首个全面整合企业和个人破产信息、实现破产事务"一站式"办理的综合服务平台。

破产程序类型及选择建议、申请个人破产可能面临的情况、需要遵循的破产程序义务、有关注意事项等，争取将个人破产规则讲好讲透，让债务人对个人破产制度有较为理性、全面的认识。在一对一面谈环节，辅导服务团队着重梳理债务人的家庭关系、婚姻状况、财产状况、收入、支出、劳动能力、债务总额、债权人等，力争做到零遗漏。在全面了解债务人个人情况的基础上，为债务人选择破产程序提供意见，并对债务人申请材料提出完善建议。截至 2024 年 1 月，深圳市破产事务管理署共收到辅导预约 2826 人次，组织完成辅导 2667 人次，领取辅导回执 1356 人次，分流不符合个人破产申请条件的辅导对象 1311 人次（占比 49.2%）。[①]

（三）积极构建知识产权全链条保护生态体系，服务保障创新驱动发展

2023 年 10 月，出台《深圳市国家知识产权保护示范区建设方案》及配套行动计划，指出到 2025 年，高标准完成国家知识产权保护示范区建设，积极构建全链条保护生态体系，为加快建设具有全球重要影响力的产业科技创新中心提供有力支撑。

1. 知识产权司法保护持续完善

2023 年，深圳法院审结知识产权纠纷案件 19238 件，严惩侵犯知识产权犯罪 112 件，加大对关键核心技术和重点领域知识产权保护力度，共作出惩罚性赔偿判决 19 件。2023 年 4 月，深圳知识产权法庭光明科学城巡回审判点揭牌，知识产权纠纷可以在属地法院化解，在属地进行二审，基本形成司法程序闭环，初步实现知识产权纠纷不出光明的目标，为光明科学城建设世界一流科学城和深圳北部中心提供司法保障。

2023 年 4 月，南山区检察院发布全市检察机关首个《知识产权维权指引》，为知识产权权利人提供全方位的维权路径和举证指引。根据知识产权

---

① 《个人破产申请前辅导服务正式进驻深圳市公共法律服务中心》，深圳政府在线，2024 年 1 月 19 日，https://www.sz.gov.cn/cn/xxgk/zfxxgj/bmdt/content/post_11111605.html。

领域的不同，共分为三大指引，包括侵犯商标权维权指引、侵犯著作权维权指引、侵犯商业秘密维权指引，明确知识产权权利人的民事、行政、刑事维权路径，引导知识产权权利人合理、合法维权，并提供刑事报案所需的相关文本。三大指引以"民事保护、行政保护、刑事保护"构建知识产权综合保护指引体系，为权利人提供全方位综合维权指引。

2. 知识产权行政保护持续深化

深圳市市场监督管理局南山监管局成立全市首个国家地理标志产品"南山荔枝"知识产权保护工作站，发布全国首例地理标志知识产权行政禁令。宝安区设立深圳市首条知识产权、涉外公共法律服务咨询热线，组建涉外法律咨询、知识产权保护专业志愿服务团队。推动国家级新能源汽车产业知识产权运营中心落户坪山。河套深港科技创新合作区推动园区企业通过境内知识产权质押、境外私募债券融资的形式，实现全国首单跨境知识产权融资，有效降低了企业融资成本。

3. 强化深港两地跨境知识产权合作

2023 年 2 月 23 日，深港联合发布《关于协同打造前海深港知识产权创新高地的十六条措施》（以下简称《十六条措施》），打造跨境服务体系。《十六条措施》具有鲜明的深港合作特色，在聚焦香港所需方面，紧密围绕香港知识产权服务向内地拓展的现实需要；在聚焦机制建设方面，围绕建立深港知识产权长效合作机制，推动成立前海深港知识产权合作推进小组，建立知识产权保护跨境协作等多项深港合作机制，形成深港联动的知识产权保护、运用、服务体系；在聚焦创新主体方面，激发企业、机构、团队、个人等创新主体的积极性，以市场化机制拓展深港知识产权合作领域，如鼓励龙头企业与港方联合设立技术转移中心等。

（四）加强法治保障，推进制度型开放

自党的二十大报告提出"稳步扩大规则、规制、管理、标准等制度型开放"的要求以来，深圳瞄准国际最高标准、最高水平，持续在推进贸易和投资自由化便利化、优化国际化营商环境方面积极探索。

1. 加快建设前海深港国际法务区

前海深港国际法务区自 2022 年初启用以来，两年多时间已经吸引司法、仲裁、调解、法律服务等六大类 210 家法律服务机构进驻，① 法律服务业开放水平和司法服务保障水平进一步提升。

深圳前海合作区人民法院打造"一个体系+三维互补+六个率先"的国际商事纠纷多元解决新模式。2023 年，前海法院新收涉外涉港澳台案件 3328 件，其中涉港商事案件 1932 件，同比增长 36.73%（见图 8）。涉外涉港澳台商事案件平均审理周期从 6.4 个月缩短为 3.9 个月，审判效率居全国法院首位。

图 8　2015~2023 年前海法院受理涉外涉港澳台商事案件情况

资料来源：2023 年前海合作区人民法院工作报告。

深圳国际仲裁院业务规模再创新高。2023 年，深圳国际仲裁院新受理案件 12004 宗，同比增长 45%；总争议金额 1383.1 亿元，同比增长 8.7%（见图 9）。其中，1 亿元以上案件 132 宗，10 亿元以上案件 19 宗。② 2023

---

① 《聚焦前海深港国际法务区建设，这一推介活动在北京举行》，载微信公众号"深圳前海"，2024 年 3 月 27 日。

② 《深圳国际仲裁院 2023 年数据概览》，深圳国际仲裁院网站，2024 年 2 月 3 日，https：//www.scia.com.cn/home/index/newsdetail/id/3390.html。

年，新受理涉外案件 414 宗，同比增长 7.8%；涉外案件总争议金额 593.26 亿元，同比增长 41.3%。受理案件类型多样，行业分布广泛；涉及地区分布广，仲裁案件当事人的地理分布涉及 44 个国家和地区，涉及我国内地 31 个省（区、市）。

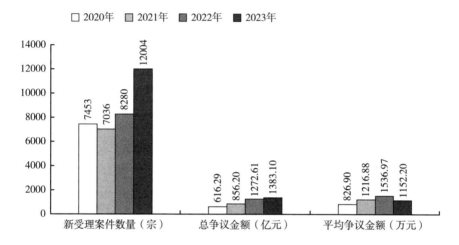

图 9　2020~2023 年深圳国际仲裁院受理案件情况

2. 多措并举服务外贸外资

2023 年，深圳海关通过创新进口水果"白名单"企业顺势监管模式、构建以企业信用为基础的监管模式、量身定制"一口岸一方案"、强化检疫监管效能及规范性等措施，进一步筑牢国门生物安全防线。[①] 深圳贸促简化商事认证业务办理流程，2023 年，共签发及认证各类商事文件 111.4 万份，同比增长 23.7%；设立"企业疑难业务受理专窗"，代办领事认证业务创新推出快速通道、线上预审、佐证减免、容缺办理、费用延缴等提速服务 5 项。充实调解专家委员会力量，增聘 30 名香港专家调解员，全年共成功调

①　《深圳海关打好政策"组合拳"保障水果进口安全顺畅》，载微信公众号"深圳口岸发布"，2023 年 12 月 11 日。

解案件 266 件，涉案标的额 18.07 亿元，调解成功率近 80%。[①]

3. 积极探索商事调解新模式

2023 年 3 月，深圳市涉外涉港澳商事一站式多元解纷中心成立，加强跨境商事纠纷化解的法治保障。采用"内地调解员+港澳调解员""国内调解员+国际调解员"等多种组合调解模式。引入社会力量多元参与，与 31 家境内外知名专业服务机构签约合作，涉及美国、英国、新加坡等 12 个国家及地区。联动公证机构、第三方评估机构、司法鉴定机构、律师事务所等，构建全链条、全方位、全板块法律资源紧密连接的服务生态圈。在河套"e 站通"开设"深港法律事务咨询服务站"，累计服务时长 200 余小时，为 100 余家企业提供服务。2023 年解纷中心全口径累计收案 10260 件，案件涉及标的额累计约 144 亿元，其中调解成功案件涉及金额合计约 40 亿元。[②]

4. 探索深港法律交流合作新途径、新机制

2023 年 4 月 19 日，深圳市人民政府与香港特区政府律政司签署《法律合作安排》（以下简称《安排》），促进两地政府法律事务及相关法治建设合作交流。在《安排》框架下，市司法局与香港律政司共建"深度思维·大湾区法智汇客厅"官方对话平台，邀请深港政府部门相关人员、法律专家参与，关注热点、难点法律话题，围绕粤港澳大湾区发展大局进行主题策划，从法治实践、法条差异、法理依据、法律思维等方面进行对话交流，力求在专业对话中以小切口推动深港制度融合，促进湾区互联互通，深化粤港法治文化交流。推出大湾区首个规则衔接机制对接交流平台。深圳市前海一带一路法律服务联合会与深圳市律师协会及其湾区工作委员会联合创办《湾区律师大讲堂》，深入推进港澳律师湾区执业试点工作，开拓培育跨法域复合型国际型法律服务人才新渠道，搭建粤港澳律师专业交流互鉴合作新

---

① 《2023 年深圳贸促工作十件大事》，载微信公众号"深圳贸促"，2024 年 1 月 15 日。

② 《聚力促解纷，扬帆启新程——深圳市涉外涉港澳商事一站式多元解纷中心调解员培训活动成功举办》，载微信公众号"深圳涉外涉港澳商事多元解纷中心"，2024 年 1 月 11 日。

平台。截至 2023 年底，粤港澳三地共举办 10 期讲堂[①]，听众累计达 2 万多人。

三　2024年深圳法治发展的建议

2024 年是实现"十四五"规划目标任务的关键一年，也是先行示范区意见出台第 5 年和法治先行示范城市建设意见出台第 3 年，深圳要认真贯彻落实好中央文件精神和《法治深圳建设规划（2021—2025 年）》，深入推进中国特色社会主义法治先行示范城市建设，做践行习近平法治思想的模范。

（一）强化立法引领作用，保障推动经济社会高质量发展

坚持以习近平法治思想统领立法工作，深入推进科学立法、民主立法、依法立法，用足用好经济特区立法权。继续加强科技创新、产业发展、民生保障、社会治理、公共服务、生态文明等领域立法。

坚持立法决策与改革决策相衔接，在强调和重视发挥立法引领、推动、规范和保障作用的同时，也要防止"立法万能"和"过度立法"的倾向，把握好将政策上升为地方性法规的范围和时机。用足用好特区立法权的同时要坚持突出重点、为需而立、立以致用，增强立法的针对性、适用性、可操作性。探索推进粤港澳大湾区协同立法，在大湾区规则对接中发挥人大作用，增强区域内生发展动力。加强对立法规划重要作用的认识，增强立法规划的约束性，将预备项目和调研项目纳入责任单位绩效考核。建立制度化立法工作经费保障机制，确保立法调研顺利开展，为高质量立法提供基础保

[①]　10 期讲堂主题分别是："粤港澳大湾区三地法治环境的根本属性、基本特点、问题挑战与优化路径""虚拟资产监管下的风险与机遇""国际商事调解专题讲座""内地与香港民商事法律实务差异及风险防范""走出去时代：中国涉外律师如何提供高质量法律服务""内地企业赴港上市的法律问题""资本市场赋能'专精特新'中小企业高质量发展""离岸业务的概况及实务操作""涉港争议解决的若干热点问题""内地与澳门相互认可和执行民商事判决的相关问题及实操路径"。

障。扎实开展立法后评估以及执法检查工作，促进法规有效实施，切实把立法优势转化为法治优势、发展优势。

（二）加强法治政府建设，服务构建新发展格局

深圳在构建新发展格局中要实现更高质量、更高能级发展离不开优质的政府服务。无论是增强科技创新"硬实力"、产业体系"竞争力"，还是提升城市发展"集约度"，都离不开优质的政府服务和松紧有度的监管执法。深入推进法治政府建设，坚持在法治轨道上推进改革创新，重视政策制度的系统性、协调性、衔接性、适应性，确保经济社会秩序的稳定性、可预期性。加强改革创新举措法理依据研究和合法性审查，研究制定重大改革之"重大"、重大决策事项之"重大"的具体识别标准，使重大行政决策程序更为完善。完善公平竞争审查制度，推进公平竞争审查从侧重于文件制定机关的自我审查向设立综合审查机构进行外部综合审查转变，使公平竞争审查工作更中立、客观、全面，创造更优质公平的市场竞争环境。完善政府掌握的市场信息收集整理和公开工作，增加信息供给，减少信息不对称，为各种所有制、各种规模的市场主体公平竞争创造机会，更好发挥市场配置资源作用，提升市场运行效率。

（三）对标世行评估新指标，进一步优化法治化营商环境

世界银行发布的营商环境评估指标体系因强大的理论基础、持续多年的评估实践以及日益扩大的覆盖范围而获得全球经济体和投资者的认可，成为公认的国际标准。因此，深圳营造市场化、法治化、国际化一流营商环境必须率先对标世行评估新指标，在对标自评中找差距、明方向、创一流，进一步助力深圳一流营商环境建设，提升深圳宜商城市的国际影响力。

逐项对标，细化法治保障具体任务。建议由市委政法委牵头，公检法司职能部门协同，市发展改革委、商务局联动，建立对标世行新指标的工作机制。根据三个《工作方案》具体任务内容逐项对标，将BR指标体系及其指标内容，尤其是新指标，作为落实《工作方案》任务内容的具体措施或者

标准要求，制定任务清单。真正发挥法治在规则制定完善及其有效执行落实全过程的保障作用，以提升法治化水平保障市场化、国际化营商环境优化。

强化制度供给与权利救济保障。全面对标世行 BR 指标体系中的法律法规框架、法治基础设施以及营商配套制度供给指标，保障实施"良好实践"。BR 指标体系首先强调规则框架的完备性，项下子指标设置数量最多，包含"是否有法律规范……"内容的问题数量占比超过 1/3。在对标时应全面查缺补漏，结合实际，通过立法或者制定规范性文件的方式，提升规则的完备性和确保制度充分供给。比如，《深圳经济特区矛盾纠纷多元化解条例》在全国首次对"商事调解"作出了专门规定，并赋予深圳市商事调解协会"行业组织""自律管理"的法律地位。但在实际运作过程中，"行业组织"的适格问题、诉调对接及司法确认等问题已经成为调解行业发展的主要障碍，亟待专门立法或者规范性文件加以解决。

强化权利救济途径供给，建立更加完善的、体系化的多元纠纷解决机制。首先要摸清底数，全面统筹。纠纷解决机制是法治化保障的重要内容，世行 BR 指标体系也充分说明了这一点，不仅专门设置了"解决商事纠纷"指标，全面覆盖诉讼、仲裁、调解机制评估，而且几乎每一个指标评估中都强调了多元纠纷解决。比如，在"获取经营场所"指标中，将"是否提供仲裁、调解作为替代性土地纠纷解决机制"作为一项评估内容。因此，建议深圳对公检法司、市场监管局、人力资源局等各职能部门所授牌的调解中心（室、站）、知识产权保护中心（站）、仲裁机构以及未获得授牌但实际发挥纠纷化解作用的行业协会、商会等社会组织进行全面摸底，开展资源整合、统筹分类、查漏补缺工作，构建体系化的多元纠纷解决机制。其次要提高透明度，规范运作。BR 指标体系在强调多元纠纷解决机制供给的同时，还强调了调解、仲裁和诉讼三大机制的透明度，即数据、案件摘要的定期公开。一方面，有利于公众的监督，增强公信力和吸引力；另一方面，有利于发挥数据、典型案例在引导企业合规经营方面的作用。目前，深圳调解机构数据公开不足，且没有相关规定要求其定期公开，应当予以完善，实行年度报告制度。

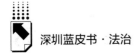
参考文献

胡建、任才峰：《推动地方立法工作高质量发展的十个关系》，《地方立法研究》2024 年第 1 期。

王起超：《新〈立法法〉强化立法规划的法理基础——基于立法规划的实证研究》，《政治与法律》2023 年第 10 期。

卢超：《包容审慎监管的行政法理与中国实践》，《中外法学》2024 年第 1 期。

谢红星：《"包容审慎"的营商法治逻辑：法理、体系与个案》，《治理研究》2023 年第 5 期。

马怀德：《化解行政争议主渠道的制度创新——〈行政复议法〉修订解读》，《法学评论》2024 年第 2 期。

顾培东：《国家治理视野下多元解纷机制的调整与重塑》，《法学研究》2023 年第 3 期。

陈舒筠：《统一法治背景下的法治高地建设》，《东方法学》2023 年第 5 期。

世界银行营商环境评估团队编《世界银行营商环境成熟度方法论手册》，罗培新等译，译林出版社，2024。

立法篇

B.2

以高质量立法保障高质量发展的深圳实践

张 京*

摘 要： 党的二十大报告强调，高质量发展是全面建设社会主义现代化国家的首要任务。法治是高质量发展的重要支撑，高质量发展需要高质量立法予以保障。自1992年以来，深圳始终坚持通过立法引领和保障各项改革行动，立法与改革发展一路相伴、相辅相成、相得益彰。近年来，面对高质量发展的新要求，深圳在推动解决经济社会矛盾、突破改革瓶颈方面进行了些具有探索性、创新性的立法尝试，为深圳改革开放和经济社会高质量发展提供了法治保障。本文围绕以高质量立法保障经济社会高质量发展，分别从三个方面回顾近年来深圳的实践成果，剖析新时代以特区立法保障高质量发展所面临的立法权限边界、法规效力认定、立法工作机制体制方面的问题，并对在高质量发展新阶段用足用好经济特区立法权提出了四个方面的展望。

关键词： 立法保障 高质量发展 深圳

---

* 张京，深圳市人大常委会办公厅机关党委（人事处）副处长，主要研究方向为特区立法。

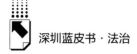

党的二十大报告强调，"高质量发展是全面建设社会主义现代化国家的首要任务"。法治是高质量发展的重要支撑，高质量发展需要高质量立法予以保障。自1992年以来，深圳市人大常委会在推动解决经济社会矛盾、突破改革瓶颈方面进行了一些具有探索性、创新性的立法尝试，为深圳改革开放和经济社会高质量发展提供了法治保障。当前，运用法治思维和法治方式凝聚推动高质量发展的共识，以高质量法治引领、规范和保障新发展阶段的高质量发展，在法治轨道上推动高质量发展是特区立法工作的应有之义。本文通过回顾近年来深圳以高质量立法保障高质量发展的实践成果，剖析新时代以立法保障高质量发展所面临的问题，并对在高质量发展新阶段用足用好经济特区立法权进行展望。

一 深圳以高质量立法保障经济高质量发展的实践成果

党的二十大报告从构建高水平社会主义市场经济体制、构建现代化产业体系、全面推进乡村振兴、推进区域协调发展、推进高水平对外开放等五个方面部署"加快构建新发展格局，着力推动高质量发展"。这些任务是推进高质量发展、构建新发展格局的基础性支撑，也是迈入中国式现代化新征程的战略选择。立足深圳是无农村城市以及地方立法无区域协调发展立法事权这两项实际情况，下文主要围绕三个方面进行总结。

（一）围绕"构建高水平社会主义市场经济体制"

这一方面的核心是处理好两类问题——政府与市场的关系、国有与民营的关系。对于处理好政府与市场的关系，要通过市场基础制度的完善，在更高起点、更高层次、更高目标上推进经济体制改革及其他各方面体制改革，加快营造稳定公平透明可预期的营商环境。对于处理好国有与民营的关系，任何经济体的增加值按照活动主体可以分为政府行为或市场主体从事经营活动产生的增加值。而市场主体中，又可分为公有制主体和非公有制主体。分析我国现状，非公有制主体（增加值约占GDP的60%）有利于保持经济活力、涵养就业、促进创新,而政府和公有制企业可以起到有效调节经济运行的作用。① 近年来,围绕"构建高水平社会主义市场经济体制",深圳制定全国首部个人破产法规《深圳经济特区个人破产条例》,在全国率先建立个人破产制度,填补了全国个人破产领域立法空白,推动构建完整的现代破产制度和市场退出制度;制定《深圳经济特区知识产权保护条例》,创新设立行政执法技术调查官、合规性承诺、知识产权失信违法行为信用惩戒等制度,在地方立法中首次覆盖知识产权全类别、首创知识产权惩罚性赔偿制度规定;制定《深圳经济特区优化营商环境条例》,从市场主体全生命周期的角度出发,在保护市场主体权益、优化政务服务、改善经营环境、提供融资便利、规范监管执法等方面进行系列制度设计;制定全国首部规范仲裁机构运作的地方法规《深圳国际仲裁院条例》,借鉴国际商事仲裁的先进制度,完善深圳国际仲裁院的法人治理结构,推进理事会和仲裁员结构与国际接轨,健全国际商事纠纷解决机制;率先推出全国首部平安建设专门立法《深圳经济特区平安建设条例》,在规范平安建设工作责任主体、明确社会治安综合治理中心基本职能、完善平安建设工作考核和奖励制度等七大方面进行了全面创新,建立完善社会治理和平安建设责任制、社会稳定风险防范评估制度,充分体现了统筹推进社会治理现代化工作的法治思维。

(二)围绕"建设现代化产业体系"

现代化产业体系是现代化经济体系的重要组成部分②,涉及各类主体、要素和行业,结合要素禀赋从市场、行业、企业、宏观调控等多层面综合发力、重点突破,是构建现代化产业体系的必然路径。近年来,围绕"建设现代化产业体系",深圳推动加快形成和发展新质生产力,制定《深圳经济特区低空经济产业促进条例》,建立健全低空经济产业发展协调机制和低空飞行协同管理机制,高效统筹推进低空飞行基础设施建设,鼓励发展空中通

---

① 《黄奇帆重磅解读:中国经济的6条出路》,"中信书院"百家号,2024年1月19日,https://baijiahao.baidu.com/s?id=1788486235456333322&wfr=spider&for=pc。

② 林木西、王聪:《加快建设现代化产业体系》,《经济日报》2023年11月20日。

勤等新业态,加强产业体系建设支持和技术革新,促进低空经济产业高质量发展;① 制定《深圳经济特区数字经济产业促进条例》,旨在规范数字经济产业发展的全生命周期和全链条服务,就夯实数字基础设施、培育数据要素市场、加强数字技术创新、数字经济产业集聚、丰富数字化应用场景等作出具体规定;制定《深圳经济特区数据条例》,率先提出"数据权益"概念,探索建立"数据交易"制度,这是全国首部该领域的地方立法,也是首次在立法中确立数据领域公益诉讼制度;制定全国首部人工智能产业专项立法《深圳经济特区人工智能产业促进条例》,对人工智能技术攻关、场景应用、治理体系等方面作出一系列创新性、探索性规定;制定全国首部细胞和基因产业专项立法《深圳经济特区细胞和基因产业促进条例》,在全国率先从法律层面保障用于疾病诊疗的细胞和基因产品研发、生产、经营、使用;制定《深圳经济特区智能网联汽车管理条例》,对智能网联汽车从道路测试和示范运用到准入登记、使用管理、网络安全和数据保护、交通事故处理和法律责任等环节进行全链条立法,这是全国首部该领域的地方立法。

(三)围绕"推进高水平对外开放"

党的二十大报告在"推进高水平对外开放"方面部署了五个方面任务:一是以推动制度型开放为重点贯通内外循环;二是以服务贸易、数字贸易为重点建设贸易强国;三是以高质量共建"一带一路"带动全域全方位对外开放;四是实施"自贸港+自贸试验区+高标准自贸区网络"战略;五是以"人民币国际化+高质量走出去"深度参与全球产业分工合作。② 近年来,围绕"推进高水平对外开放",深圳制定《深圳经济特区前海深港现代服务业合作区投资者保护条例》,对接国际高标准的投资经贸规则,在加强投资引导和促进完善权益保障机制、提升监督管理效能、营造良好法治环境等方面

---

① 参见 2023 年《深圳市人民代表大会常务委员会工作报告》。
② 参见《习近平:高举中国特色社会主义伟大旗帜 为全面建设社会主义现代化国家而团结奋斗——在中国共产党第二十次全国代表大会上的报告》,中国政府网,2022 年 10 月 25 日,https://www.gov.cn/xinwen/2022-10/25/content_5721685.html。

作出一系列创新举措；制定《深圳经济特区国际船舶条例》，重点规定了国际船舶登记、船舶检验、船员管理以及相关服务保障等方面的内容，旨在建立与国际接轨的国际船舶登记管理制度体系，推动建设"全球海洋中心城市"的要素集聚，提升深圳国际航运综合竞争力；制定《深圳经济特区光明科学城发展促进条例》，对科学城的规划建设、科学研究、成果转化、服务保障等提出一些创新制度安排，这也是全国第一部围绕科学城建设的专项地方性法规；围绕推进河套深港科技创新合作区深圳园区发展，把《深圳经济特区河套深港科技创新合作区深圳园区条例》的制定作为重点立法项目加以推进，旨在推动河套深港科技创新合作区深圳园区的制度建构和管理体制创新，以便利国际接轨及粤港澳大湾区协同发展。

二 深圳以高质量立法保障社会高质量发展的实践成果

高质量发展是社会的综合式发展，它以经济高质量发展为起点，逐步向社会生活的各领域渗透。在塑造合理经济结构、高效供给体系、优质生态环境、有力社会保障的同时，也必须实现社会效益的最大化。《〈中华人民共和国国民经济和社会发展第十四个五年规划和 2035 年远景目标纲要〉释义》中对"高质量发展"的名词解释强调，"高质量发展不仅仅局限于经济领域，社会主义现代化建设各方面各领域都要体现高质量发展要求"。[①] 下文围绕《中共中央 国务院关于支持深圳建设中国特色社会主义先行示范区的意见》中明确的五大战略定位中涉及社会领域的三大定位，对近年来深圳立法实践成果进行总结。

（一）围绕打造"城市文明典范"

近年来，深圳在 2009 年制定的《深圳市无障碍环境建设条例》的基础

---

① 全国人大财政经济委员会、国家发展和改革委员会编《〈中华人民共和国国民经济和社会发展第十四个五年规划和 2035 年远景目标纲要〉释义》，中国计划出版社，2021。

上，将无障碍理念上升至城市规划、设计、改造和管理等各环节，制定了全国首部无障碍城市建设立法《深圳经济特区无障碍城市建设条例》；制定《深圳经济特区城市更新条例》，围绕破解"拆迁难"问题，创设了"个别征收+行政诉讼"制度，就城市更新的原则目标和总体要求、严格城市更新规划与计划管理、规范城市更新市场主体行为、保护城市更新物业权利人合法权益、强化城市更新政府监管服务等作出一系列制度设计，这是全国首部城市更新方面的地方性法规；制定《深圳经济特区突发公共卫生事件应急条例》，对突发公共卫生应急工作进行全面规范，加强应急物资储备与供应，强化应急队伍建设，创设突发公共卫生事件专家委员会，完善突发公共卫生事件信息公开制度，这也是全国首部在突发公共卫生事件应急领域制定的地方性法规；制定《深圳市生活垃圾分类管理条例》，对生活垃圾分类投放、收集、运输和处理，以及源头减量与循环利用等作出明确规定，创设了生活垃圾定时定点投放、年花年桔分类回收、家庭产生的废弃药品和药具处理等制度。还制定或修改了《深圳经济特区安全生产监督管理条例》、《深圳经济特区全面禁止食用野生动物条例》、《深圳经济特区物业管理条例》、《深圳经济特区文明行为条例》、《深圳经济特区控制吸烟条例》、《深圳经济特区出租汽车管理条例》和《深圳经济特区互联网租赁自行车管理若干规定》等法规，推动深圳打造超大型城市现代化治理典范。

（二）围绕打造"民生幸福标杆"

近年来，深圳制定了《深圳经济特区养老服务条例》，就完善养老服务经费保障机制、强化养老服务空间设施保障、提升居家社区养老服务质量、完善医养康养深度融合机制、推动社会公益志愿养老服务等作出一系列制度设计；制定《深圳经济特区健康条例》，在推进全生命周期健康管理、建立健康影响评估制度、完善职业健康保护制度、健全重大疾病防治体系、推广科学健康生活方式等方面进行一系列制度设计，① 这也是全国首部地方性健

---

① 李舒瑜：《深圳用法治利剑破改革瓶颈》，《深圳特区报》2021 年 7 月 19 日。

康立法；制定《深圳经济特区社会建设条例》，首次在立法层面明确要求规范和发展住房租赁市场，并就大学区招生模式和建立校长教师交流轮岗制度、新就业形态劳动者权益保障等进行制度设计；制定《深圳经济特区学前教育条例》，明确学前教育的社会公益事业性质，强化普惠性学前教育保障机制，扩大面向儿童的公共服务供给，加强特殊教育和心理健康教育保障。[①] 还制定或修改了《深圳经济特区社会养老保险条例》、《深圳经济特区食品安全监督条例》、《深圳市员工工资支付条例》、《深圳经济特区中医药条例》、《深圳经济特区医疗急救条例》和《深圳经济特区职业技能鉴定条例》等法规，推动深圳率先形成共建共治共享共同富裕的民生发展格局。

（三）围绕打造"可持续发展先锋"

近年来，深圳制定了全国首部生态环境保护全链条立法《深圳经济特区生态环境保护条例》，完善环境影响评价、信息强制性披露等制度，健全生态修复和碳排放权交易机制，构建生物多样性保护体系；制定全国首部绿色金融领域法规《深圳经济特区绿色金融条例》，在全国率先建立绿色金融法律体系，就建立金融机构绿色投资评估制度、制定绿色金融统一标准、创新绿色金融产品与服务、建立环境污染强制责任保险制度等进行一系列制度设计；制定全国首部将工业建筑和民用建筑一并纳入立法调整范围的绿色建筑法规《深圳经济特区绿色建筑条例》，首次以立法形式规定建筑领域碳排放控制标准和重点碳排放建筑名录，坚持绿色建筑高标准引领，以严格责任确保建筑绿色性能要求落到实处；[②] 制定《深圳经济特区生态环境公益诉讼规定》，建立环保禁令制度，设立生态环境公益基金，完善对社会组织提起诉讼的支持和保障，这是全国首部生态环境公益诉讼地方性法规；制定《深圳经济特区海域使用管理条例》，健全海洋资源开

[①] 参见 2023 年《深圳市人民代表大会常务委员会工作报告》。

[②] 李舒瑜：《深圳人大：先行先试立法频饮"头啖汤"》，《人民之声》2023 年第 2 期。

发保护制度，创新海洋生态环境保护、海域使用权出让、海洋工程建设管理、海域使用监督管理等制度，建立海监综合执法体制和海洋生态环境公益诉讼制度。

三 新时代深圳立法引领推动高质量发展所面临的问题

近年来，市人大常委会始终坚持用足用好经济特区立法权，在着力破解深圳经济特区发展的制度性、结构性、资源性障碍，助推深圳改革开放向纵深发展方面取得了一定成效。但也还存在一些问题和不足，尤其是与当前服务高质量发展、推进落实国家重大战略的新要求相比，还有一定差距。当前深圳立法引领推动高质量发展所面临的问题如下。

（一）经济特区立法的权限边界问题

一是遵循法律和行政法规的基本原则范围不清晰。根据全国人大常委会1992年的授权决定，深圳市人民代表大会及其常务委员会在"遵循宪法规定以及法律和行政法规的基本原则"的前提下制定经济特区法规。① 实践中，大家对法律和行政法规"基本原则"的理解不尽相同，部分看法甚至将法律、行政法规规定的各项制度安排都纳入基本原则的范围，经济特区立法创新变通的空间将变得非常狭小，通过立法先行引领改革发展将面临重重障碍，与中央要求的用足用好经济特区立法权的初衷不符。二是落实国家专属立法权的相关规定内涵不明确。《立法法》规定了国家立法的保留事项，如何理解其中的"基本制度"，以及如何在立法中予以落实，实践中有时也难以具体把握。随着深圳改革步入"深水区"，不少改革涉及对国家重大体制机制的创新，地方层面探索空间有限。如何在坚持国家法制统一的前提下，准确理解"基本制度"的含义，区分哪些情况下可

---

① 参见《关于授权深圳市人大及其常委会和深圳市人民政府分别制定法规和规章在深圳经济特区实施的决定》。

以对相关事项作出规定，哪些情况下不能对相关事项作出规定，是当前深圳经济特区立法遇到的难题。三是经济特区立法权与行政管理事权衔接不顺畅。加快推进重大国家战略落地落实，需要发挥经济特区立法权先行先试、创新引领的优势，在这个过程中有时会涉及国家、省、市不同层级职能部门的行政管理事权，包括中央派驻深圳的工作机构的管理事权等。一些急需的或者相关主管部门不方便单独授权的改革项目需要运用经济特区立法权作出创新性规定或者对上位法规定进行变通，但是涉及相关行政许可事项、审批条件、强制性标准制定等事权不在深圳市一级的，经济特区立法权与行政管理事权难以顺畅衔接，因此经济特区立法权的创新变通优势还需进一步强化。此外，即使是国家已经授权的事项，在实践中也存在阻力。

（二）经济特区法规的效力认定问题

一是经济特区法规优先适用存在一定争议。《立法法》第八十一条明确规定，经济特区法规根据授权对法律、行政法规、地方性法规作变通规定的，在本经济特区适用经济特区法规的规定。在立法实践中，一方面是部分相关部门的考核标准仍停留在全国"一盘棋"的思路上，一定程度上制约了行政机关的执法效果；另一方面随着国家立法进程的显著加快，部分经济特区法规颁布在前，法律、行政法规颁布在后，在两者有明显不一致的情形下，如何进行法律适用存在争议。二是经济特区法规跨区域适用效力受到影响。随着经济社会的发展，跨区域的法律适用问题越来越突出，尤其是在司法实践中。司法机关在审理案件时，对法律、法规本身没有审查权，但可以选择适用法律、行政法规或者经济特区法规。《立法法》第九十九条规定了法律位阶，明确法律、行政法规的效力高于地方性法规、规章。经济特区法规既属于授权立法法规，又属于地方性法规，部分异地司法机关据此将经济特区法规等同于一般地方性法规，而优先适用法律、行政法规，也给经济特区法规的实施带来一定限制。

（三）经济特区立法工作体制机制问题

一是改革决策与立法决策相衔接机制有待完善。改革越深入，越可能遇到新的障碍，法律法规调整与深化改革的适配性问题就越突出、联动性需求就越迫切。综合改革试点实施方案的授权事项清单中，涉及大体量的法律法规整体调整，需要自上而下和自下而上无缝衔接，推动实现"一揽子调整"。但是个别部门对发挥立法对改革的引领、推动和保障作用，通过立法破解改革深层次矛盾、突破改革发展瓶颈方面的认识不到位，通过深入思考研究提出改革立法需求的主动性积极性不足，改革与立法衔接不够紧密。同时，由于改革事项处于不断变化之中，部分问题没有充分暴露出来，一些关于改革事项的立法问题导向不够明确，立法的倡导性、宣示性、象征性内容居多，法规的针对性、适用性和可操作性还需进一步加强。二是法规审议和征求意见及反馈机制有待健全。市人大常委会组成人员兼职比例较高，会前参与立法调研起草工作的广度和深度不够。由于多方面原因，法规草案审议时间比较集中，一次常委会会议要同时审议多件法规，会前准备不够充分，会期时间安排比较紧凑，常委会组成人员审议不够充分，一定程度上影响了常委会会议审议质量。此外，法规草案征求意见的反馈机制还有待完善，向社会公开征求意见的时间不够充裕，收集意见的采纳情况、不采纳的理由说明、反馈程序及形式等规定不够明确，一定程度上影响了公众参与立法的积极性。三是常态化立法后评估和执法检查工作力度不够。立法后评估和执法检查是检验法规实施效果、提高立法质量水平的重要手段。尽管当前市人大常委会每年都安排一定数量执法检查和法规立法后评估工作，但是相较于法规数量和实际需求来说，立法后评估和执法检查工作力度还不够，每年开展立法后评估和执法检查的法规数量与新颁布的法规数量还有较大差距，且常态化立法后评估和执法检查工作机制有待完善，第三方社会专业力量参与不够，立法后评估和执法检查的成果转化运用还有待进一步加强。

四 在新的更高起点上用足用好经济特区立法权

我国已进入高质量发展的新阶段,在这一时期,特区立法为深圳全面深化改革和扩大高水平对外开放提供法治保障的意义更为重要。尽管随着国家和地方法律法规不断完善,经济特区立法的创新空间较此前有所减少,但运用经济特区立法来推动制度创新、促进改革开放,打造改革与法治有机结合的"典型样本",仍然是经济特区立法的价值和功能所在。用足用好经济特区立法权,必须坚持以习近平法治思想为指导,全面贯彻落实习近平总书记关于立法工作和改革开放的重要论述,准确把握其丰富内涵、精神实质和实践要求,围绕高质量发展要求创造性地做好各项工作,为深圳全面深化改革开放和经济社会高质量发展保驾护航。

(一)坚持党对立法工作的全面领导

坚持党对立法工作的全面领导是做好立法工作的根本保证。一是把坚持党的全面领导作为立法工作的最高政治原则。全面落实党中央关于加强党领导立法工作的意见及省委、市委的实施意见,确保立法方向正确,符合中央精神、得到人民拥护。二是推动党的路线方针政策和重大决策部署落地见效。严格对标对表党的二十大对立法工作提出的具体要求,紧扣国家重大战略部署,深入分析、积极探索推进高质量发展的立法需求,把每一项法规制度放在党和国家工作大局中审视、论证,实现立法决策与党的决策协调同步。三是把党的领导贯穿特区立法工作。严格执行重大事项请示报告制度,立法工作中涉及的重要事项、重大问题等,都应主动请示报告,确保一切重要立法活动都在党的领导下进行。

(二)践行立法为民理念

把人民当家作主具体、现实地体现在各项立法工作中,确保每一部法规都载满民意、回应民需、体现民情。一是回应人民群众对立法的需求。聚焦人民群众最关心的重点、难点、堵点和痛点问题，健全法规草案征求人大代表意见制度，用好法规草案征求代表意见平台，选取综合素质高、责任感强、具有法律专业背景的代表组成立法专业小组深度参与立法各个环节，邀请代表参与立法调研、座谈、论证、评估等工作。二是健全民主立法工作体制机制。深入推进开门立法、民主立法，把发展全过程人民民主的理念贯穿从立项到审议、公告、释法的全流程。拓展公众参与立法的广度和深度，完善法规草案公开征求意见及反馈机制，善于运用互联网、5G、云计算等现代信息技术手段开展问卷调查、网络调研，多层次、全方位、多渠道了解实际情况，建立公开、快捷、有效的意见反馈平台，对反映比较集中、意见分歧较大的要及时说明采纳情况及不采纳理由，使社会各界更加深入、全面、及时、便捷地参与立法工作。三是完善人大的民主民意表达平台载体。加强对立法联系点的工作指导和业务培训，充分发挥其扎根基层、贴近实际、面向群众的优势，广泛收集"原汁原味"的社情民意，推动立法联系点从参与立法向监督执法、促进守法、宣传普法拓展延伸，更好激发人民群众的积极性、主动性、创造性。

（三）服务全市发展大局

更好发挥立法的引领、推动和保障作用。一是做好与改革相关联、相配套法规的立改废释工作，大力推进重点领域、新兴领域立法。围绕打造高质量发展高地，加快制定和完善推动制造业高质量发展、战略性新兴产业和未来产业发展等方面的立法。围绕建设教育强市、科技强市和人才强市，加快制定和完善科技创新、技能人才培养、职业教育发展等方面的立法。围绕打造法治先行示范城市，加快制定和完善优化营商环境、外商投资、反不正当竞争等方面的立法。围绕打造民生幸福标杆，加快制定和完善基础教育高质量发展、扩大优质医疗卫生资源供给、健全社会保障体系等方面的立法。围绕建设全国市域社会治理现代化标杆城市，加快制定和完善城市安全发展、智慧城市建设、基层社会治理等方面的立法。围绕打造可持续发展先锋，加快制定和完善绿色低碳发展、环境污染防治、绿美深圳建设等方面的立法。

积极发挥经济特区立法试验田作用，填补空白点、补强薄弱点，在促进体制、机制、措施完善方面作出规定，同时审慎设置强制性、义务性、禁止性规定，更好促进、规范、保障新产业新业态新模式健康发展。二是探索加强深港合作。聚焦营商环境、城市治理、科技创新、教育医疗、民生福祉等领域，加强与香港立法机构的交流合作，开展全方位、深层次的立法经验交流，共同探索深港法律规则衔接的实现路径，加强深港法律规则衔接的理论与实务研究。发挥经济特区立法研究中心等智库作用，积极开展粤港澳大湾区等重大战略涉及的相关法规和立法问题研究，推进粤港澳大湾区三地规则衔接、机制对接。

（四）提高立法的质量和效率

习近平总书记多次在重要会议、重要场合强调，要发挥人大在立法工作中的主导作用。一是加强统筹协调。加强立项主导，编制立法规划和立法计划时要通盘考虑、科学遴选和确定立法项目，从被动"等米下锅"转变为主动"点菜上桌"。加强起草主导，做好人大对综合性、全局性、基础性重要法规草案的牵头起草工作，积极开展"攻关立法"。加强审议主导，不断提高常委会会议审议质量，提前将法规草案发给常委会组成人员，使其全面了解法规内容及关键条款，合理安排常委会会议审议时间和议程，使常委会组成人员充分发表意见，对于审议中分歧意见较大、影响立法进度的重点难点问题，既要加大征求意见和研究论证力度，统筹协调各方面利益关系，凝聚立法共识，又要敢于善于在矛盾焦点上"切一刀"，真正发挥人大在表达、平衡、调整社会利益方面的主导作用。二是完善工作机制。全面增强政府立法计划与人大常委会立法计划的协同性，严格遵循立法科学规律和立法技术规范，不断提升立法科学化、精细化水平。完善法规草案起草专班工作机制，整合各方面的专业人才和实践人才，加强工作协同配合，集中立法资源和优势，不断提高立法质量和效率。健全立法后评估常态化工作机制，完善评估标准、程序及成果运用等制度，适时引入第三方评估机构开展立法后评估，提高评估的客观性、科学性、精准性和实效性。三是坚持稳中求进。

当前，立法工作任务重、节奏快、要求高已成为常态，必须在保证立法质量的前提下加快立法步伐，坚持"稳中求进"推进立法工作。"稳"就是加强调查研究、加强分析论证、加强风险评估，有计划、分步骤、按节点推进立法项目，确保每一部法规制度设计符合逻辑、遵循规律、科学可行；"进"就是要积极进取，区分轻重缓急，发展急需、条件成熟的立法早安排、早行动、早落实，实现立法质量与立法效率相统一。同时，注重加强"小切口""小快灵"立法，出台一批"真管用"的"民生小法"，做到制度切实可行、措施明确具体、操作流程清晰，实现立法的政治效果、法治效果和社会效果最大化。

参考文献

习近平：《高举中国特色社会主义伟大旗帜　为全面建设社会主义现代化国家而团结奋斗——在中国共产党第二十次全国代表大会上》，2022 年 10 月 16 日。

习近平：《在中央经济工作会议上的讲话》，2023 年 12 月。

习近平：《在二十届中央财经委员会第一次会议上的讲话》，2023 年 5 月。

《关于授权深圳市人大及其常委会和深圳市人民政府分别制定法规和规章在深圳经济特区实施的决定》，1992 年 7 月。

《中共中央 国务院关于支持深圳建设中国特色社会主义先行示范区的意见》，2019 年 8 月。

全国人大财政经济委员会、国家发展和改革委员会编《〈中华人民共和国国民经济和社会发展第十四个五年规划和 2035 年远景目标纲要〉释义》，中国计划出版社，2021。

林木西、王聪：《加快建设现代化产业体系》，《经济日报》2023 年 11 月 20 日。

《深圳市人民代表大会常务委员会工作报告》，2023 年 3 月。

李舒瑜：《深圳人大：先行先试立法频饮"头啖汤"》，《人民之声》2023 年第 2 期。

《深圳：立足先行示范 勇于探索创新 推动人大工作走在全国前列》，《人民之声》2021 年第 9 期。

李舒瑜：《深圳用法治利剑破改革瓶颈》，《深圳特区报》2021 年 7 月 19 日。

B.3
深圳产业促进类立法及实施情况

李朝晖 王庆恩*

摘　要： 全球化浪潮和科技飞速发展引起生产进一步社会化，使当代国家对经济的宏观引导调控体系日趋发达和完善，关于宏观引导调控方面的立法不断增多，产业促进法是其中重要类型。近年来，我国产业促进法不断增多，并以深圳为甚。产业促进法一开始被认为是软法，作用有限。但回顾深圳经济发展历史，制定了产业促进法的领域均发展较好，早期制定产业促进法的金融业、文化产业实实在在成为深圳经济的支柱产业。深圳产业促进法，从文本看，产业促进引导方式不断延展，重视人才集聚、基础设施配套、应用场景营造、标准建立和公共服务等；从实施看，被认为以倡导性条款为主的立法由于政府执行到位以及国企的基础、引领和托底作用，因此"软法"变"硬法"。产业促进法在经济发展中发挥了价值引导和制度保障作用，但越来越多细分产业专门立法的产业促进政策措施切片化，科学性值得商榷。

关键词： 宏观引导调控　产业促进　倡导性条款　法律实施

从 20 世纪末开始，科技飞速发展引起生产进一步社会化和地区竞争的加剧，经济的宏观引导调控再度受到重视，全球范围内宏观引导调控方面的立法日益增多、法律体系日趋发达和完善，产业促进法是其中近年来发展最快的立法类型。产业促进法是国家和地方为促进产业发展而制定的法律法规。

---

* 李朝晖，深圳市社会科学院政法研究所所长、研究员，主要研究方向为经济法、地方法治、信息法；王庆恩，智睿和合（深圳）商务服务有限公司职员，主要研究方向为文献分析、营商环境。

21 世纪以来，我国经济和产业促进法也逐渐增多。国家层面，如 2016 年出台的《电影产业促进法》，2020 年列入立法计划的《文化产业促进法》，2021 年出台的《乡村振兴促进法》。地方层面，各地均有针对本地产业发展需求的经济和产业促进法。例如，2007 年的《江苏省软件产业促进条例》、2020 年的《上海市促进中小企业发展条例》等，其中深圳制定的经济和产业促进法规数量最多。这些法规本身和法规实施具有自己的特点，所处产业发展状况较好，总结经验和问题有助于未来更好发挥立法规范和保障宏观引导调控作用。

一 深圳产业促进类主要法规及相关产业发展状况

深圳产业促进类立法可以分为两个阶段。第一阶段是 21 世纪初，深圳发展面临土地、人口、资源、环境"四个难以为继"问题①，为此提出转变发展方式，并制定了一批宏观引导调控方面的特区法规，特别是经济和产业促进方面，2006~2010 年相继制定出台了《深圳经济特区循环经济促进条例》（2006）、《深圳市文化产业促进条例》（2008）、《深圳经济特区金融发展促进条例》（2008）、《深圳经济特区科技创新促进条例》（2008）、《深圳经济特区中小企业发展促进条例》（2010）、《深圳经济特区加快经济发展方式转变促进条例》（2010）等经济和产业促进法规。第二阶段是近年来，随着信息、人工智能、生命科学等领域技术的发展，深圳顺应科技发展趋势加强立法规范和促进相关产业发展，2022 年以来出台了人工智能、细胞和基因、数字经济、低空经济等多部与战略性新兴产业领域细分产业相关的促进条例。

（一）深圳产业促进类主要法规

1. 21 世纪初促进支柱产业发展的立法

21 世纪初，深圳已经形成金融、物流、高新技术产业三大支柱产业，

---

① 2005 年初，深圳市委三届十一次全会报告中系统地对深圳当时的发展状况进行自我解剖，指出原有发展模式下土地、空间有限，难以为继；能源、水资源短缺，难以为继；人口不堪重负，难以为继；环境承载力严重透支，难以为继的"四个难以为继"，提出从"速度深圳"向"效益深圳"升级转型的新发展理念。

2003 年，深圳提出文化立市战略，并于 2004 年成功举办首届深圳国际文化产业博览会，文化产业成为深圳发展新亮点，2005 年深圳政府工作报告将文化产业列为支柱产业，形成四大支柱产业。

彼时四大支柱产业中，对于高新技术和物流领域，深圳从取得特区立法权以来，陆续制定了相关法规和促进发展规范。例如，在高新技术产业方面，制定了《深圳经济特区企业技术秘密保护条例》（1995）、《深圳经济特区高新技术产业园区条例》（2001）、《深圳经济特区国家自主创新示范区条例》（2018）；在物流业方面，有《深圳经济特区出租小汽车管理条例》（1994）、《深圳经济特区公共中小型客车营运管理条例》（1995 年制定，2010 年废止）、《深圳经济特区港口管理条例》（1998）、《深圳市海上交通安全条例》（2005）等，但关于金融和文化产业的立法一直是空白。文化产业被列为支柱产业的同年，文化产业促进条例也被列入深圳市人民政府 2005 年度立法工作计划，开始起草工作。2007 年，《深圳市文化产业促进条例》《深圳经济特区金融发展促进条例》《深圳经济特区科技创新促进条例》均进入立法审议阶段，2008 年先后审议通过。

2. 2020 年以来促进战略性新兴产业发展的立法

2010 年以来，深圳战略性新兴产业发展迅速，从 3 个产业逐渐发展到 20 个产业，这些产业大多数属于高新技术产业，也有文化创意产业、海洋产业、跨领域产业。战略性新兴产业的迅速崛起对未来经济发展和地区竞争具有重大意义，立法规范和促进其发展受到业界和社会关注。近年来，随着信息、人工智能、生命科学等领域技术的发展，深圳顺应科技发展趋势加强立法规范和促进相关产业发展。2021 年，涉及人工智能、数字经济、细胞和基因产业、战略性新兴产业及未来产业的经济和产业促进类法规列入深圳市人大常委会 5 年立法计划。2022 年，《深圳经济特区人工智能产业促进条例》《深圳经济特区细胞和基因产业促进条例》《深圳经济特区数字经济产业促进条例》相继出台。2023 年，《深圳经济特区低空经济产业促进条例》也由深圳市人大常委会审议通过。目前，战略性新兴产业和未来产业促进条例的立法也在推进中。深圳的人工智能产业、细

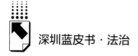

胞和基因产业、低空经济产业促进条例都是国内首部相关领域的专门立法。数字经济产业促进条例虽不是国内首部相关领域的专门立法，但也有其独特的制度创新。

（二）相关产业发展状况

1. 支柱产业发展情况

2010年开始，深圳市统计局建立了四大支柱产业的统计指标，从2010年以来四大支柱产业增加值变化与同期GDP增长比较情况看，高新技术产业、金融业、物流业、文化产业增加值总体增速均快于GDP增速，发挥了支柱产业的作用。制定了专门促进条例的金融业和文化产业虽发展良好，但以年为单位来看，也存在一定波动，特别是文化产业增速波动较大，2020年以来增长乏力。

2010年以来，除了2018年①外深圳金融业增加值均保持较快增长速度，2010~2023年，金融业增加值增长了310.66%，明显快于GDP的增长速度，同期深圳GDP从9510.91亿元增长到34606.4亿元，增长了263.86%。文化产业则有波动，2010~2014年增加值增长速度较快，但2015年出现负增长，2016年缓慢回升，2017年大幅增长后，2018年小幅增长，2019年又大幅增长，2010~2019年文化产业增加值增长了190.17%，快于同期GDP增长速度（183.12%）。2020年以来，文化产业发展受阻，2022年增加值相较于2019年仅增长了3.52%，2010~2022年增加值仅增长了200.39%，慢于同期GDP 240.53%的增长速度②，占GDP的比重从6.7%下降到5.91%。相比较而言，四大支柱产业中分量最重的高新技术产业，2010~2019年增加值增长了201.78%③；稳定发展的物流业，2010~2019年

---

① 2018年P2P暴雷影响了金融业增加值。
② 2022年深圳GDP为32387.68亿元。
③ 2020年开始，深圳市统计局不再公布高新技术产业增加值。战略性新兴产业则从2010年的3个增加至20个，涵盖了高新技术产业绝大多数增加值，还包括了文化创意产业中非高新技术部分。

增加值增长了 195.78%①，都仅略快于文化产业增加值的增长速度（见表1）。总体而言，深圳四大支柱产业发展平稳，对深圳经济快速健康发展起到基石作用。

表1　2010～2023 年深圳四大支柱产业增加值情况

单位：亿元

年份	金融业增加值	文化产业增加值	物流业增加值	高新技术产业增加值
2010	1279. 27	637. 23	926. 30	3058. 85
2011	1562. 43	771. 00	1122. 36	3738. 00
2012	1819. 19	未公布	未公布	未公布
2013	2008. 16	1085. 94	1445. 62	4652. 00
2014	2237. 54	1213. 78	1614. 18	5173. 49
2015	2542. 82	1021. 16	1782. 70	5847. 91
2016	2876. 89	1100. 91	1984. 50	6560. 02
2017	3059. 98	1529. 75	2276. 39	7359. 69
2018	3067. 21	1560. 52	2541. 58	8296. 63
2019	3667. 63	1849. 05	2739. 82	9230. 85
2020	4189. 63	1775. 98	2766. 67	未公布
2021	4738. 81	2086. 36	3083. 45	未公布
2022	5137. 98	1914. 18	3302. 23	未公布
2023	5253. 48	未公布	未公布	未公布

资料来源：深圳市历年国民经济和社会发展统计公报。

2. 战略性新兴产业发展状况

深圳自 2010 年开始公布战略性新兴产业产值和其中具体产业增加值数据，2010～2012 年战略性新兴产业包括生物、互联网、新能源 3 个产业；2013 年增加新一代信息技术产业、新材料产业、文化创意产业，总数达到 6 个；2015 年再增加节能环保产业，2016 年新增海洋产业，航空航天产业，机器人、可穿戴设备和智能装备产业以及生命健康产业 4 个未来产业；2021 年形成 20 个具体产业。深圳战略性新兴产业增加值从 2016 年的 7847.72 亿

---

① 2010～2022 年深圳物流业增加值增长了 256.5%，略快于同期 GDP 增长速度。

元增长到 2022 年的 13322.07 亿元，2023 年再增长 8.8%，占 GDP 比重提高到 41.9%。其中，2018~2020 年数字经济产业增加值分别为 1240.73 亿元、1596.59 亿元、1601.03 亿元，2021~2023 年数字与时尚产业增加值分别为 3103.66 亿元、3327.74 亿元、4099.01 亿元。[①]

细胞和基因产业、人工智能产业、低空经济产业属于进一步细分的产业和交叉领域。人工智能产业跨多个领域，其规模呈快速增长态势，2022 年，深圳市人工智能产业规模达 2488 亿元，比上年增长 32.10%;[②] 2023 年深圳人工智能及相关企业达 1646 家，核心产业规模达 387 亿元。[③] 细胞和基因产业是生物医药产业未来主要的发展方向，2020 年深圳生物医药产业增加值为 408.25 亿元，2021 年、2022 年生物医药与健康产业增加值分别为 589.60 亿元、676.78 亿元，处于较快增长中。低空经济的概念虽提出时间不长，但 2023 年，深圳低空经济年产值已达 960 亿元，[④] 无人机及产业链企业达 1730 家。2024 年 3 月，低空经济和空天产业集群及人工智能产业集群入选深圳战略性新兴产业集群。总之，已经制定产业促进条例的 4 个细分产业和正在制定促进条例的战略性新兴产业整体均处于快速发展阶段。

二 深圳产业促进类法规的特点

衡量产业促进法的实施效果，最终是看产业发展状况。人工智能产业、细胞和基因产业、数字经济产业和低空经济产业促进条例制定的时间短，法规实施效果还较难判断。而金融业、文化产业促进条例已经实施 15 年，金融业、文化产业发展情况在一定程度上与法规有相关性。当然，影响产业发展状况的因素很多，产业促进法制定实施后，产业的良好发展归因于立法的

---

① 根据深圳市历年国民经济和社会发展统计公报整理。
② 《深圳市人工智能产业发展白皮书（2023 年度）》，2023 年 7 月 4 日。
③ 《盘点"上新"后的产业集群 2.0 时代：深商机会几何?》，载微信公众号"全球深商"，2024 年 4 月 24 日。
④ 《深圳全速竞飞"低空经济第一城"》，深圳市交通运输局网站，2024 年 1 月 10 日，http://jtys.sz.gov.cn/zwgk/jtzx/gzdt/content/post_ 11094318. html。

比例占多少很难判断，但产业促进法通过科学的制度设计优化产业发展环境显然起着基础性作用。因此有必要通过法规文本分析，解剖法规的制度设计，了解法规可能发挥作用的方面和发挥主要作用的内容。

（一）法规条文形式上的特点

深圳最典型的几个产业促进条例的法规条文在形式上，超过一半条文是以"应当"句式表述，对政府及相关部门提出要求；有少量条文以"可以"句式表述，授权政府或其工作部门采取一定措施或一定行为；也有相当多条文以"鼓励"或"支持"句式表述，引导企业和社会参与产业发展创新，传递积极的信号。而总体上产业促进条例法律责任条文极少，甚至有的条例没有法律责任条款。同时，不同类型的规范有时交织在一个条文中。有些条文同时存在对政府要求和授权，强制性规范和授权性规范并存；有些条款同时存在对政府提出职责要求、授权以及对企业和社会的鼓励与支持，层层递进；对企业和社会的鼓励与支持同为倡导性条款，在不少条文中同时出现。《深圳经济特区金融发展促进条例》总共50条，条文中"应当"的表述有43处，涉及35条；"可以"的表述有6处，涉及3条；"鼓励"的表述有15处，涉及8条；"支持"的表述有26处，涉及17条。《深圳市文化产业促进条例》总共28条，条文中"应当"的表述有21处，涉及16条；"可以"的表述有3处，涉及2条；"鼓励"的表述有11处，涉及8条；"支持"的表述有14处，涉及11条；"扶持"的表述有10处，涉及6条。《深圳经济特区细胞和基因产业促进条例》总共72条，条文中"应当"的表述有53处，涉及42条；"可以"的表述有7处，涉及7条；"鼓励"的表述有14处，涉及12条；"支持"的表述有26处，涉及22条；"扶持"的表述有1处，涉及1条。《深圳经济特区人工智能产业促进条例》总共73条，条文中"应当"的表述有40处，涉及34条；"可以"的表述有2处，涉及2条；"鼓励"的表述有25处，涉及21条；"支持"的表述有26处，涉及22条；"扶持"的表述有4处，涉及3条。《深圳经济特区数字经济产业促进条例》总共75条，条文中"应当"的表述有78处，涉及59条；

"可以"的表述有5处，涉及4条；"鼓励"的表述有22处，涉及19条；"支持"的表述有24处，涉及20条。《深圳经济特区低空经济产业促进条例》总共61条，条文中"应当"的表述有49处，涉及40条；"可以"的表述有4处，涉及4条；"鼓励"的表述有14处，涉及13条；"支持"的表述有12处，涉及11条（见表2、表3、表4）。

表2 深圳典型产业促进条例义务性和授权性条文数

法规名称	总条文数（条）	有"应当"表述条文			有"可以"表述条文		
		出现频次（处）	涉条文数（条）	条文占比（%）	出现频次（处）	涉条文数（条）	条文占比（%）
《深圳经济特区金融发展促进条例》	50	43	35	70	6	3	6
《深圳市文化产业促进条例》	28	21	16	57.14	3	2	7.14
《深圳经济特区细胞和基因产业促进条例》	72	53	42	58.33	7	7	9.72
《深圳经济特区人工智能产业促进条例》	73	40	34	46.58	2	2	2.74
《深圳经济特区数字经济产业促进条例》	75	78	59	78.67	5	4	5.33
《深圳经济特区低空经济产业促进条例》	61	49	40	65.57	4	4	6.56

表3 深圳典型产业促进条例倡导性条文数

法规名称	总条文数（条）	有"鼓励"表述条文			有"支持"表述条文		
		出现频次（处）	涉条文数（条）	条文占比（%）	出现频次（处）	涉条文数（条）	条文占比（%）
《深圳经济特区金融发展促进条例》	50	15	8	16	26	17	34
《深圳市文化产业促进条例》	28	11	8	28.57	14	11	39.29
《深圳经济特区细胞和基因产业促进条例》	72	14	12	16.67	26	22	30.56

法规名称	总条文数（条）	有"鼓励"表述条文			有"支持"表述条文		
		出现频次（处）	涉条文数（条）	条文占比（%）	出现频次（处）	涉条文数（条）	条文占比（%）
《深圳经济特区人工智能产业促进条例》	73	25	21	28.77	26	22	30.14
《深圳经济特区数字经济产业促进条例》	75	22	19	25.33	24	20	26.67
《深圳经济特区低空经济产业促进条例》	61	14	13	21.31	12	11	18.03

表4　深圳典型产业促进条例涉及法律责任条文数

单位：条

法规名称	总条文数	涉及法律责任条文数
《深圳经济特区金融发展促进条例》	50	0
《深圳市文化产业促进条例》	28	0
《深圳经济特区细胞和基因产业促进条例》	72	6
《深圳经济特区人工智能产业促进条例》	73	1
《深圳经济特区数字经济产业促进条例》	75	3
《深圳经济特区低空经济产业促进条例》	61	1

（二）法规条文内容上的特点

从深圳几个主要的产业促进条例文本看，内容上虽然也对财政、税收、金融等传统产业扶持政策作了规定，但涉及扶持的条款较少，只简要规定相关政策的价值倾向和提出制度化要求，产业促进法规整体架构和更多条文侧重于更为稳定和产生长久效应的产业规划计划编制、产业基础设施建设、人才引进和培养、公共服务、市场开发（应用场景营造）、知识产权保护、信息服务、要素配置、统计标准研发和评价体系建设等方面，着力于优化产业发展环境和资源配置、提升产业行业效率、降低产业发展成本、激发产业发展活力，为各类主体提供平等发展机会，形成良好市场竞争秩序下的产业集

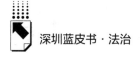

聚和高质量发展格局。通过对几个主要法规文本进行分析，发现在具体促进措施方面存在以下共性。

1. 重视产业相关人才引进培养

金融业和文化产业促进条例对产业人才引进培养都有专章规定。《深圳经济特区金融发展促进条例》第三章"金融人才"、《深圳市文化产业促进条例》第五章"人才培养与引进"，关于产业人才的规定有以下共性。一是强调人才队伍建设机制。如要求市政府建立金融人才队伍建设长效机制，制定金融人才政策；建立文化产业人才的培养和引进机制，并将文化产业人才培养和引进纳入人才工作规划。二是重视高端人才、紧缺人才引进培养。培育和引进金融家群体，有针对性地制定关键紧缺人才的引进和在职培训计划；支持用人单位引进文化产业中的高端人才和紧缺的专业人才。三是鼓励支持开放性的人才引进和培训。支持各种金融研究、教育和培训机构在深圳设立分支机构，引进境外金融专业培训机构；鼓励和支持各类机构在深圳建立文化产业教学、科研和培训基地，鼓励和支持高校、科研机构与境外机构联合培养文化产业人才。四是建立多样化的人才激励机制，针对不同类型人才给予不同的激励。例如金融人才方面，给予境内外金融专业人才相应的政策优惠，金融紧缺人才实行证书管理并给予特殊政策优惠，金融机构管理层推广期权持股等激励制度等；文化产业人才方面，根据文化产业发展的实际需要，市、区两级政府应当制定政策实行灵活用人机制，以师承关系学习民族（传统）技艺取得相应职业资格者享受相应的人才待遇。

2. 重视基础设施建设

《深圳经济特区金融发展促进条例》第五章"金融布局"专章对金融业发展用地、金融发展空间布局和金融基础设施建设作了规定。《深圳市文化产业促进条例》要求市、区两级政府建立健全文化产业发展的信息、技术、交易服务平台，扶持文化产业园区和基地的建设，构建文化产业发展支持体系。《深圳经济特区数字经济产业促进条例》第二章"基础设施"专章规定了数字基础设施建设的重点和市政府及相关工作部门的具体责任，建立领先的数字技术基础设施支撑体系。《深圳经济特区人工智能产业促进条例》第三章专章规定产业基础设施建设，就人工智能产业公共数据资源体系构建与共享、面向产业的算力算法开放平台的建立、行业开放创新平台的建设、公共服务平台的布局等作了规定；还专门规定以通信网络、数据中心、计算系统、一站式开发平台等为核心的人工智能产业基础设施建设。《深圳经济特区低空经济产业促进条例》第二章专章规定基础设施规划、建设和运营管理以及运营标准。

3. 重视应用场景营造

《深圳经济特区数字经济产业促进条例》第六章"应用场景"就数字技术在城市治理、政务服务中的全面应用和在公共管理、公共服务中的广泛应用作了详细规定。《深圳经济特区人工智能产业促进条例》第四章专章规定了应用场景拓展，要求具有管理公共事务职能的组织及企事业单位率先使用人工智能产品和服务，产业主管部门建立人工智能应用场景开放制度，并定期发布需求清单。《深圳经济特区低空经济产业促进条例》第四章"产业应用"专章规定了探索应用的原则和可应用具体场景。

4. 重视鼓励创新发展

《深圳经济特区金融发展促进条例》第四章"金融创新"专章规定金融创新的重点和激励措施；《深圳市文化产业促进条例》将鼓励自主创新作为促进文化产业发展应当遵循的基本原则；《深圳经济特区数字经济产业促进条例》第四章"技术创新"专章规定了创新驱动原则下，相关政府部门在推动数字经济相关领域的基础研究和应用基础研究，规则、标准及测评体系建设，以及成果转化方面的具体职责和应当采取的措施；《深圳经济特区低空经济产业促进条例》第六章"技术创新"专章规定了市、区两级人民政府在低空经济技术创新方面的责任和应当采取的具体措施。

5. 重视扶持规范化

《深圳经济特区金融发展促进条例》要求市政府针对金融机构的发展

潜力和经营风险等研究建立科学评价体系并进行评价，以此作为给予优惠的基础，并提出政府可以设立金融发展资金。《深圳市文化产业促进条例》对文化产业创业、出口等方面均规定了扶持措施和资金支持方式，并对文化产业发展专项资金的使用提出规范要求。《深圳经济特区数字经济产业促进条例》要求完善金融、财政、税收、人才、知识产权、政务服务、电力接引、土地供应以及设施保护等方面政策措施，提出设立数字经济产业投资基金。《深圳经济特区低空经济产业促进条例》也规定政府按照产业发展特点和需要提供财政、金融、人才、知识产权、土地供应等方面的支持和服务，并要求政府性基金发挥引导作用，带动社会资本参与低空经济产业投资等。

6. 重视行业生态建设

《深圳经济特区金融发展促进条例》第一条直接亮明了优化金融生态环境的立法目的，并在第七章专章就"金融生态"建设从意识素质、信用信息、专业服务、行业自律、风险管理等维度进行规定。《深圳经济特区数字经济产业促进条例》也从数字经济知识的宣传、教育和培训，提高全民数字技能和素养，保障数据、网络、设施安全等角度，强调创新驱动、集聚发展、应用牵引的同时，要求践行安全可控、包容审慎的原则。《深圳经济特区人工智能产业促进条例》强调人工智能产业发展应当遵循科技引领、应用驱动、以人为本、安全可控的原则，要开展人工智能知识宣传、教育、培训、科普，加强人工智能伦理安全规范和社会价值观引导，并在第六章就人工智能治理原则与措施进行规定。《深圳经济特区细胞和基因产业促进条例》明确细胞和基因产业发展应当遵循研发科学规范和符合伦理、生产风险管理和全程管控、应用健康导向和群众受益等原则。《深圳经济特区低空经济产业促进条例》明确了低空经济产业发展应当遵循安全第一、创新驱动、分类管理、协同运行、包容审慎的原则，并在第七章专章就安全管理进行规定。

7. 重视优化政府服务

尽管每个产业促进条例均只有个别条款直接提及优化政府服务和公共服

务，但整个条例为政府设定了大量义务性规则显示了对优化政府服务和公共服务的重视。

总之，相较于传统产业政策主要通过财税、金融方式支持可能导致产业和企业对财政、税收等工具形成成本依赖，并容易造成不公平竞争和遭遇反代销调查、反补贴制裁等问题，以及金融工具因风险收益不匹配等复杂原因存在落地难问题，使调控目标难以达成，产业促进法规在调控引导的方式上得到很大延展，力图使相关产业在良好市场秩序下快速发展。

三 深圳产业促进类法规实施的特点

产业促进法作为宏观引导调控法的一种，由于倡导性条款较多，往往被认为约束力不足、更似软法，其实施效果要打折扣。但深圳实践中并不必然如此。产业促进法虽以鼓励的倡导性条款为主，对政府提出的大量要求虽无刚性责任条款进行约束，但仍为政府义务责任，这些政府"应当"之责任，得到了较好执行。同时，对于企业的鼓励支持条款，有很多也通过国有资本投入，由国有企业将倡导性条款落地落实，发挥国企基础、引领和托底作用，使倡导性条款由"软"变"硬"，软法硬化，实现产业促进目标。具体表现如下。

（一）政府责任切实落实

在人才引进培养方面，通过制定 60 多件规章和规范性文件，内容包括高层次专业人才、创新型人才、技能人才等队伍建设，国（境）外高级专家特聘岗位管理、外国专家来华工作许可、外籍"高精尖缺"人才认定，各类人才的认定、津贴补贴、住房保障、税收优惠政策，各类优秀人才评选表彰奖励等，分别以政府规章、市委市政府规范性文件、市政府规范性文件和政府工作部门规范性文件形式，不断完善促进产业发展所需人才政策并推动落实。

在政务服务方面，2008年以来，深圳市委、市政府先后印发《关于优化政府服务促进产业发展的若干措施》、《关于加快电子政务建设构建阳光政府的意见》、《深圳市法治政府建设指标体系》、《推进商事登记制度改革的若干措施》、《政务信息资源共享管理办法》、《深圳市"互联网+政务服务"改革工作计划要点》和《深圳市政府网站集约化建设方案》等文件，通过政府机构和审批制度改革，结合智慧城市、数字政府、法治政府建设，不断优化政府办事流程，提高政府办事质效，持续优化政务水平，连续4年获评全国营商环境最佳口碑城市，为产业发展提供优质营商环境。

在产业基础设施建设方面，深圳制定产业用地、园区建设发展相关规章规范性文件20多部，通过土地整备、特色园区认定、孵化基地建设等工作，加强产业发展用地和空间保障；出台关于重大科研基础设施和大型科学仪器共享管理、生产性服务业公共服务平台管理、新型信息基础设施建设、重大科技基础设施和大型科研仪器开放共享管理、产业创新中心建设运营管理、战略性新兴产业发展与重大科研平台和新型信息基础设施建设等方面规范性文件，推动相关基础设施建设与规范管理。深圳新型基础设施投资规模持续扩大，2023年投资额达1223亿元；全国重点实验室、国家企业技术中心、中小试基地建设持续加强，2023年分别新增3家、8家、23个。①

在应用场景营造方面，"科技+""金融+""文化+"等系列战略的实施，为产业发展打开了空间；而智慧城市、数字政府、数字孪生先锋城市、新型信息基础设施建设的推进，为战略性新兴产业发展提供了真实应用场景。2023年，深圳发布41个"城市+AI"应用场景清单，新开通无人机物流航线77条，新推出数字孪生应用场景30个。②

①《2024年深圳市政府工作报告全文发布》，深圳政府在线，2024年2月7日，https://www.sz.gov.cn/cn/xxgk/zfxxgj/zwdt/content/post_ 11141398. html。

②《2024年深圳市政府工作报告全文发布》，深圳政府在线，2024年2月7日，https://www.sz.gov.cn/cn/xxgk/zfxxgj/zwdt/content/post_ 11141398. html。

在扶持规范化方面，2008 年以来深圳发布了 100 多项规范性文件，规范特色园区或基地认定、相关产业发展资金管理、各类资助扶持或奖励项目操作规程及验收管理、产业用房资金补贴办法、各类人才津贴补贴办法、评选表彰奖励办法等，推动扶持政策措施的规范化，广泛惠及相关产业企业和人才。

在行业生态建设方面，相关行业均制定了中长期发展规划或行动计划，以及针对性的发展若干措施，如国家创新型城市总体规划、现代产业体系总体规划、文化创意产业振兴发展规划、金融业发展五年规划，以及实施文化立市战略建设文化强市的决定、数字经济产业创新发展的实施方案、发展壮大战略性新兴产业集群和培育发展未来产业的意见、加快培育数字创意产业集群的若干措施、5G 全产业链高质量发展若干措施、数字孪生先锋城市建设行动计划等，体系化促进条例内容的落实，强链补链，促进行业生态形成和健康发展。

（二）发挥国企基础、引领和托底作用

2004 年组建的深投控在其中发挥了重要作用。深投控对标新加坡淡马锡，重点开拓科技园区、科技金融、科技产业三大业务领域，为科技产业提供符合需求标准的空间保障、金融服务、产业培育、供应链配套，使产业促进政策目标在遵循市场规律的情况下实现，并在总体上实现国企发展和国有资产保值增值。通过科技园区业务，在园区规划设计、投资开发、运营管理过程中，建立了遵循经济圈层和产业梯度转移规律的"精耕深圳、服务湾区、面向全球"园区体系，为产业发展提供合适的物理空间；通过科技金融业务，为重点产业企业提供融资担保、科技创投、科技保险、不良资产管理等全方位、全周期、全链条的多功能金融服务；通过科技产业业务，聚焦产业链关键环节和重要领域，建平台、补链条、育龙头、强集群，以各种市场化方式塑造战略性新兴产业生态。深投控在宏观引导中不断发展壮大，2020 年开始入围《财富》世界 500 强，已保持多年。

可以说，目前深圳的产业促进法规在制度设计上充分尊重市场规律，以

优化要素配置为核心进行宏观引导，从而激发市场活力，促进产业在市场机制作用下快速发展。在制度实施上，充分发挥国资补足市场配置不足的作用，在弱项补强中发挥重要作用，实现政府干预、直接参与和引导调控三种方式的相互牵引、相互促进，共同推动产业发展目标的实现，在产业发展的同时国企也发展壮大。

（三）重点产业交互推进、融合发展

深圳在促进支柱产业、战略性新兴产业发展过程中，各重点产业相互融合、互促发展。深圳在促进金融产业成为支柱产业的同时，也重视发挥金融服务支持实体经济发展的作用，先后出台加强和改善金融服务支持实体经济发展的若干意见、强化中小微企业金融服务的若干措施及其实施细则、金融支持科技创新的实施意见等。在促进高新技术产业发展时，也重视科技与金融结合、科技与文化结合，出台促进科技和金融结合若干措施、促进文化与科技融合若干措施，形成系列"科技+""金融+""文化+"产业发展路径。法治体系下，深圳推动了数字经济、人工智能、低空经济等战略性新兴产业迅速发展。

四　结语

深圳产业促进类法规立法和实施的实践显示，产业促进法在经济和产业发展中价值引导和制度保障作用的发挥，要求产业促进法在制度设计上以激发市场活力为手段，在尊重市场规律基础上以优化要素配置为核心进行宏观引导；同时，在制度实施上，要充分发挥国资补足市场配置不足的作用，完成宏观引导的弱项补强，实现政府干预、直接参与和引导调控三种调节方式的相互牵引、相互促进，从而共同推动目标实现。

但相关实践也提出几个需要我们进一步思考的问题。一是通常认为，经济法是在"市场失灵"背景下政府干预经济而产生的，但产业促进法并非为了纠正"市场失灵"，而是出于对市场的前瞻性预判而进行的主动布局，

通过引导措施，引发市场关注，唤醒市场，甚至培育市场，是国家或地区出于抢占先机、创造竞争优势的考虑而采取的措施。这可能预示着经济法价值目标已经拓展，在公平、秩序的基础上，增加以发展为导向的目标。二是深圳产业促进法取得的成功是在特殊环境下的偶然成功案例还是具有普遍意义的路径？虽然事实表明，政府干预、直接参与和引导调控三种调节方式综合运用、相互牵引、相互促进以及注重激发市场活力，从而取得成功，但仍需要在理论上进一步确立各类措施的边界，才能更好指导实践。三是越来越多细分产业专门立法是否必要，是否会造成产业促进政策措施切片化，造成资源浪费，其科学性有待进一步研究。

参考文献

李冕、杨登峰：《迈向实质激励的改革促进型立法完善》，《青海社会科学》2023 年第 3 期。

张琳：《论民营经济的激励型立法》，《东方法学》2022 年第 3 期。

冯国栋：《我国产业立法三十年的回顾与深化》，《上海法学研究》2021 年第 2 期。

蔡武进、彭龙龙：《法国文化产业法的制度体系及其启示》，《华中师范大学学报》（人文社会科学版）2019 年第 2 期。

吴弘主编《宏观调控法学》，北京大学出版社，2018。

漆多俊：《经济法基础理论》，法律出版社，2017。

B.4
深圳民营经济高质量发展的立法保障

黄祥钊*

摘　要：　深圳民营经济高质量发展，亟须强化立法保障，进一步优化民营经济营商环境，确保民营企业与其他所有制企业地位平等、公平竞争、受平等监管和平等保护。当前应重点强化优化民营经济发展环境、保障民营企业公平参与市场竞争、引导民营企业合法经营、规范对民营企业的执法监管、保障民营经济受同等保护、依法保护民营企业产权和企业家权益等方面的立法。

关键词：　民营经济　立法保障　深圳经济特区

党中央高度重视并支持民营经济和民营企业发展，尤其是党的十八大以来，以习近平同志为核心的党中央高度重视发展民营经济。习近平总书记在党的二十大报告中明确提出：优化民营企业发展环境，依法保护民营企业产权和企业家权益，促进民营经济发展壮大。国务院总理李强在2024年《政府工作报告》中特别提出，着力解决民营企业在市场准入、要素获取、公平执法、权益保护等方面存在的突出问题，坚决维护公平竞争的市场秩序，支持民营经济创新发展。2023年7月14日，中共中央、国务院发布《关于促进民营经济发展壮大的意见》（以下简称《意见》），其中第四部分专章规定"强化民营经济发展法治保障"。《意见》作为促进民营经济发展壮大的纲领性文件，地方立法部门在立法过程中必须深刻领会其目的、宗旨，而

---

* 黄祥钊，深圳市司法局立法三处原处长、一级调研员，主要研究方向为立法、行政法等。

且要落到实处。

深圳一直被视为中国"民营经济第一城"，民营企业数量多、实力强。根据深圳市中小企业服务局最新数据，截至 2023 年底，深圳注册的商事主体（企业数）已突破 400 万户，民营企业占全市企业总数的 98%，在全国大中城市中居首位。在全国工商联"2023 中国民营企业 500 强"排行榜的前十名中，深圳就占 4 家。深圳除拥有腾讯、华为、大疆、比亚迪等世界级知名民营企业外，还有近 800 家国家级专精特新"小巨人"民营企业，另有近万家"中量级"专精特新民营企业，以及超百万级的中小微民营企业。深圳民营经济对经济社会发展的贡献，远不止全国"56789"的水平（即民企贡献五成以上税收，六成以上 GDP，七成以上创新成果，八成以上劳动力就业，九成以上企业数量）。实际上，深圳民营企业的体量和占比，早就大大超越了国有企业，其对深圳经济社会发展的贡献，可以说是独占鳌头、功不可没。但目前深圳民营经济发展面临的法治环境表明，有必要进一步强化民营经济的立法保障。

一 深圳民营经济发展法治环境现状

近年来，深圳为促进民营经济的发展，曾先后出台多部相关的法规、规章和规范性文件，包括《深圳经济特区中小企业发展促进条例》《深圳经济特区优化营商环境条例》《深圳经济特区外商投资条例》《深圳经济特区商事登记若干规定》《深圳经济特区知识产权保护条例》《关于以更大力度支持民营经济发展的若干措施》《关于促进民营经济做大做优做强的若干措施》《深圳市优化法治化营商环境工作方案（2023—2025 年）》等法规和规范性文件，为促进民营经济发展发挥了积极作用。但这些法规性文件涉及民营企业的规定比较分散，不够系统且存在碎片化、零散化和层级低、保障乏力等问题。尤其是以部门名义发布的规范性文件，如深圳市发展改革委发布的《深圳市优化法治化营商环境工作方案（2023—2025 年）》，因属于部门规范性文件，效力层级较低，此类规范性文件对民营经济发展的保障力

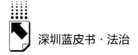

度显然不够。

不可否认，制约民营经济发展的因素很多，当前制约深圳民营经济发展的一些深层次问题也仍然存在。现实中，民营企业反映比较强烈的隐性门槛、产权保护不力、多头执法、重复执法，包括执行中的一刀切、层层加码等问题，深圳依然不同程度地存在。一些部门不能完全做到对民企与国企一视同仁、平等对待，尤其是保障民营企业公开公平公正参与竞争、依法平等使用资源要素、受法律同等保护等方面，目前还存在差距和不足。一是对民营经济发展壮大的保障不够有力。对民营经济参与公平竞争的保障不够有力，民营企业获得公平竞争的机会还有偏差，涉企的政策规定仍然侧重扶持重点行业、重点领域和国有企业等市场主体，对民营企业尚未完全做到一视同仁，不同市场主体竞争有失公平。二是行政监管执法还需进一步规范。个别部门执法还存在"重检查、轻服务，重处罚、轻教育"等问题；民营企业反映强烈的重复执法、随意执法、差别执法等现象时有发生；某些执法人员不严格执法，办关系案、人情案，滥用自由裁量权等问题仍然存在。三是民营经济的产权保护力度偏弱。有些对民营经济的保护规定还停留在政策层面，有关立法尚未从纸面走向地面，更未落实到民营企业的基本面，导致法治保障权威性不够，而且刚性不强。对民营经济的产权保护规定尚未落实、落细，对民营企业家最在乎的私有财产权保护措施不足，知识产权保护的手段和措施仍显不足，知识产权保护制度还需进一步完善。四是保障民营经济发展的立法体系不够健全。目前涉及民营经济保护和发展的立法比较分散，多散见于个别专项法规之中，还缺乏统一的立法规划体系，保护民营经济的综合性立法也未出台，立法为民营经济高质量发展提供引领、规范和保障的功能尚未充分体现出来。涉及民营经济和民营企业的立法与民营企业的期望还有落差，包括涉及市场主体准入规定、商事登记制度、企业社会诚信、企业劳动用工、企业及企业家产权保护和权益救济等方面的立法还不够健全。五是立法存在重制定、轻执行、少监督的问题。深圳虽然出台了一些促进民营经济发展的法规政策，但仍然存在配套细则少、执行措施弹性大、监督检查表面化且未能有效落实等问题，导致法规执行不到位，落实效果不佳。总体上看，深圳民营经济发展的法治环境和法规制度供给有待进一步优化。

二 深圳民营经济高质量发展需要强力的立法保障

法治最突出的功能是固根本、利长远、稳预期。法治是最好的营商环境。毫无疑问，法治也是民营经济最好、最需要的营商环境，更是民营企业家最可靠的"定心丸"。2024年3月5日，习近平总书记参加全国人大分组审议会时强调："围绕构建高水平社会主义市场经济体制，加快完善产权保护、市场准入、公平竞争、社会信用等市场经济基础制度……支持民营经济和民营企业发展壮大。"① 作为法治化建设先行示范城市的深圳，不断优化民营经济法治化营商环境，为民营经济高质量发展提供强力立法保障，是促进民营经济高质量发展和不断壮大的客观要求。

民营企业最关注也最在乎的当然是市场准入、资源获取、招标投标、政府采购、产权保护、行政执法、税费缴纳等与企业利益直接相关的法规政策。民营企业反映最强烈的问题，是与国有企业在市场竞争中处于明显劣势，尤其是在资源获取、招标投标、政府采购等方面无法与国有企业竞争。深圳亟须通过立法对民营企业进行平等对待、平等监管和平等保护，健全民营经济与国有经济公平竞争的法治规则，为民营经济打造更加公平、透明、稳定、可预期的市场化营商环境，增强民营企业扎根深圳、不断加大投资、积极开拓市场的信心和创造力。深圳高质量发展民营经济，需要通过立法为民营企业保驾护航，排除制约市场竞争的各种隐性壁垒，健全民营经济公开公平公正参与竞争、平等使用资源要素、同等受到法律保护的法规制度；通过立法完善支持民营企业发展壮大的法治规则，切实保障民营企业的基本权利，保护民营企业的产权与民营企业家的合法权益。

---

① 《习近平在参加江苏代表团审议时强调：因地制宜发展新质生产力》，中国政府网，2024年3月5日，https://www.gov.cn/yaowen/liebiao/202403/content_ 6936752. html。

深圳作为法治先行示范区,有理由也有条件抓紧建立健全保障民营经济高质量发展的相关立法,构建系统完备的保障民营经济的立法体系,进一步优化民营经济高质量发展的法治环境。在当前形势下,深圳应当认真落实《中共中央 国务院关于支持深圳建设中国特色社会主义先行示范区的意见》①,切实用足用好经济特区立法权,研究制定促进民营经济高质量发展的系统性立法规划。深圳市人大及政府立法部门要深入了解民营企业对立法的需求建议,通过立法回应民营企业重点核心关切,突出立法的时效性和针对性,围绕民营企业面临的重点、难点和痛点等突出问题,多出台针对性强、务实管用、操作性更强并受民营企业欢迎的相关法规,将支持民营经济发展的各项政策举措通过立法固定下来,为扎实推进民营经济发展壮大和高质量发展提供坚实的立法保障。

三 构建深圳民营经济高质量发展的立法保障体系

按照中共中央、国务院《关于促进民营经济发展壮大的意见》的总体要求,保障民营经济高质量发展的有关立法,应重点回应民营企业的核心关切,加快针对民营企业市场准入、公平竞争、合法经营、监管执法、同等保护、权益保障等相关领域的重点立法。当前的立法重点应侧重以下几个方面:一是优化民营经济发展环境,二是保障民营企业公平参与市场竞争;三是引导民营企业合法经营;四是规范涉民营企业的监管执法;五是保障民营企业受同等保护;六是保护民营企业产权及企业家合法权益。

(一)优化民营经济发展环境的综合性立法

一是降低市场准入门槛和破除隐性障碍立法。包括修改《深圳经济特区商事登记若干规定》,或者另行制定《深圳经济特区商事登记条例》,明确规

---

① 《中共中央 国务院关于支持深圳建设中国特色社会主义先行示范区的意见》,中国政府网,2019 年 8 月 18 日,https://www.gov.cn/zhengce/2019-08/18/content_ 5422183.html。

定不得设定或变相设定准入障碍，不断压缩民营企业市场准入的限制范围，行政机关对市场准入的限制必须公平、公开和透明。严格规范行政审批、许可、备案等的前置条件和审批标准，进一步减少行政审批事项，缩短审批流程和时间。明确规定"法无禁止即可为"，对于民营企业涉及负面清单以外的准入申请必须依法准许，不得以法律规定以外的任何理由对民营企业设置障碍，政府工程不得对民营企业设立隐性门槛，立法支持民营资本进入重点领域、重点行业和新业态；明确由市场监管部门牵头建立市场准入申请的投诉和处理回应机制，切实解决对民营企业的准入门槛过高、审查过严等问题。

二是民营企业经营保障立法。拟制定《深圳经济特区民营企业生产经营条例》，明确规定"准入则准营"，民营企业一经依法注册则可依法经营，民营企业的经营权同等受到立法保障。对民营企业生产经营权的限制，必须有明确的法律、法规依据。严格禁止行政机关或者司法部门干预和介入民营企业的自主经营活动，切实增强民营企业对其经营活动的效力及后果的稳定预期。

三是完善社会信用激励约束机制立法。包括修改《深圳经济特区社会信用条例》，或者专门制定《深圳经济特区民营企业信用条例》，明确规定失信联合惩戒对象纳入的条件、标准和程序，除有明确的上位法律、法规作为依据外，任何机关不得对民营企业采取失信惩戒措施。以立法确立民营企业信用信息异议投诉机制，完善民营企业信用修复制度，明确民营企业信用信息公示期限、查询权限、修复标准和相关条件。对需要向社会公示涉及民营企业的行政处罚信息，应当从行为性质、情节后果以及社会危害程度等方面通盘考虑，避免给民营企业造成过多的负面影响。

四是健全市场化重整机制或者企业破产立法。包括制定《深圳经济特区企业破产条例》，同时推动修订《深圳经济特区个人破产条例》，完善民营企业和个体工商户破产重整机制的配套制度。明确规定"对陷入困境者应施救"，行政机关和司法部门应坚持分类施策原则，对暂时陷入财务困境但仍有发展前景的民营企业，要有效落实相关重整机制和配套制度，积极推进破产重整、破产和解，加大对陷于困境的民营企业的挽救力度，推动有效化解民营企业债务危机。

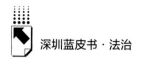

（二）保障民营企业公平参与市场竞争的立法

保护公平竞争，是市场经济的一项基本原则，也是保障不同所有制企业基于公平、公正进行竞争的基本规则。从目前的市场环境来看，深圳应当尽快制定《深圳经济特区公平竞争保障条例》，以立法强化公平竞争政策的基础地位，健全公平竞争制度框架和政策实施机制，明确公平竞争审查机构及其职能和职责，保障对包括民营企业在内的各类所有制企业一视同仁、平等对待、平等监管和平等保护。行政机关制定或者实施涉及市场主体的法规政策，必须先经公平竞争审查机构依法审查。对于产业发展、市场准入、招商引资、政府采购、招标投标、财政扶持等涉企决策，应当全面开展公平竞争审查。未经公平竞争审查不得授予经营者特许经营权，禁止限定经营、购买、使用特定经营者提供的商品和服务，避免对特定市场主体设定排除条款。强化制止滥用行政权力排除限制竞争的反垄断执法，建立健全市场干预行为的负面清单，及时清理或者废止妨碍不同所有制企业和各类市场主体参与公平竞争的法规政策。

（三）规范涉民营企业监管执法的立法

对于涉企的监管执法，民营企业反映较为强烈的问题是对不同所有制企业开展差异化执法，对民营企业存在执法歧视，存在同案不同罚，甚至利用行政或刑事措施干预民营经济活动、限定交易、限制公平竞争或者实行差别待遇等。要健全涉及民营企业监管执法的立法，拟制定《深圳经济特区执法监管条例》，通过立法进一步促进执法监管工作的透明化、规范化、法治化。一是实现公平执法和公正司法，依法规范执法监管行为，各级执法监管部门必须坚持依法监管，严格公正司法，规范执法监管部门作为市场秩序维护者和市场活动监管者的角色，保障各执法监管部门依法履行监管职责。二是明晰执法监管权限，加强执法监管标准化、规范化建设，依法公开执法监管规则、标准和程序，增强执法监管制度的稳定性、可预期性。三是提高执法监管的公平性、程序性和规范性，杜绝执法监管部门选择性执法，禁止对不同所有者、不同规模和不同类别的企业实行差异化监管。推行柔性执法，坚持处罚与教育相结合的原则，对可罚可不罚的轻微违法行为以教育为主、处罚为辅，采取告知、提醒、劝导等方式进行执法，对民营企业初次违法，且危害后果轻微并及时改正的行为，可不予处罚。四是立法强化反垄断和反不正当竞争执法，对于国有企业等明显处于优势地位的市场主体，应以更加严格的标准开展反垄断和反不正当竞争执法，有效保障民营企业依法参与公平竞争的市场主体地位。立法要鼓励竞争、保护竞争，排除限制竞争行为。五是进一步规范涉及民营企业的强制性措施，对民营企业应审慎适用或者少用执法强制措施，立法限制或者排除执法监管部门非法干预民营企业的正常生产、经营活动。

（四）保障民营企业受同等保护的立法

平等保护是民事法律制度中一项重要的基本准则。平等保护包括对民营企业的主体地位、准入条件、公平竞争、监管规则、退出机制和企业权益等方面依法给予平等保护的要求。平等保护的核心内容之一就是对民营企业财产权的平等保护。《民法典》第一百一十三条和第二百零七条确立了平等保护财产权的原则，规定民事主体的人身权利、财产权利以及其他合法权益受法律保护，任何组织或者个人不得侵犯。对民营企业和民营企业家的民事权利依法应给予平等法律保护。坚持实行民营企业平等保护原则，是社会主义市场经济的必然要求，也是深圳地方立法加强民营经济高质量发展保障的现实需要。拟制定《深圳经济特区民营企业保护条例》，着重规定民营企业应受特区立法的重点保护，通过立法实现对民营经济的平等对待、平等监管和平等保护。通过立法明确民营企业平等使用生产要素的重要性和基本规则，依法规范生产要素市场，明确民营企业是生产要素市场的公平享有者，立法充分保障民营企业平等使用生产要素的权利。

（五）保护民营企业产权和企业家合法权益的立法

企业追求的是企业财产利益最大化，企业家寻求的是自身权益得到有效保护。民营企业只要依法成立、合法经营、照章纳税，其合法权益就应当依法得到充分保护。企业产权和企业家权益能否受到保护，当然是民营企业及民营企业家最为关注的问题。有恒产者有恒心，是一项基本的社会规则。保障有恒产者有恒心，立法保障才是最可靠的。保护民营企业产权及民营企业家的合法权益，离不开强力的立法保障。深圳要适时制定民营企业产权保护和民营企业家权益保护方面的立法，包括制定《深圳经济特区民营企业产权保护条例》和《深圳经济特区民营企业家权益保护条例》，通过立法保护民营企业的产权和民营企业家权益，可以为民营企业和民营企业家提供稳定的制度预期，保障民营企业及民营企业家个人的财产安全。只有通过立法形成稳定、可预期的产权保护制度体系，确保有法可依、有法必依、违法必究，才能增强民营企业不断投资兴业的信心，才能让民营企业家放心投资、安心经营。加快健全保护民营企业产权和民营企业家权益的相关立法，才是对民营企业和民营企业家最好的保护。中共中央、国务院《关于促进民营企业发展壮大的意见》，强调依法保护民营企业产权和民营企业家权益，显然具有明确的针对性。目的在于要求各级行政机关和司法机关必须严格按照法律规定，依法保护民营企业和民营企业家的合法权益。按照《中共中央 国务院关于完善产权保护制度依法保护产权的意见》的要求，各级行政机关和司法机关必须为民营企业产权和企业家权益提供切实保护。深圳应当通过立法，严格规范涉及民营企业产权的强制性措施，进一步规范涉及民营企业、民营企业家的案件处置程序，依法少用或慎用查封、扣押、冻结和留置、拘留、逮捕等强制手段。没有法律明确规定，任何机关和部门不得超越权限、超出范围、超过数额、超出时限查封、扣押或冻结民营企业的财产。对于民营企业的违法所得、涉案财产与合法财产应当依法作出严格的区分，不得将民营企业的法人财产与股东的个人财产、涉案人员的个人财产与家庭成员的财产混为一谈。对民营企业经营性涉案财物，若不宜查封、扣押或冻结，应当允许当事人继续合理使用，避免办案活动对民营企业的生产经营活动造成不应有的冲击。只有通过科学立法，才能达到对民营企业产权和民营企业家权益的有效保护。

四 结语

深圳作为民营经济高质量发展的代表性城市，应进一步用足用好经济特区立法权，通过立法回应民营企业重点核心关切，围绕民营企业面临的重点难点痛点等突出问题，通过立法助力民营企业高质量发展，持续打造法治化营商环境，为民营经济高质量发展构建系统、完善的立法体系，重点构建包括优化民营经济发展环境、保障民营经济公平参与市场竞争、规范对民营企业的监管执法、保障民营经济受同等法律保护、保护民营企业产权和企业家权益等方面的特区立法。

参考文献

《中共中央 国务院关于促进民营经济发展壮大的意见》，2023 年 7 月 14 日。

《中共中央 国务院关于完善产权保护制度依法保护产权的意见》，2016 年 11 月 4 日。

《最高人民法院关于优化法治环境 促进民营经济发展壮大的指导意见》，2023 年 9 月 25 日。

《加快完善促进民营经济高质量发展壮大的法治保障》，临沂大学法学院网站，2023 年 10 月 19 日，https：//fxy. lyu. edu. cn/2023/1024/c10396a218974/page. html。

丁兆增：《我国民营经济立法保护研究》，《福建政法管理干部学院学报》2007 年第 1 期。

B.5
深圳应急管理法规制度发展研究

佟翰 郭莹*

摘　要： 党的十八大以来，深圳致力于在城市安全、灾害防治及应急救援等领域进行立法创新，构建了"1+4+N"的应急管理法规框架，相继颁布了《深圳市安全管理条例》《深圳市突发事件应急预案管理办法》等一系列法规，为应急管理工作提供了坚实的法律基础。但深圳在应急管理法规标准化体系的完善性、城市基础设施的安全标准以及与经济社会发展需求的契合度等方面仍存在不足。为了解决这些问题，深圳需要进一步完善应急管理法规标准体系，创新安全生产监管模式，规范和强化安全监管措施，构建社会共治的应急管理新机制。

关键词： 应急管理　法律规范　安全监管　社会共治

应急管理是指负责统筹指导突发事件和综合防灾减灾救灾工作，有效应对和减轻各种突发事件和灾害对人民生命、财产、环境和社会秩序的影响的行为。习近平总书记指出："要坚持依法管理，运用法治思维和法治方式提高应急管理的法治化、规范化水平，系统梳理和修订应急管理相关法律法规，抓紧研究制定应急管理、自然灾害防治、应急救援组织、国家消防救援人员、危险化学品安全等方面的法律法规，加强安全生产监管执法工作。"①

---

* 佟翰，深圳市城市安全文化科技有限公司副总经理、城市智慧传播有限公司（深圳）董事长，主要研究方向为城市公共文化、城市安全文化；郭莹，深圳城市安全文化科技有限公司法务岗，主要研究方向为应急管理法律法规、市场监管法律法规、应急经济学。

① 《习近平：充分发挥我国应急管理体系特色和优势 积极推进我国应急管理体系和能力现代化》，习近平系列重要讲话数据库，2019 年 12 月 1 日，http：//jhsjk.people.cn/article/31483384。

深圳在城市安全、灾害防治及应急救援等领域持续推进立法创新，构建了"1+4+N"的应急管理法规框架，为应急管理工作提供了坚实的法律制度基础。

一　应急管理与深圳应急管理法规框架

（一）应急管理的概念及其发展

如果根据《突发事件应对法》对突发事件的定义，以及对应急管理的工作要求，应急管理是指突发事件的预防与应急准备、监测与预警、应急处置与救援、事后恢复与重建等应对活动。其目的是预防和减少突发事件发生，控制、减轻和消除突发事件引起的严重社会危害，规范突发事件的应对活动，保护人民生命财产安全，维护国家安全、公共安全、环境安全和社会秩序。[1]

应急管理的内涵随着突发事件概念与内涵的变化而变化。突发事件的概念本身存在多样性，一是各国对于"突发事件"这一概念的称谓存在多样性，诸如"紧急事件"、"紧急情况"、"非常状态"以及"特别状态"等表述均被用来描述类似情境。此外，还有更为狭义的术语如"戒严状态"和"战争状态"。二是学术界对这一概念的界定同样呈现多样性，这反映了学者们基于各自的研究视角和目的所作出的不同解释，导致其精确含义难以达成共识。三是在法律规范中，这种多样性同样显而易见。例如，中国《刑法》第277条将"突发事件"与"自然灾害"并列，而《人民警察法》第17条第1款则规定了在严重危害社会治安秩序的突发事件发生时可以采取的现场管制措施。《国防交通条例》第53条则将"特殊情况"定义为局部战争、武装冲突以及其他突发事件。[2] 直到2007年8月30日通过的《突发事件应对法》，为应急管理领域的"突发事件"概念提供了一个统一且明确

---

[1]　王宏伟：《应急管理理论与实践》，社会科学文献出版社，2010。
[2]　陈月、蔡文强编著《应急管理概论》，中国法制出版社，2018。

的定义，即指"突然发生，造成或者可能造成严重社会危害，需要采取应急处置措施予以应对的自然灾害、事故灾难、公共卫生事件和社会安全事件"。突发事件分为特别严重（Ⅰ级）、严重（Ⅱ级）、较严重（Ⅲ级）和一般严重（Ⅳ级）四级，依次用红色、橙色、黄色和蓝色进行预警和分级管理。针对不同级别的突发事件需要采取不同的应急措施。

党的十八大以来，我国借鉴国外应急管理有益做法，结合我国应急管理实际发展情况，积极推进具有中国特色的应急管理体系和能力现代化。2018年，在深化党和国家机构改革中，党中央决定组建应急管理部，把安全生产、防灾减灾、应急救援等职能统筹到应急管理部，并组建国家综合性消防救援队伍。在此背景下，应急管理是指负责统筹指导安全生产类、自然灾害类等突发事件和综合防灾减灾救灾工作，通过预防、准备、响应和恢复四个阶段的连续性活动，有效应对和减轻各种突发事件和灾害对人民生命、财产、环境和社会秩序的影响行为。

（二）深圳市应急管理及法律规范框架

深圳市作为超大型新兴城市，城市快速发展，人口迅速增长，内部结构复杂，加之企业对安全生产主体责任的认识不足，缺乏自主的隐患排查和防灾避险措施，应急管理面临多重挑战。同时，深圳市经常遭受台风和强降雨等极端天气事件的影响，而城市基础设施的防灾抗灾能力、应急救援力量以及基地布局存在不合理之处，先进适用的救援装备应用也相对不足。基于这些特点，深圳应急管理可分为综合监管、安全生产、防灾减灾、应急救援四类。①

目前，深圳市的应急管理已步入制度化、规范化和法治化的正轨。这一体系以法律法规为基石，同时融合了政府规章及措施、指示和命令等非立法性文件，以及应急预案、技术规范和管理标准，共同构筑了一个周密

---

① 《深圳市应急管理体系和能力建设"十四五"规划》，深圳市盐田区政府网站，2023年8月25日，http://www.yantian.gov.cn/cn/zwgk/ghjh/fzgh_189196/content/post_10804248.html。

的应急管理法律规范框架。该框架内应急法规具体可分为以下几个类别。

（1）综合监管法律法规。综合监管法律规范是指规划深圳市应急管理顶层设计，统筹协调全市应急管理工作，推进应急管理能力和体系现代化，明确各参与主体权利义务等综合性法律规范，如《深圳市党政干部安全生产职责规定》。

（2）安全生产法律规范。安全生产法律规范是指规范生产经营单位的安全生产行为，预防和减少安全生产事故，保护从业人员的生命安全和身体健康，以及保障国家财产和公共安全的法律规范，如《深圳经济特区安全生产监督管理条例》《深圳市生产经营单位安全生产主体责任规定》。

（3）防灾减灾法律规范。防灾减灾法律规范是指防范灾害风险、减轻灾害影响、提高社会抵御灾害能力的法律规范，如《深圳经济特区自然灾害防治条例》。

（4）应急救援法律规范。应急救援法律规范是规范和加强全市专业应急救援队伍的建设和管理、提高应对灾害事故的应急救援能力的法律规范，如《深圳市专业应急救援队伍管理办法》。

二 深圳应急管理法规制度的发展及特点

深圳应急管理法律规范的发展可以分为三个阶段，从针对单一灾种的应急管理，向安全生产管理、防灾减灾管理、应急救援管理转变。应急管理法律体系的构建以应急管理法规为核心，以各部门及各区制定的涉及应急管理领域和社会安全管理领域的规章及规范性文件为配套，基本保障了应急管理工作的全过程有章可循、有法可依。

1. 1994～2007年起步阶段

在起步阶段，深圳应急管理相关法律法规以单项法律法规为主，主要针对单一灾种制定应急预案（见表1）。

表1　1994~2007年深圳应急管理制度文件

单位：件

安全类型	法规	规章	规范性文件	合计
安全生产	2	0	1	3
防灾减灾	2	0	0	2
应急救援	0	0	5	5
总计	4	0	6	10

注：此表可以统计不同安全类型法规、规章、规范性文件分别有3件、2件、5件，总共10件；所有安全类型法规、规章、规范性文件分别有4件、0件和6件，总共10件。

2. 2008~2017年发展阶段

2009年颁布的《深圳市安全管理条例》为深圳应急管理法规体系的发展奠定了法律基础，2012年颁布的《深圳市地质灾害防治管理办法》、2013年颁布的《深圳经济特区特种设备安全条例》《深圳市突发事件总体应急预案（2013年修订版简本）》等法律法规规范性文件推动了深圳应急管理法规体系的进一步发展，2016年颁布实施的《深圳市突发事件应急预案管理办法（修订版）》代表深圳应急管理法规体系向着完善迈进（见表2）。

表2　2008~2017年深圳应急管理制度文件

单位：件

安全类型	法规	规章	规范性文件	合计
安全生产	2	0	2	4
防灾减灾	0	1	2	3
应急救援	1	1	11	13
总计	3	2	15	20

注：此表可以统计不同安全类型法规、规章、规范性文件分别有4件、3件、13件，总共20件；所有安全类型法规、规章、规范性文件分别有3件、2件、15件，总共20件。

3. 2018年至今完善阶段

随着社会快速发展，深圳已成为超大型城市，对城市安全综合治理发展也有了新要求。在原有应急管理法律规范的基础上，结合发展需求及法律法规规范性文件在实际应急管理工作中的应用情况，深圳明确了构建有深圳特色的"1+4+N"应急管理法规体系的目标，以应急管理法为核心，颁布了《深圳经济特区安全生产监督管理条例》《深圳经济特区自然灾害防治条例》，推动修订了《深圳经济特区消防条例》，后续将研究制定《深圳经济特区灾害事故应急处置条例》，起草《深圳经济特区城市安全发展条例》。围绕着"1+4+N"应急管理法规体系，深圳应急管理法规、规章、规范性文件也在逐步完善（见表3）。

表3　2018年以来深圳应急管理制度文件

单位：件

安全类别	法规	规章	规范性文件	合计
安全生产	1	1	12	14
防灾减灾	3	1	2	6
应急救援	0	0	15	15
总计	4	2	29	35

注：此表可以统计不同安全类型法规、规章、规范性文件分别有14件、6件、15件，总共35件；所有安全类型法规、规章、规范性文件分别有4件、2件、29件，总共35件。

　　深圳在应急管理法规体系的完善过程中加强了针对安全生产及应急救援的法律建设。一是通过颁布《深圳经济特区安全生产监督管理条例》和《深圳市生产经营单位安全生产主体责任规定》并推动修订《深圳市安全管理条例》，加强了安全管理，明确了安全生产的主体责任，预防和减少安全事故发生。二是完善各灾种的应急预案，并对应急预案进行规范管理，同时对应急避难场所、应急救援队伍等出台了相应的规范性文件，规范加强了全市专业应急救援队伍建设和管理，提高了应对灾害事故的应急救援能力。

三　深圳应急管理规范制度的问题与短板

　　尽管深圳通过持续的立法和制定规范已为应急管理工作提供了较坚

实的法律制度基础，但在应急管理法规标准化体系的完善性、城市基础设施的安全标准以及与经济社会发展需求的契合度等方面仍有一定提升空间。

（一）应急管理体制机制构建立法有待完善

2018 年以来，深圳明确了构建有深圳特色的"1+4+N"应急管理法规体系的目标，相继出台修订《深圳市应急管理体系和能力建设"十四五"规划》《深圳市党政干部安全生产职责规定》《深圳经济特区安全生产监督管理条例》《深圳经济特区自然灾害防治条例》等，对应急管理各领域职责分工、运作机制作出了较为细致的规定。

但是当前，跨区域统筹协调联动机制不畅、资源难以有效整合的问题仍然显著存在。这主要体现在各地区、各部门之间缺乏有效的信息共享和协同合作机制，导致在应对突发事件时无法迅速形成合力，影响了应急响应的及时性和有效性。同时，由于资源分散、条块分割等体制性障碍，各类应急资源难以得到充分整合和优化配置，造成了资源的浪费和效率低下。此外，全面参与大湾区应急管理合作的机制尚未形成。大湾区作为一个重要的经济区域，其应急管理工作需要各地区、各部门的通力合作和密切配合。然而，目前缺乏一个统一的大湾区应急管理合作机制，各地区、各部门在应急管理方面的合作仍处于初级阶段，缺乏深度和广度。

（二）应急管理信息化构建立法领域存在空白

2020 年，深圳市应急管理局制定了《深圳市应急管理信息化发展规划》，逐步构建了一个以"预防、管理、控制、响应"四大要素为核心的业务与信息化战略规划体系。该规划通过业务需求的引领作用，推动了应急管理"一库四平台"体系的建设，即应急管理大数据资源库、安全防护平台、监管执法平台、监测预警平台以及联合指挥平台。这些平台的信息化应用为各项业务流程的优化和效率提升提供了有力支撑，共同构筑了一个涵盖所有参与主体的协同治理体系、一个包含所有要素的系统化防控机制、一个覆盖整个管理过程的闭环管理体系，以及一个贯穿始终的数字化赋能过程。这一模式为探索超大型城市的安全发展开辟了新的途径。

但是深圳市在应急管理信息化立法方面存在一定的滞后现象，尚未形成一套完善的法规体系作为支撑。现行的法律法规主要集中在传统的应急管理范畴，例如自然灾害和事故灾难等，而对于信息化技术在应急管理中的应用及其规范则涉及较少。这种立法上的空缺使得信息化技术在应急管理中的运用缺少清晰的法律指引和规范，从而影响了信息化建设的深入发展和应急响应能力的有效提升。具体表现在缺少统一的信息共享与协作法律框架、数据安全与个人隐私保护的法律规范不够完备、对信息化技术应用及创新的法律支持不足等方面，这些问题迫切需要通过立法途径加以解决。

（三）多元共治体系尚未建立

2022年深圳市出台《深圳经济特区安全生产监督管理条例》，在安全生产领域构建包含安全生产监督管理部门、生产经营单位、行业协会、服务机构、工会、媒体、安全生产监督员等多主体共治共享的安全生产多元共治体系，取得良好效果。

在应急管理这一关键领域，深圳市虽然已经取得一定的进展，但仍面临不少挑战和问题。一方面，政府在促进企业、社会组织以及公众参与应急管理方面的政策支持与激励措施还需要进一步加强。另一方面，企业、社会组织和公众在应急管理中的参与程度还相对较低。企业作为社会结构的重要组成部分，其应急管理意识和自救能力对突发事件的有效应对至关重要。然而，目前部分企业对应急管理的重视程度不足，缺乏必要的应急预案和实战演练。同时，社会组织在应急管理中的作用也未得到充分释放，其在资源整合和志愿服务等方面的潜力亟待进一步开发。公众作为应急管理的直接受益者和参与者，提升其应急管理意识和自救能力是增强社会整体应急响应能力的关键。

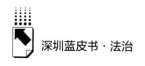
四　深圳应急管理法律规范发展的展望与建议

（一）制定总体性城市应急管理法规

深圳应当把握机遇、统筹大局，立足现有的应急法律法规基础，从顶层设计入手，制定一部统一的跨部门、跨行业，具有总体性的城市应急管理法律法规。

制定一部统一的城市应急管理法律法规，需对已出台的各种安全生产、防灾减灾、应急救援法律法规进行梳理，对不符合现实情况的法律、法规及规范性文件及时进行修订或废除，并在以往的法律法规基础上，制定一部具有引领性，法律原则与具体实施兼顾，且为今后应急管理法治建设预留空间的应急管理纲领性法规，以有助于形成一个由上至下社会共治的应急管理法规体系，避免法律法规之间的冲突。

（二）制定应急管理信息化专项法律规范

深圳市应制定专门的《应急管理信息化条例》或相关法律规范，明确信息化技术在应急管理中的应用范围、标准、责任主体和监管措施等，为信息化技术在应急管理中的运用提供清晰的法律指引和规范。同时对信息化技术应用及创新提供法律支持，新的法律规范应鼓励和支持信息化技术在应急管理中的应用和创新，为相关企业和机构提供法律保障和政策支持，推动信息化技术在应急管理领域的广泛应用和深入发展。

（三）建立多元共治的法律规范体系

针对深圳市在应急管理领域的共治实践，现有的法律规范在定义、引导和约束社会共治主体方面存在明显不足，这已成为制约城市应急管理共治体系完善的重要因素。为了有效推进城市应急管理的发展，政府部门应在制定应急管理法规文件时，紧密结合城市公共安全的实际情况，明确城市公共安全的实际需求，有针对性地鼓励并引导多元主体积极参与应急管理法规的制定过程，以弥补当前参与主体的不足。

在构建应急管理法律体系的过程中，政府部门应明确界定政府、生产企业、新闻媒体、社会公众、行业协会以及保险机构等核心参与主体的角色与职责。具体而言，政府应发挥政策引导、监管执行以及应急救援的主导作用；生产企业则需切实履行安全生产主体责任，并在其责任范围内积极参与防灾减灾和应急救援工作；新闻媒体作为独立的第三方，应行使监督权，促进信息的公开透明；社会公众作为应急管理的直接受影响者和安全生产的广泛参与者，应发挥日常监督和提供投诉举报线索的重要作用；行业协会则应在所属行业内强化监督职能，保护合法经营企业并维护行业纪律；保险机构则可作为安全风险的有效管理者和风险转移方，为应急管理提供重要的风险保障。

参考文献

王久平：《尊崇法治理念 科学构建应急管理法制体系——应急管理法律与政策研究基地主题沙龙综述》，《中国应急管理》2020 年第 1 期。

岳远雷：《重大疫情依法防控的公共卫生法治保障研究》，《医学与社会》2020 年第 12 期。

于安：《论国家应急基本法的结构调整——以〈突发事件应对法〉的修订为起点》，《行政法学研究》2020 年第 3 期。

皮剑龙：《加快构建国家公共卫生应急管理法律体系》，《北京观察》2020 年第 6 期。

孙巍：《西藏自治区自然灾害事件应急管理法律制度研究》，硕士学位论文，西藏大学，2016。

Pablo Martín Rodríguez，"'A Missing Piece of European Emergency Law：Legal Certainty and Individuals' Expectations in the Eu Response to the Crisis，" *European Constitutional Law Review*，2016，12（2）．

Zhang Chao，Hong Lei，Ma Ning，et al.，"Logic Analysis of How the Emergency Management Legal System Used to Deal With Public Emerging Infectious Diseases Under

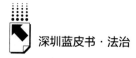

Balancing of Competing Interests—The Case of Covid-19," *Health Care*, 2021, 9 (7) .

Wilson, L. R. , McCreight, R. , "Public Emergency Laws & Regulations: Understanding Constraints & Opportunities," *Journal of Homeland Security and Emergency Management*, 2012, 9 (2) .

李蒙：《自然灾害应急专题图设计与制作方法研究》，硕士学位论文，解放军信息工程大学，2013。

段培君：《论系统思想与战略思维的内在联系》，《系统辩证学学报》2004 年第 3 期。

晓讷、郑君：《创建"安如泰山"科学预防体系：访山东省泰安市安全监管局局长董世武》，《劳动保护》2015 年第 7 期。

罗云等编著《安全生产系统战略》，化学工业出版社，2014。

罗云等：《基于"战略—系统"思维的特种设备监管模式及体系研究》，《宏观质量研究》2014 年第 2 期。

B.6
深圳不动产登记立法沿革及完善研究

钟澄 李寒*

摘 要： 深圳不动产登记制度在早期主要适用国家及广东省的有关规定，1993 年深圳发布《深圳经济特区房地产登记条例》，推动土地使用权、房屋所有权统一登记，并在此后发布了包括《深圳市房地产登记若干规定（试行）》在内的多个规定及政策。2021 年《民法典》正式施行后，对不动产登记制度产生了不可忽视的影响，且实践中深圳不动产登记机构在登记时亦遇到不少实操难题，包括不动产抵押登记中主债权合同的审查与相关效力、居住权和抵押权能否竞存及实现位序、司法查封与行政查封能否重复查封或轮候查封、居住区公配设施登记主体如何认定、公建配套登记方式及历史遗留等问题，因此应采取合理审查主债权合同、优化居住权和抵押权竞存下登记机构的提示义务、分情形处理行政查封与司法查封的关系、结合实际情况依法完善居住区公配设施登记问题等措施，进一步完善不动产登记规定及解决现实问题，推动深圳不动产登记制度发展。

关键词： 深圳经济特区 不动产登记 立法沿革

不动产登记是指不动产登记机构依当事人申请、有关国家机关嘱托或依其法定职权，将不动产的自然、权利状况及其他依法应予登记的事项记载于不动产登记簿而加以公示的活动。① 我国不动产登记经历了沿用旧制、分散

---

* 钟澄，深圳职业技术大学副教授，房地产研究所副所长，主要研究方向为城乡规划和土地法治；李寒，广东宝城（前海）律师事务所律师，主要研究方向为土地法和房地产法。

① 程啸：《不动产登记法研究》，法律出版社，2011。

登记、统一登记等多个阶段，在这一背景下，深圳的不动产登记制度也逐步由房地分别登记转变为房地一体登记。本文将在梳理深圳不动产登记制度沿革的基础上，重点研究不动产登记实践中的重点、热点问题。

一　深圳不动产登记制度沿革

（一）第一阶段

鉴于深圳不动产登记历史情况较为复杂，本文以 1993 年《深圳经济特区房地产登记条例》的发布为分界线，对深圳不动产登记制度的沿革进行梳理。

1993 年以前，深圳不动产登记制度主要适用国家及广东省的有关规定。从国家层面来说，此阶段大致可分为三个时期。

第一，重新确权时期。新中国成立初期，中央及地方均颁布了不动产登记的相关法律文件。其一，在城市房地产方面，并未颁布关于房地产登记的法律法规，但不少地方制定了有关房地产登记的政策，并逐步开展了城市房地产的普查登记；其二，在农村房地产方面，1950 年 6 月 28 日，中央人民政府通过《中华人民共和国土地改革法》，明确要求实行农民土地所有制，并在第三十条明确人民政府在土地改革完成后颁发土地所有证，改革以前的土地契约，一律作废。这一法律颁布的目的在于废除土地改革前的土地契约，确定土地产权，巩固改革成果。

第二，停滞时期。1956 年后，随着社会主义改造的逐步完成，农村土地和城市房产逐步转为集体所有，由国家统一划拨土地，并对住房实行计划管理和分配，由于不再进行确权登记，不动产登记制度在这一时期处于停滞状态。

第三，分别登记时期。随着市场经济体制的不断发展和完善，在 1993 年以前，我国逐步颁布了《城市私有房屋管理条例》《最高人民法院关于贯彻执行<中华人民共和国民法通则>若干问题的意见（试行）》《中华人民共和国城镇国有土地使用权出让和转让暂行条例》等法规及政策。这一时期基本上实行分头管理、分别登记的模式，即土地登记由土地管理部门负责，房屋登记由房地产管理部门负责，其他森林、海域、矿产、渔业等不动产登记分别由对应的业务主管部门负责。

（二）第二阶段

分头管理、分别登记的模式给不动产登记带来了诸如各部门间登记信息不流通、土地及房屋所有权人不一致等弊端，鉴于此，中央和地方逐步开展了统一不动产登记机构的改革。

就深圳的发展历程而言，1993 年 1 月 18 日，深圳市人大常委会发布《深圳经济特区房地产登记条例》，推动土地使用权、房屋所有权统一登记，统一颁发房地产权利证书。

2001~2004 年，深圳市针对历史遗留房屋登记问题发布了多个规定和政策，意在加快对存在历史遗留问题的房地产进行处理和登记。

2009 年 3 月 24 日，深圳市人民政府发布《深圳市房地产登记若干规定（试行）》，对深圳市房地产各类登记的相关规定进行了细化。

2021 年 1 月 1 日，《民法典》正式施行，为贯彻落实《民法典》《不动产登记暂行条例》等法律法规，深圳市规划和自然资源局起草《深圳经济特区不动产登记条例（征求意见稿）》，并于 2021 年 12 月 20 日在官网上发布通告，公开征求社会各界意见。该条例的征求意见稿历时 4 年修改形成，共计 7 章、121 条，重点内容包括统一不动产登记依据及不动产登记机构，完善继承、遗嘱、遗赠不动产登记，创新预告登记规定，强化信息化便民服务等。该条例不仅对《民法典》《优化营商环境条例》等法律法规政策进行了衔接，也将有利于进一步构建深圳不动产统一登记制度框架，支撑深圳"双区"建设。截至 2023 年，条例仍未正式发布实施。

2023 年 3 月 21 日，深圳市规划和自然资源局起草《深圳市不动产登记历史遗留问题处理规定（征求意见稿）》并公开征求社会各界意见，该规定共 5 章、45 条，主要明确了可适用的历史遗留不动产范围及其处理程序。截至

2024年6月，该规定仍未正式发布实施。此外，实践中，深圳市不动产登记中心自2023年4月起进一步优化了"不动产登记+民生服务"功能，推行不动产登记与水、气、电等联动变更办理，推动了深圳市不动产登记服务的转型升级。

二 深圳不动产登记面临的重点、难点问题

如上所述，我国当前已进行不动产登记机构统一的改革。自2014年《中央编办关于整合不动产登记职责的通知》及2015年《关于地方不动产登记职责整合的指导意见》发布以来，各级地方政府根据有关法律法规和有关文件，陆续出台了关于成立各级不动产登记机构的文件，对机构设置、编制确定、规范成立等方面进行明确。

深圳的不动产登记机构为深圳市规划和自然资源局下设的事业单位深圳市不动产登记中心，其负责全市和深汕特别合作区土地、房屋、海域、林地等各类不动产登记、查询等工作。鉴于《民法典》正式施行后对不动产登记制度产生了不可忽视的影响，且实践中不动产登记机构在登记时亦遇到不少实操难题，下文将对深圳不动产登记面临的重点、热点问题进行探析并提出完善建议。

（一）不动产抵押登记中主债权合同的审查与相关效力问题

1.主债权合同的审查要求

《民法典》第212条明确了我国不动产登记机构在进行登记时的审查职责，结合《不动产登记暂行条例》第17~19条及《不动产登记暂行条例实施细则》第15、16条的规定，在受理申请时，登记机构主要审查申请材料的完整性及申请材料是否符合法定形式，符合条件的，予以受理；受理之后，还需要按照法定程序履行相应的查验职责，并在特定情况下开展实地查勘和调查。但综观上述规定，我国并没有明确规定不动产登记机构在抵押权登记时，是否应当审查主债权合同，以及如果应当审查，登记部分的审查标

准如何确定。

从法律赋权角度来看，登记机构客观上并不具备实质审查的能力和权力，如果要求登记机构对不动产买卖合同一视同仁进行实质审查，效率过低，势必大幅降低市场流动性。但结合《民法典》第490条规定的当事人采用合同书形式订立合同时合同成立的情形，既然法律明确规定了不动产登记涉及的相关申请材料具有有效期、生效条件，所以，在办理不动产登记这一具体行政行为的过程中，登记机构必须尽到合理审慎的审查义务，对登记原因证明材料以及相应申请材料的有效性进行审查。

2. 主债权合同效力与抵押权效力之关系

《民法典》及相关司法解释对主债权合同效力与抵押权效力之间的关系进行了规定，实践中，法院裁判及观点大致可分为三类。

（1）主债权合同无效，抵押权无效。如山东省高级人民法院行政判决书（2020）鲁行再65号指出：就法律性质而言，抵押权属于担保物权，担保合同是主债权债务合同的从合同。因此，主债权债务关系无效后，根据担保关系的附随性，作为从合同的担保合同自然也归于无效。

（2）主债权合法有效，支持债权人行使抵押权。如最高人民法院民事判决书（2021）最高法民再274号指出：抵押权作为一种担保物权，兼具了物权及担保属性，在被担保的主债权成为自然债务的情况下，担保物权也相应不再受到法院保护。与之相反，在主债权仍受到法院保护的情况下，债权人行使抵押权的请求应得到支持。

（3）约定办理抵押登记在前，签订主债权合同在后的，抵押登记不因此而无效。如最高人民法院（2012）民二终字第56号指出：现行法律并未对抵押权不得先于主债权设定作出禁止性规定，且抵押权先设定，主债权合同后订立是当事人之间的真实意思表示。

（二）《民法典》背景下居住权和抵押权竞存问题

1. 居住权和抵押权能否竞存

《民法典》物权编首次将居住权确立为一项独立的、法定的用益物权，作为新设定的用益物权，居住权因其物权属性在适用过程中难免会和抵押权产生冲突，但无论是在《民法典》颁布之前还是之后，从司法裁判中都能判断出，我国实践中允许居住权与抵押权竞合的情形存在，学界也从不同角度解释了两者能够竞存的理由。

从法理基础来说，物权具有排他性，居住权和抵押权同为物权，均具有排他效力，[①] 但是二者的支配内容并不相同，居住权以占有为内容而抵押权的设定并不转移占有，因此这两种支配内容并不相同的物权可以在同一不动产上竞存。

从权利基础来说，居住权涉及实体支配标的物，但抵押权则不然，因此二者在权利设定上并不会发生排他效力。[②] 与抵押权不同，居住权的取得和实现时间是一样的，也就是说居住权设定的目的在于对房屋进行占有使用，其在设定之时就开始了对物质价值的享受；而抵押权设定的目的在于确保债务清偿，具有不确定性，仅在担保债务无法清偿时才能得到实现。[③] 可以看出，同一不动产上同时存在居住权和抵押权一般不会导致冲突的发生，如产生冲突，也可通过合理路径予以解决。

2. 居住权和抵押权竞存的实现位序

随着居住权在《民法典》中的明确化，不动产上抵押权与居住权并存的情形将更为常见，当居住权与抵押权存在冲突时，学界普遍认为二者顺位需根据设立时间的先后予以分别处理。

其一，居住权设立在前而抵押权设立在后的情况下，应当推定抵押权人接受不动产上已存在居住权之事实，并认可将该存在权利负担的不动产作为债权担保。如此，根据物权优先效力，在抵押权实现时不应当对原有的居住权进行涤除。实践中，亦有法院观点作此认定，如江苏省高级人民法院在（2022）苏 02 民终 4564 号民事判决书中认为，冯某鹏在明知冯某彦对房屋享有终身居住权益以及抵押合同限制设立居住权的情况下，仍然在案涉房屋

---

① 申卫星：《物权法原理》，中国人民大学出版社，2016。
② 刘保玉：《论物权之间的相斥与相容关系》，《法学论坛》2001 年第 2 期。
③ 梁慧星、陈华彬：《物权法》，法律出版社，2007。

上设立抵押权，因此造成担保物价值贬损的，应当自行承担相应责任。

其二，抵押权设立在前而居住权设立在后的情况下，根据物权优先效力，实现抵押权时可参照"抵押不破租赁"的规则进行处理，即出于对抵押权人的权利保护，在因不动产上存在居住权而导致其价值无法清偿全部债权时，先将居住权涤除，再进行后续的询价报价。[①]

其三，按照我国《民法典》规定，居住权既可以通过合同设立也可以通过遗嘱设立，但遗嘱设立居住权的取得时间存在争议。一种观点认为，遗嘱继承人于被继承人死亡时取得居住权，登记并不是居住权人取得居住权的要件，仅是其再次处分的要件。如最高人民法院民法典贯彻实施工作领导小组否认居住权登记生效主义，认为以遗嘱继承方式设立居住权的，不适用《民法典》第 368 条。[②]另一种观点则认为，以遗嘱继承方式设立居住权的，登记为居住权的生效要件，居住权自登记时设立。如中国审判理论研究会民事审判理论专业委员会认为，以遗嘱继承方式设立居住权后未办理登记的，不发生法律效力。[③]而居住权取得时间的不同又会影响其与抵押权的顺位排序，故对于遗嘱方式设立居住权的取得时间，仍有待相关规定予以进一步明确。

（三）司法查封与行政查封的关系探究

1. 司法查封与行政查封能否重复查封

我国民事执行和行政执行属于并列关系，民事执行由法院负责，行政执行由行政机关负责，这导致实践中同一不动产上可能会同时存在两种查封。在法院与行政机关强制执行之间，没有统一的上位法进行规制，因此实务中出现了诸多关于行政查封与司法查封交叉冲突的问题。

司法查封是为了对债权人的债权予以保障，其保护的是私人利益；行政

[①] 何马根、吉卓烨：《居住权排除强制执行的实证分析和规则构建》，《法律适用》2022 年第 5 期。

[②] 最高人民法院民法典贯彻实施工作领导小组主编《中华人民共和国民法典物权编理解与适用（下）》，人民法院出版社，2020。

[③] 中国审判理论研究会民事审判理论专业委员会编著《民法典物权编条文理解与司法适用》，法律出版社，2020。

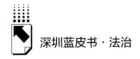

查封则是行政机关的一种临时性强制措施，其保护的是公共利益。

学界针对同一不动产上法院和行政机关能否重复查封的问题也存在争议。持肯定观点的学者认为，重复查封既不会对行政机关查封目的的实现产生影响，也不会对法院查封目的的实现产生影响，反之，如果法院不能对已经被行政机关查封了的不动产进行重复查封，可能会对民事主体有关债权的实现产生负面影响。[①] 持否定观点的学者则认为，禁止重复查封的依据在于《民事诉讼法》第 106 条第 2 款之规定，禁止重复查封对于保证被查封财产的唯一处分性至关重要。[②]

2.司法查封与行政查封能否轮候查封

在目前部分财产类纠纷案件中，债权人为确保将来法院作出的判决得以执行，或避免债务人转移财产而遭受损失，一般在起诉前或诉讼中向法院申请对债务人采取财产保全措施。若债务人存在多个诉讼或仲裁案件，导致被多位债权人申请财产保全措施，就会出现申请财产保全措施顺序先后之别，以及涉及债务是否存在担保物权、优先权的情形。为了处理上述情形，轮候查封制度诞生于《民事诉讼法》确立的"禁止重复查封规则"。

简而言之，对于已经被其他法院查封在先的财产，同样有查封需求的法院只能依照先后顺序进行登记并排队等候，在其他法院的首次查封解除后，登记在先的轮候查封自动转为正式查封。从我国法律和司法解释确立的禁止重复查封和轮候查封来看，轮候查封是禁止重复查封的一项补充性制度，目的在于弥补禁止重复查封的不足。但这一制度只适用于法院之间，对于法院和行政机关之间能否轮候查封则并未有明确法律规定。

（四）居住区公共配套设施登记问题

1.登记主体认定难问题

我国住房商品化制度的有关法律法规体系因施行时间较短而相对较为

---

① 尤波、张民军：《行政执行与民事执行的冲突与协调——以财产查封为例》，《人民司法·应用》2008 年第 17 期。

② 赵德林：《司法查封与行政查封间的关系和处理》，《人民司法》2012 年第 2 期。

滞后，对于公共服务设施的产权界定并不十分清晰。按照《不动产登记暂行条例实施细则》第24条"未办理不动产首次登记的，不得办理不动产其他类型登记"的规定，居住区公共配套设施的首次登记应登记在开发企业名下。但实践中，在未明确具体产权归属情况下，直接将此类公共配套设施登记在开发企业名下具有一定的风险。假如开发企业因破产致使法院查封其相关不动产的，那么上述公共配套设施可能就会陷入被法院一并处置的境地。

2. 公建配套登记问题

对于特殊公建配套设施的产权归属，如人防工程、避难层等，当前法律法规并没有进行明确规定，因而此类设施在使用中存在诸多问题。实践中，登记机构暂时不对上述设施进行登记，但这种处理方式在规避登记风险的同时，也产生上述设施主体难以认定的现实情况，致使登记机构有一定行政不作为的风险。

3. 公共配套设施历史遗留问题

通常公共配套设施的历史遗留问题产生的原因复杂，且牵涉诸多方面。本文将其主要类型概括为以下四类：（1）公共配套设施已移交，但属于违法建设；（2）公共配套设施已移交，但缺乏移交手续；（3）公共配套设施已移交，但因建设单位注销等无法进行首次登记；（4）公共配套设施未移交且属于规划配建一类严格保障设施，按照现有规定不符合登记条件，无法登记。

三 完善深圳不动产登记的对策建议

（一）不动产抵押登记中主债权合同的审查与相关效力问题的完善建议

结合上述分析，对于主债权合同效力与抵押权效力问题，主债权合同的效力影响抵押权的效力，当主债权合同无效时，抵押权无效；主债权合法有

效时，法院就应该支持债权人行使抵押权；当事人已对抵押登记后再签订主债权合同进行约定的，抵押登记不因其在先成立的顺序而无效。

在不动产抵押登记中，对于不动产登记主债权合同的审查内容，可以主要集中于合同形式、真实性、内容基本合法性、合同关联性。登记机构工作人员需审查主债权合同是否符合法定形式，并以一个普通人的正常理性和法律常识对合同的真实性、合法性以及与其他材料之间的关联性作出判断。

目前的《深圳经济特区不动产登记条例（征求意见稿）》第 86 条第 1款第 2 项，要求申请办理不动产抵押权首次登记时，申请人须提供"关于主合同合法有效的承诺"，属于对主债权合同审查的一种形式，即在上位法规定的审查基础上，增加申请人的诚实守信义务，同时对其进行了合法性提醒，既符合法理，也符合实践需要。

（二）《民法典》背景下居住权和抵押权竞存问题的完善建议

无论从法理基础还是权利基础来看，均可得出居住权与抵押权可以竞存的结论。为最大限度避免居住权与抵押权之间的纠纷，对已设立居住权的房屋办理抵押登记时，登记机构可以主动确认申请人是否知悉房屋上存在居住权的事实，并开具相应的风险告知书；对已设立抵押权的房屋办理居住权登记时，鉴于居住权的存在可能会导致房屋价值减损，对抵押权实现产生不利影响，登记机构可以履行通知义务，提醒抵押权人采取预防性举措。

（三）行政查封与司法查封关系处理的完善建议

查封登记虽然不是不动产查封的生效要件，但其一经登记完毕，即发生法律效力，即不仅使不动产查封的效力及于登记，且使采取该措施的公权机关对该不动产取得优先的处分权。

基于此，行政查封与司法查封之间能否进行重复查封应分当分情形予以讨论，关键在于行政查封与司法查封的目的是否相同，如目的相同均涉及财产处分的，则必须禁止重复查封。而对于轮候查封，从轮候查封的性质来看，其只有在先前查封失效后才发生查封的效力，考虑到法院与行政机关之间对于同一标的物的不同目的，允许轮候查封反而有利于弥补禁止重复查封制度的不足，进而确保当事人胜诉权益实现。

（四）居住区公共配套设施登记问题的完善建议

1. 登记主体认定难问题的完善建议

解决登记问题首先面临的是确认公共配套设施的产权归属。对此，可以参照下列原则进行确定。

第一，公共利益原则。国家或地方有相关规定的，应当按照该规定执行，建设单位按规划要求应配建公共配套设施并对其产权归属进行明确的情况下，如配建学校、幼儿园等配套设施的，该设施产权应归属教育部门；配建其他架空层等设施的，该设施产权应归属全体业主等。

第二，合同约定原则。在国有土地使用权出让合同（划拨决定书）或者商品房买卖合同已进行约定的情况下，应予以遵守。鉴于建设单位和业主均应遵守上述合同约定，因此，上述合同已对公共配套设施的配建及产权归属进行明确的，应当按照该约定执行。

第三，依法登记原则。以法律规定等方式途径，对公共配套设施的权利归属进行明确，例如，配套设施属于经营性质的，则登记在投资主体名下；配套设施属于绿地、公共道路等建筑物区分所有权的，则登记为全体业主共有。

2. 公建配套设施登记问题的完善建议

针对公建配套设施的登记，建议按其产权归属分类处理。如其属于需严格保障的类型，在首次登记时，可以由政府部门作为申请人，向登记机构提出登记申请；如其属于营利性质的类型，在首次登记时，可以参照居住用房的登记要求，即房屋已销售的颁发转移登记联系单，房屋未销售的颁发不动产权属证书；如其属于与居住功能紧密相连不可分割的类型，在首次登记时，可以由全体业主作为登记名义人，并由开发企业代全体业主提出登记申请。该登记仅记载在不动产登记簿上，不颁发不动产权属证书。

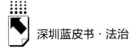

3. 公共配套设施历史遗留问题的完善建议

对于公共配套设施历史遗留问题，建议在前述分类的基础上，分别进行处理。

（1）公共配套设施已移交，但属于违法建设的，如可以采取措施消除影响，则由有关执法机关依法处置后，按照处置后的相关材料进行登记申请。

（2）公共配套设施已移交，但缺乏移交手续的，包括缺乏规划许可、竣工验收等材料，可以进行单案处理，即在取得市政府同意的审查意见后，由区政府、住房和建设、规划和自然资源、街道办事处等有关部门各自出具相应的审核意见，并以此作为申请登记的材料依据。

（3）公共配套设施已移交，但因建设单位注销等无法进行首次登记的，可以按照不动产登记的相关规定，由配套设施的接收单位作为申请人，并通过提交规划许可、竣工验收、税费缴纳凭证等材料向登记机构提出登记申请。

（4）公共配套设施未移交且属于规划配建一类严格保障设施，但按照现有规定不符合登记条件的，可以通过发布相关政策文件，明确政府可通过出资回购等方式收回此类设施，并引导、鼓励开发企业将此类设施主动移交至政府部门管理。回购后，政府部门可以通过指定的方式选择产权单位，向登记机构提出登记申请。

四 结语

不动产登记制度是确认所有权归属的重要制度保障，它既维护了所有权人的权益，也对促进交易流通具有积极作用。我国不动产登记制度自统一不动产登记机构以来得到了良好发展，相关制度体系也在不断完善。但随着《民法典》颁布实施，不动产登记机构在实践中亦面临不少实操问题，如何完善此类问题仍有待进一步研究及立法规范。深圳一直走在我国不动产登记发展前沿，目前，《深圳经济特区不动产登记条例》的正式颁布实施指日可待，相信该条例的颁布将有助于进一步完善深圳不动产登记制度体系框架，解决实践中遇到的登记难题，推动深圳不动产登记制度落实。

参考文献

程啸：《不动产登记法研究》，法律出版社，2011。

申卫星：《物权法原理》，中国人民大学出版社，2016。

刘保玉：《论物权之间的相斥与相容关系》，《法学论坛》2011 年第 2 期。

梁慧星、陈华彬：《物权法》，法律出版社，2007。

何马根、吉卓烨：《居住权排除强制执行的实证分析和规则构建》，《法律适用》2022 年第 5 期。

最高人民法院民法典贯彻实施工作领导小组主编《中华人民共和国民法典物权编理解与适用（下）》，人民法院出版社，2020。

中国审判理论研究会民事审判理论专业委员会编著《民法典物权编条文理解与司法适用》，法律出版社，2020。

尤波、张民军：《行政执行与民事执行的冲突与协调——以财产查封为例》，《人民司法·应用》2008 年第 17 期。

赵德林：《司法查封与行政查封间的关系和处理》，《人民司法》2012 年第 2 期。

B.7
深圳住房公积金政策法规变迁及发展趋势

殷昊 林利玲*

摘 要： 住房公积金制度是重要的民生政策、经济政策，不仅对于保障民生、实现共同富裕具有重要的稳定作用，也对建立房地产业发展新模式、实现经济高质量发展具有有力的推动作用。在发展过程中，为适应市民群众安居乐业的需要，深圳住房公积金制度也在不断地调整完善，逐渐形成了由《深圳市住房公积金管理暂行办法》和缴存、提取、使用等若干规定构成的"1+N"政策法规体系。面对住房市场的新形势新情况，住房公积金也存在覆盖面不足、解决职工住房问题方面的作用相对减弱、政策性金融作用需进一步加强等方面的问题。本文立足深圳实际，同时借鉴国内外城市的先进经验，从加大对新市民、青年人及多子女家庭支持力度，优化缓缴或降低住房公积金缴存比例政策，推进信息化建设等多方面提出完善深圳市住房公积金政策法规的建议。

关键词： 住房公积金 住房改革 住房保障 高质量发展

　　住房公积金是住房市场的重要组成部分，有助于推动住房市场由实物分配向货币化分配转变。1988 年深圳全面启动住房制度改革，为住房公积金制度的确立奠定了基础。1992 年，深圳市人民政府发布《深圳市社会保险

---

* 殷昊，深圳市房地产和城市建设发展研究中心助理研究员，主要研究方向为房地产市场、住房保障、租赁市场政策法规；林利玲，深圳市住房研究会助理研究员，主要研究方向为住房保障政策。

暂行规定》，明确提出建立包括住房公积金、医疗保险、养老保险的社会保险制度，正式建立住房公积金制度。1999 年国家《住房公积金管理条例》出台，确定了住房公积金制度的主要内容和基本原则，加快了公积金法治化进程。在此基础上，为进一步规范公积金管理，深圳市制定了《深圳市住房公积金管理暂行办法》，并相继出台了缴存、提取、使用等方面的实施细则，由此形成了"1+N"的政策法规体系。[①] 近年来，随着房地产市场发生重大变化，深圳市进一步优化完善了住房公积金制度，在支持市民购房租房、推动保障性住房建设等方面主动作为，为解决新市民、青年人住房困难问题发挥了重要作用。根据深圳市住房公积金中心公布的《深圳市住房公积金 2023 年年度报告》，2023 年，深圳市住房公积金实缴单位 27.14 万家，实缴职工 726.55 万人，缴存额 1148.88 亿元，支持了 384.63 万名职工提取住房公积金，发放个人住房贷款 5.64 万笔、458.35 亿元。

一 深圳住房公积金政策法规的主要发展阶段

住房公积金与住房市场的关系密不可分，住房市场发生的重大变化会深刻地影响公积金政策的调整。因此，研究深圳住房公积金政策法规体系的发展演变，必须紧密结合深圳住房市场的形势变化。

（一）住房公积金制度的产生

住房公积金制度是住房制度改革深化的产物。1988 年深圳发布《深圳经济特区住房制度改革方案》，全面启动住房体制改革，通过发放住房补贴、提高租金、鼓励购房等措施，逐步实现住房的实物分配向住房的货币化分配转变。住房消费是大额消费，职工家庭的收入水平低，仅靠工资难以解决职工住房问题。深圳在推动住房货币化的过程中逐步考虑对机关及事业

[①] 深圳市住房公积金管理中心编著《深圳住房公积金创新与实践》，广西师范大学出版社，2018。

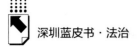

单位职工直接进行货币补贴，对企业单位职工以住房公积金的形式实施补贴，这为住房公积金制度的产生提供了基础。

为适应深圳市经济的高速发展，进一步稳定物价，采取积极措施解决住房、医疗、养老等社会问题，1990年，深圳市人民政府发布《深圳经济特区国营企业房改指导思想与办法》，文件明确企业职工实行住房公积金制度，不另发住房补贴。同时该文件指出，市政府会制定公积金制度。

为加强职工权益保护，推动经济社会和生产力的发展，1992年，深圳在全国率先出台《深圳市社会保险暂行规定》，标志着深圳建立社会保险制度。《深圳市社会保险暂行规定》明确规定，社会保险金包括住房公积金、医疗保险、养老保险，对住房公积金主要作出如下规定：一是明确公积金适用对象，主要是有深圳市常住户口的企业固定职工和合同制职工；二是明确公积金缴存，住房公积金的缴存实行专户管理、专款专用，由用人单位为职工缴交，缴存比例为职工本人月工资总额的13%，缴存的公积金归职工个人所有；三是住房公积金可由职工提取，用于租房或购房。

《深圳市社会保险暂行规定》等的实施，标志着住房公积金制度正式建立，有力地推动了住房货币化分配进程，为解决职工住房问题发挥了积极作用。但是也存在一些不足：一是住房公积金覆盖面不足，住房公积金仅适用于有深圳户口的企业职工，非户籍职工、党政机关事业单位职工不在保障范围内。二是政策性金融作用不足，住房公积金贷款不能由职工向住房公积金管理机构申请。三是公积金缴交缺乏强制性，资金归集不足。一方面，职工未缴交住房公积金无相应的法律后果；另一方面，企业未缴交住房公积金也无相应的法律责任。

（二）住房公积金政策法规体系的改革

1999年，《住房公积金管理条例》由国务院颁布，明确规定了住房公积金相关方面的内容，包括公积金的性质、缴存、提取、使用、管理等，并规定了住房公积金管理委员会的职责，以及单位未及时缴交公积金、相关部门非法使用公积金的法律责任。这为深圳市进一步完善住房公积金政策法规体系提供基本原则和总体思路。

随着房价的上涨，职工的住房保障工作越来越重要，亟待建立与国家《住房公积金管理条例》相适应、与深圳经济社会发展相匹配、与市民群众住房保障需求相符合的住房公积金制度体系。在此背景下，深圳市根据国家《住房公积金管理条例》以及广东省关于住房公积金工作的管理规定，于2009年印发了《深圳市住房公积金制度改革方案》，全面启动住房公积金制度改革。《深圳市住房公积金制度改革方案》主要规定：一是逐步提高住房公积金的缴存比例，扩大住房公积金的筹集规模，为居民提供更多的住房保障。二是优化住房公积金使用政策，鼓励居民将住房公积金用于购房、租房、装修等方面，促进住房公积金使用效益的提高。三是建立健全公积金管理机构，规范住房公积金的管理和加强住房公积金的监督，为住房公积金的安全有效使用提供保障。四是发放公积金贷款。五是加大住房供应力度，推动住房市场的稳定发展，为居民提供更多的住房选择。《深圳市住房公积金制度改革方案》规定了深圳市住房公积金制度的改革方向和原则，为《深圳市住房公积金管理暂行办法》（以下简称《暂行办法》）的起草提供了依据和支撑，将进一步提高居民的住房保障水平。

2010年12月，根据国务院发布的《住房公积金管理条例》，深圳市出台了《暂行办法》，进一步加强了住房公积金的管理，保障了住房公积金所有者合法权益。《暂行办法》主要规定包括：一是管理主体。住房公积金管理委员会负责制定和调整住房公积金的管理措施，确定具体缴存比例，审批年度归集、使用计划、年度财务收支预算决算、增值收益分配方案等。二是缴存主体。缴存主体主要包括两类，一类是职工个人，一类是职工所在单位，职工和职工所在单位缴存的住房公积金均属于职工个人所有。三是申请住房公积金贷款。职工购买、建造、翻建自住住房等，可以申请住房公积金贷款。四是未按规定履行公积金存缴义务的处理。《暂行办法》结合深圳实际，细化了《住房公积金管理条例》的管理情形，进一步完善了深圳的公积金管理政策体系，公积金制度开始在深圳全面实施，为解决市民的住房保障问题发挥了更大作用。

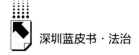

根据《暂行办法》确定的住房公积金缴存、提取、使用、贷款的基本原则，深圳市相继出台了《深圳市住房公积金缴存管理暂行规定（试行）》（2010年施行）、《深圳市住房公积金提取管理暂行规定》（2011年施行）、《深圳市住房公积金贷款管理暂行规定》（2012年施行）、《深圳市商业性住房按揭贷款转住房公积金贷款暂行规定》（2013年施行）等公积金管理的若干规定。

《暂行办法》以及4个暂行规定构成了深圳住房公积金政策法规体系的主体。其中，《暂行办法》是整个体系的基石，为各项制度的建立提供了法律依据和政策基础；4个暂行规定是整体体系的支柱，规定公积金缴存、提取、贷款的各个方面，维持着公积金制度的运转。在"1+4"政策法规体系的指导下，深圳市公积金业务迎来了快速发展，公积金对市民群众保障的广度和深度也不断拓展，公积金政策法规体系在市民安居乐业中发挥着越来越重要的作用。

（三）住房公积金政策法规体系的深化和完善

"1+4"政策法规体系规范和完善了住房公积金的管理，规定了公积金的缴存管理、提取管理、贷款管理等内容。但是，这些政策效力层级不高，分散于各类规范性文件中，缺乏协调性。随着公积金业务全面实施和快速发展，公积金在解决市民群众住房需求中的作用越来越大，原有的"1+4"政策法规体系需要根据实际情况修改完善，需要对现有政策进行总结、梳理和整合，把行之有效的经验做法以立法形式予以固化，构建系统完善的住房公积金管理法规体系。

在此背景下，深圳启动了条例的研究制定工作。2021年深圳就《深圳经济特区住房公积金管理条例（征求意见稿）》向社会公开征求意见。征求意见稿以坚持广覆盖、安全稳健、简便快捷和多元共治为原则，构建符合深圳实际的现代住房公积金管理体系，共7章41条。主要内容：一是引入自愿缴存机制，扩大住房公积金制度的覆盖面。国家机关、事业单位、企业、民办非企业单位、社会团体应当为其职工强制缴存住房公积金。二是完善化解单位缴存住房公积金困难的支持机制。单位存在亏损等困难情形的，经职工大会或者职工代表大会讨论通过，可以向公积金管理中心申请降低缴存比例或者缓缴住房公积金。三是完善住房公积金欠缴投诉和追缴处理机制。明确单位欠缴住房公积金的，职工可以向公积金管理中心投诉，由公积金管理中心开展调查并依法查处违法行为。与《暂行办法》相比，征求意见稿不仅在效力层级上从政府规范性文件上升到地方性法规，且更加稳定、行之有效，也意味着深圳市住房公积金制度发展相对成熟，为住房公积金管理创造了良好的法治环境。

同时，深圳对住房公积金管理的相关暂行规定启动了修订工作。2019年以来，相继印发《深圳市住房公积金提取管理规定》（2019 年）、《深圳市灵活就业人员缴存使用住房公积金管理暂行规定》（2021 年）、《深圳市住房公积金缴存管理规定》（2022 年）、《深圳市住房公积金贷款管理规定》（2023 年）。这些规定的陆续出台，进一步丰富了公积金政策法规体系的内容，为持续深化住房制度改革、加快推动房地产市场健康发展提供了法律依据和政策基础。

此外，近年来，国家对优化营商环境提出了更高要求，尤其是在新冠疫情期间，减轻企业缴存压力、降低企业成本也成为公积金制度改革的重要内容。深圳市充分考虑企业实情、落实各级要求，通过自由选择缴存比例、调低缴存基数上限和建立困难企业缴存包容机制等减轻企业缴存压力。一是降低缴存比例和缓缴的支持政策。2020 年，深圳发布《关于社会团体等单位降低缴存比例和缓缴住房公积金有关事项的通知》，受疫情影响、缴存住房公积金确有困难的企业、民办非企业单位和社会团体等单位，可以依法申请降低或者申请缓缴住房公积金。二是企业阶段性"自愿缴存"的支持政策。2020 年，广东省住房和城乡建设厅印发《关于尽快落实好住房公积金阶段性支持政策的通知》，受疫情影响、缴存住房公积金确有困难的企业，可以申请在 2020 年 6 月 30 日前暂停缴存住房公积金，或在 1%～4%（包括本数）的缴存比例区间继续缴存。

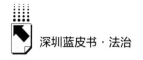

二 深圳住房公积金政策法规的主要作用

（一）深化住房制度改革的重要支柱

住房公积金政策法规是住房制度体系的重要内容，为持续推动制度改革发挥重要的支撑作用。[①] 一是加快住房货币化进程。在住房制度改革的初始阶段，职工家庭工资是难以购买商品住房的，住房公积金是推动职工购买自有住房的保障。全市住房公积金制度体系的初步建立，有力推动了全市房改工作的顺利起步和实施。二是推动住房金融发展。政策性住房金融制度是住房制度体系的重要组成部分，有效解决市场失灵，为中低收入购房群体提供金融服务。住房公积金为职工购房提供了更多的金融选择，有效地补充了住房金融体系，丰富和完善了住房制度体系。三是完善住房制度体系内容。住房公积金政策法规体系的持续改革，不断提升制度的社会效益和经济效益，为解决住房问题发挥越来越重要的作用，也不断丰富住房制度体系的内容。

（二）维护职工住房权益的重要保障

根据深圳住房公积金缴存的实际情况，目前部分企业不愿意为职工缴存住房公积金，存在不缴或者降低住房公积金缴存标准的情形，将为职工缴存住房公积金视为额外负担，侵害了职工的合法权益。住房公积金制度明确了企业为职工缴存住房公积金的法定责任，是维护职工合法权益的重要制度和法律依据，能够激发职工的工作积极性，稳定职工队伍，促进企业发展。

（三）推动住房保障工作的重要抓手

住房制度改革初期，深圳主要通过房改推动职工购买商品住房。同时，

---

① 邱静：《住房公积金制度发展及成效研究》，硕士学位论文，中共四川省委党校，2017。

通过建设经济适用房等解决部分中低收入人口住房问题。① 随着市场经济的发展，职工收入差距在扩大，部分中低收入职工的购房支付压力不断增加。此外，随着城市化进程的加快，深圳的住房市场逐渐开始从新建房时代向存量房时代过渡，对住房消费金融支持的需求越来越大。深圳住房公积金制度主要从货币分配和政策性金融支持两方面进行改革和完善，为职工消费水平的提高提供了有力保障，为深圳住房保障工作提供了新思路，具有托底、保基本和普遍性的特点，补充和完善了深圳住房保障体系。

面对住房市场的新形势新情况，住房公积金政策法规体系也存在一些不足。一是住房公积金制度覆盖面不足，住房公积金覆盖的对象仅为企事业单位职工，未包括独立就业群体，如自由职业者、个体工商户等。二是随着住房市场化的发展，住房公积金在解决职工住房问题方面的作用相对减弱。三是在住房公积金制度运行过程中，由于受到各方面约束，其政策性金融作用仍需进一步加强。

三　国内外其他城市住房公积金制度的主要经验

（一）公积金支持保障性住房建设

新加坡中央公积金可用于支持组屋建设。新加坡政府以立法形式强制要求新加坡所有公民和永久居民及其雇主缴纳中央公积金，中央公积金覆盖率已经超过90%，可用于个人住房、医疗、养老等多种社会保障领域。中央公积金在住房保障领域拥有"买得起"+"建得起"两大主要作用。中央公积金由中央公积金局统一管理，一方面让居民"买得起"组屋，另一方面支持政府"建得起"组屋。新加坡中央公积金市场化运作程度较高，中央公积金资金大部分用于购买新加坡政府特别国债，由新加坡政府提供稳定有

---

① 张永钊：《我国住房公积金支持保障性住房建设研究》，硕士学位论文，山西财经大学，2014。

保障的固定回报，小部分投向市场化金融机构发行的各类金融产品，由公积金所有者自担风险。①

香港特区政府支持公营住房建设。香港公营住房管理机构主要包括运输及房屋局、香港房屋委员会（以下简称"房委会"），其中，房委会是公屋和居屋的主要供给机构，下设房屋署，是房委会的执行机关，负责协助运输及房屋局处理所有与房屋有关的政策和事务。香港特区政府以房屋储备金的形式为公营住房提供财政支持。自 2015 年起，香港特区政府依托财政储备设立房屋储备金，由香港金融管理局负责投资，房屋储备金及其累计投资收益全部用于支持公营房屋发展计划及相关的基建配套。香港特区政府通过土木工程拓展署、房屋署、地政总署为公营住房提供土地，其中，土木工程拓展署提供新市镇、策略性发展区、主要发展区的土地；地政总署提供有接管令的土地；房屋署提供其他地方的土地。香港特区政府为房委会提供优惠地价支持，具体包括：一是公屋土地，房委会向香港特区政府支付 1000 港元的象征地价。二是居屋土地，房委会以 35% 发展成本（建筑和间接成本）作为居屋地价支付给香港特区政府，作为政府提供平整土地及基础设施的土地成本。同时，房委会运营管理公营住房形成的收入（50% 的公屋和非住宅设施的租金收入盈余），持续以红利向香港特区政府回流。②

长沙市于 2022 年出台《长沙市利用住房公积金增值收益购建公租房实施方案》，提出为满足各类群体的租赁住房需求，住房公积金的增值收益可用于收购社会房源作为公租房、保障性租赁住房。2023 年 5 月，长沙市出台《长沙市利用住房公积金增值收益购买公租房操作规程》。按照长沙市公租房建设计划安排，结合公积金增值收益资金情况，定期收集各区的公租房实物需求和存量房源情况，由市级统筹并制定公租房购买计划和规划布局，在需求旺盛的区域重点布局，科学确定每年公租房购建任务。在"十四五"

---

① 蔡真、池浩珲：《新加坡中央公积金制度何以成功——兼论中国住房公积金制度的困境》，《金融评论》2021 年第 2 期。

② 张桂玲、王峰玉：《新加坡与中国香港公共住房金融支持体系经验借鉴》，《合作经济与科技》2015 年第 16 期。

期间，每年安排资金不少于 5 亿元，筹集资金总量不少于 25 亿元，购建公租房不少于 5000 套。

（二）公积金支持市民租房

北京市探索提取政策支持新市民、青年人租房，将保障性租赁住房纳入租房提取范围，在购、租房提取事项中增加了按月的约定提取频次。拟定对租房提取政策进行进一步优化调整，将无发票租房的提取额度由每人每月 1500 元增加至 2000 元；针对租住商品房的多子女家庭加强政策扶持，允许其按实际房租提取。

成都市实施购房、还贷、租房按月提取住房公积金政策。其中，租房提取既可按月也可按季预提，通过全市租赁平台备案的提取金额为 1800 元/月、未备案的为 1000 元/月。购房 5 年内每月可提取一次，支持"又提又贷"，即办理住房公积金贷款购房的，除用于申请贷款额度的锁定金额外，缴存人可申请购房提取账户余额。偿还贷款本息每月提取 1 次，支持签订按年协议和按月协议自动提取，其中贷款可直冲抵扣。

雄安新区支持新市民、青年人租房。职工申请提取住房公积金用于支付房租的，租房提取公积金的额度在原来最高限额基础上提高 30%，即从每年 13500 元提升至 17500 元。缴存职工在租赁平台签署租房合同时，可选择住房公积金提取的方式来支付房租，系统会在租房合同和公积金账户的匹配核验成功后，将公积金提取的金额直接转至租赁企业抵扣房屋租金。

四　完善深圳住房公积金政策法规体系的建议

（一）调整租房提取政策，加大对新市民、青年人及多子女家庭支持力度

借鉴北京、成都等城市做法，考虑提高租房提取额度、拓展租房提取业务办理场景。配合深圳保障性租赁住房有关政策，推动租赁保障性租赁住房

的无房家庭职工提取公积金政策落实，将便民惠民政策落到实处。具备数据信息共享等施行条件后，针对租赁保障性租赁住房且信息已在相关平台登记备案的职工，可实现按房屋实际租金支出提取公积金。拓展租房提取业务办理场景，简化业务操作流程。实现租房按月委托提取，探索租赁房与个人住房公积金余额按月扣划功能、住房租赁机构沟通直接提取公积金支付房租等，并实现全流程网办。

（二）优化缓缴或降低住房公积金缴存比例政策，减轻市场主体负担，同时更好满足职工需求

《深圳市住房公积金缴存管理规定》第二十八条规定，单位亏损一年及以上，缴存住房公积金确有困难的，可于亏损年度的次年申请缓缴或者降低缴存比例。在执行政策时，将职工本人的缴纳比例同步降低，影响部分职工购房申请公积金贷款的额度。借鉴成都的做法，可考虑在单位缴存住房公积金确有困难，申请缓缴或者降低缴存比例时，降低单位缴存比例的同时，充分尊重职工意愿，让职工个人可在5%～12%范围内且不低于单位配缴比例的情况下，自主选择缴存比例。

（三）持续推进信息化建设，加快区域协同发展

参考长沙、成都的区域协同发展经验，结合粤港澳大湾区等国家发展战略，探索在粤港澳大湾区、广东省内推进湾区城市间业务系统对接，实现数据共享。一是通过数据共享更好实现公积金互认互贷，更好满足职工异地公积金查询、提取、贷款等需求。建立信息协查机制，共同防范打击骗提骗贷行为。二是建议向省厅申请支持推进完善全国的婚姻信息以及全省、全国的房产信息共享工作，丰富共享内容，通过推进数据共享提高业务办理效率，降低职工制度性办事成本，降低骗提骗贷等风险。三是为推进区域协同发展，探索在建立区域一体化服务模式方面基于新一代系统开放体系，将新一代系统的一些公共应用和服务封装后形成标准化服务和能力在湾区乃至省内推广。

（四）盘活用好增值收益等资金，多措并举为保障性租赁住房发展提供更多支持

结合长沙利用住房公积金增值收益购建公租房方面的有关做法，可探索将部分增值收益用于支持深圳保障性租赁住房建设和筹集，在推进保障性租赁住房建设供应的同时，不断增强公积金缴存职工获得感。

参考文献

深圳市住房公积金管理中心编著《深圳住房公积金创新与实践》，广西师范大学出版社，2018。

蔡其昌：《住房公积金在房地产去库存新政下的风险管理初探》，《经营管理者》2016年第26期。

董红亮：《基于公平视角下的住房公积金供需关系研究——以西安市为例》，硕士学位论文，西安建筑科技大学，2010。

傅尔基：《创新增强住房公积金制度广泛促进住房保障和谐——上海住房公积金制度再创新和发展思考》，《中国房地产金融》2006年第3期。

顾澄龙、周应恒、严斌剑：《住房公积金制度、房价与住房福利》，《经济学》（季刊）2016年第1期。

刘清华：《中国住房公积金制度研究》，博士学位论文，河海大学，2003。

B.8
注册资本制度改革与深圳对新《公司法》的适应

徐婧凌　邓艳艳*

摘　要：　2023 年底最新修改的《公司法》将公司注册资本制度由认缴制调整为限期认缴制，并明确关于出资期限的规定适用于存量公司，国务院已经开始制定过渡并轨实施规定。这对于最早开展认缴制改革、有 200 多万户存量公司的深圳来说无疑是个挑战。深圳要积极研究和及时采取适应性措施，确保平稳过渡。作为经济特区和法治先行示范区，建议深圳可以根据实际情况运用特区立法权和变通立法的权限，实行有利于市场稳定、可能有别于其他地方的具体实施办法，做好过渡衔接准备工作，确保不因制度调整影响企业运作和市场稳定，继续以最优的营商环境，保障经济健康快速发展。

关键词：　注册资本　认缴制　限期认缴制

一　我国公司注册资本制度的演化

注册资本是公司设立登记时，在公司章程中约定并在登记机关依法登记的投资者预期缴纳、需要缴纳或实际缴纳的出资金额。注册资本具有担保功能。从 1993 年我国首次颁布《公司法》以来，经历了 1999 年、2004 年、2005 年、2013 年、2018 年、2023 年六次修改，其中 2005 年、2013 年、

---

* 徐婧凌，对外经济贸易大学法学院学生，北京安杰世泽（深圳）律师事务所实习生，主要研究方向为法学；邓艳艳，北京安杰世泽（深圳）律师事务所合伙人，主要研究方向为知识产权法、公司法。

2023 年的修改涉及公司注册资本的规定，中国的公司注册资本制度经历了从最初的一次性足额实缴制，到放宽为分期缴纳制、认缴制，再到限期认缴制的演化过程。

（一）一次性足额实缴制阶段（1994年7月至2005年12月）

1993 年我国首次颁布的《公司法》对注册资本制度采取了严格的法定资本制，规定了当时经济发展水平下较高的注册资本最低限额（其中股份有限公司最低 1000 万元，有限责任公司则按行业类别分别规定了 50 万元、30 万元、10 万元的最低注册资本要求），并且明确规定了注册资本实缴制。公司股东或发起人必须一次性缴纳出资或股款并经法定验资机构验资和出具验资证明，才可向公司登记机关申请注册登记。

（二）分期缴纳制阶段（2006年1月至2014年2月）

1993 年《公司法》制定于我国确立市场经济体制之初，随着市场经济的深入发展，原有的公司注册登记和资本制度越来越不适应不断成长的民间投资发展需要。到 21 世纪初，修订《公司法》的呼声越来越高。2005 年《公司法》进行了全面修订，对包括公司注册资本在内的多项制度进行了修改，大幅降低了公司注册资本的最低限额（股份有限公司最低注册资本 500 万元，有限责任公司不分行业最低注册资本均为 3 万元），并将注册资本的缴纳由必须一次性足额实缴修改为可以分期缴纳，即首期出资不低于注册资本的 20%、全部出资在 2 年内缴足，同时保留了公司设立登记需履行验资程序并提交验资证明的规定。降低注册资本限额和实行分期缴纳制在一定程度上降低了公司设立门槛，提高了非公有资本投资创业、开办企业的便利性，使民营企业和外商投资企业获得较快发展。

（三）认缴制阶段（2014年3月至2024年6月）

随着市场经济的进一步深入发展，广大社会公众投资创业的热情和积极性不断提高，注册资本最低限额制、实缴制和烦琐的设立程序仍在较大程度上制约了中小微企业的设立，抑制了市场活力。改革公司注册资本制度在内的商事登记制度在许多地方逐渐展开，其中深圳、珠海的注册资本认缴制改革影响广泛，并推广到全国。2013 年 12 月 28 日，全国人大常委会通过的《公司法》修正案（2014 年 3 月 1 日正式实施），删除了法定注册资本最低限额和注册资本验资要求的规定，实行公司注册资本认缴制，并规定有限责任公司注册资本及其出资方式、缴纳期限由公司股东或发起人在公司章程中明确。注册资本认缴制改革赋予公司资本自治权，最大限度平衡了注册资本的担保功能和使用价值。[1] 由于市场准入门槛的降低加快了市场主体的发展，认缴制正式实施后新注册公司数量急速增加，几年时间公司数量增长数倍，显示了欣欣向荣的市场活力。

（四）限期认缴制阶段（2024年7月1日开始）

尽管在资本制度改革中，理论和实务界均有专家提出了防止出现注册资本虚化、各主体权利保护不平衡的具体建议，[2] 但 2013 年《公司法》修改只注重鼓励投资、活跃经济、不断放松对前端的管制，而忽视对后端的配套规则构建，导致前端改革效益折损。[3] 这导致有些企业在注册登记时认缴超高金额注册资本或约定超长出资期限，以及股东、公司、公司债权人之间利益保护失衡现象，因此再次修改《公司法》被列入立法计划。在多次审议、多方征求意见后，2023 年 12 月 29 日通过的《公司法》修正案采纳了限期缴纳注册资本的主张，对注册资本制度再次作出重大调整，由完全认缴制修改为限期认缴制。具体而言，就是保留了有限责任公司注册资本为在公司登记机关登记的全体股东认缴的出资额，但增加了全体股东认缴的出资额在公

---

① 何波：《公司注册资本认缴制带来的法律问题——公司纠纷诉讼的一个难点》，《人民司法》2020 年第 8 期。

② 参见刘俊海《关于工商登记制度改革的认识误区及辨析》，《法律适用》2014 年第 11 期；陈海疆《平衡于市场效率与交易安全之间——关于注册资本认缴制改革的几点思考》，《中国工商管理研究》2013 年第 7 期。

③ 朱慈蕴：《中国公司资本制度体系化再造之思考》，《法律科学》（西南政法大学学报）2021 年第 3 期。

司成立之日起5年内缴足的规定。① 这是《公司法》制定30年来不断放松管制后首次回缩。新《公司法》还进一步明确了董事催缴制度、出资加速到期规则、信息公开公示要求等后端的配套规则，完善了制度体系。

最为引人关注的是，《公司法》此次修改打破了"法不溯及既往"的一般原则，规定新法施行前已登记设立的公司（存量公司）出资期限不符合新规定的，需要逐渐调整为符合期限要求。② 这一规定必将对经济社会实践产生重大影响，特别是对于率先进行认缴制改革和全国商事主体最多的城市深圳，这一影响将无疑更为重大，需要积极研究和及时采取适应性措施，确保平稳过渡。

二　注册资本制度改革的深圳探索与实践

作为改革开放的窗口和具有特区立法权的地方，深圳经济特区是全国最早进行公司立法的地方，也是最早开展商事登记制度改革的地方，在有限责任公司注册资本制度方面有多项突破性立法和一系列实践探索。

（一）1993年深圳立法确定公司注册资本分期缴纳制

在国家《公司法》出台前③的1993年4月26日，深圳市人大常委会就通过了《深圳经济特区股份有限公司条例》《深圳经济特区有限责任公司条例》（以下简称"深圳公司条例"），为国家《公司法》的制定提供了经验和参考。深圳公司条例作为制度探索的产物，在《公司法》出台后的十多年间仍有效实施，其中一些1993年《公司法》未吸纳的内容（如注册资本分期缴纳制等）被2005年《公司法》吸纳。至此，深圳公司条例完成制度探索的历史使命，于2006年废止。

---

① 参见2023年《公司法》第47条。
② 参见2023年《公司法》第266条第2款。
③ 我国首部《公司法》于1993年12月29日通过，1994年7月1日开始实施，深圳的《深圳经济特区股份有限公司条例》《深圳经济特区有限责任公司条例》比国家立法早8个月。

深圳公司条例对注册资本的最低限额、出资期限、出资方式等均作了明确规定。以有限责任公司为例，一是确立了公司注册资本最低限额制度，规定公司注册资本最低限额为人民币 10 万元，同时授权市政府就不同行业公司的注册资本最低限额进行规定。[①] 二是明确了公司注册资本分期缴纳制度，规定公司注册资本为全体出资人认缴的出资总额，同时规定首期缴纳不得低于注册资本的50%，且不低于注册资本的最低限额，剩余部分应在公司成立后 2 年内缴足。此外，规定生产经营期长、投资规模大的公司，首期缴纳的出资额和缴足出资的期限，由市政府另外规定。[②] 三是明确了多样化的出资方式，规定可以用货币、实物、土地使用权、工业产权或非专利技术出资，并规定了各种出资方式占比的上限和下限。例如，货币出资不少于50%，工业产权或非专利技术出资不超过注册资本的20%。[③] 四是明确了非货币出资的评估作价要求。[④] 五是明确了注册资本必须进行验资并明确了验资方式。[⑤]

1993 年《公司法》关于注册资本的规定，除实行注册资本实缴制外，其他与深圳公司条例基本一致。但 2005 年《公司法》的修改则吸纳了深圳公司条例注册资本分期缴纳的规定。

（二）2012年深圳商事登记制度改革确定注册资本认缴制

随着市场经济的快速发展和改革创新的不断深入，原来的商事登记制度越来越不适应经济发展的需要。2010 年，深圳经济特区进入成立的第 30 年，改革开放的深入推进和市场经济发展使创新创业的热情不断提升，注册设立商事主体的需求持续高涨，原来的商事登记制度中注册登记门槛高、登记程序复杂等问题越来越难以适应市场经济发展的需要。减少市场管制、降低准入门槛、简化准入程序、减轻企业负担、提高行政效率、优化政府服务

---

① 《深圳经济特区有限责任公司条例》第 18 条。
② 《深圳经济特区有限责任公司条例》第 18、19 条。
③ 《深圳经济特区有限责任公司条例》第 21 条。
④ 《深圳经济特区有限责任公司条例》第 22 条。
⑤ 《深圳经济特区有限责任公司条例》第 23 条。

等的呼声越来越高。

2010 年初，深圳市启动了商事登记制度改革调研工作，在形成改革的初步方案后，就其中突破《公司法》及其他国家有关法规规定的内容，多次向全国人大常委会法工委、原国务院法制办和原国家工商总局请示沟通，取得了支持。2012 年 2 月，深圳成立了商事登记制度改革领导小组，组织领导商事登记制度改革工作。同年 5 月，中共深圳市委、深圳市人民政府发布了《关于加快推进商事登记制度改革的意见》，对商事登记制度改革作出全面部署，并确定运用特区立法权以特区立法方式明确改革做法、保障改革推进。2012 年 10 月 30 日，市人大常委会审议通过了《深圳经济特区商事登记若干规定》[①]。

需要说明的是，彼时全国关于商事登记制度改革的呼声很高，多地争取改革试点，深圳只是顺应时代的需要先行先试。而此前 2009 年深圳市政府的大部制改革后实行大市场监管的机构设置和职能安排已经为这一改革准备了条件，深圳市人大常委会 20 年来积极推进特区立法的丰富经验，促成最早出台了关于商事登记的特区法规。之后一个月，即 2012 年 11 月 29 日，珠海市人大常委会也通过了相似内容的特区立法——《珠海经济特区商事登记条例》。两个特区立法的实施时间均为 2013 年 3 月 1 日。

深圳和珠海商事登记制度改革的主要内容都是简化市场主体注册登记手续、放宽市场准入条件，实行"先照后证，证照分离"和注册资本认缴制，便利商事主体资格的取得，同时实行商事主体年报制度、经营异常名录制度和商事主体信息公示制度，加强商事主体登记后管理，实现商事主体管理从以许可审批为手段的前端控制式静态监管为主，向以过程监管为特点的后端控制式动态监管为主转变。

就其中注册资本制度改革而言，最重要的是有限责任公司实行注册资本认缴登记制度。该制度明确规定了在公司设立登记时，登记机关只登记全体

---

① 《深圳经济特区商事登记若干规定》在 2019 年和 2020 年两次进行了修改，一方面与国家和广东省 2013 年有关商事登记法律法规变动相衔接，另一方面将实践中探索的商事登记方面新经验新制度通过立法固化，包括扩大简易注销程序适用范围，创设除名和依职权注销、代位注销制度，新设歇业登记制度，完善商事登记撤销制度等。

股东认缴的注册资本总额，无须登记实收资本，也无须提交验资证明。① 与之相配套的制度措施有四个方面：一是强调出资额、出资时间、出资方式和非货币出资缴付比例由股东约定，并记载于章程。② 二是实行注册资本缴付情况自愿备案制度。规定有限责任公司可以向商事登记机关申请实收资本备案。③ 三是实行商事主体年度报告制度。规定商事主体无须进行年度检验，但应向商事登记机关提交年度报告，年度报告包括商事主体的登记事项、备案事项、注册资本实缴情况、年度资产负债表和损益表等内容。④ 四是加强商事主体信用信息公开。要求政府建立统一的商事主体登记及许可审批信用信息公示平台，用于发布商事登记、许可审批事项及其监管信息。商事主体的登记信息、备案信息、年度报告、载入经营异常名录信息、监管信息等均通过该平台公示。⑤ 总体而言，该法规着力于减少对市场和商事主体的行政管制，充分发挥市场自身作用，增强公司和股东自治。例如，规定股东缴纳出资的，有限责任公司应当向股东出具出资证明书；再如，强调股东或公司对有关内容的真实性负责，股东对注册资本缴付情况的真实性负责、有限责任公司对实收资本缴付情况的真实性负责、商事主体对年度报告内容的真实性负责等。

深圳、珠海商事登记制度改革的主要经验均被 2013 年《公司法》修订所吸纳，自 2014 年 3 月 1 日开始全国有限责任公司均实行注册资本认缴制。"先照后证"和注册资本认缴制改革建立的"宽入严管"商事主体登记管理新体系，减少了登记注册对商事主体准入的限制，打破了审批许可制下行政对市场经济发展的掣肘，初步建立充分尊重商事主体、商事主体意思高度自治下，主要依靠社会信用制度和信用管理方式管理市场，商事主体自我约束、自我管理、公平规范的市场经济秩序。

---

① 2012 年《深圳经济特区商事登记若干规定》第 16 条。
② 2012 年《深圳经济特区商事登记若干规定》第 17 条。该等内容在《深圳经济特区有限责任公司条例》和《公司法》中均已有分散多处的规定，《深圳经济特区商事登记若干规定》第 17 条专条强调了注册资本相关内容。
③ 2012 年《深圳经济特区商事登记若干规定》第 18 条。
④ 2012 年《深圳经济特区商事登记若干规定》第 29 条。
⑤ 2012 年《深圳经济特区商事登记若干规定》第 36、37 条。

三 实行注册资本认缴制期间深圳公司注册情况

由于简化了公司注册登记手续和条件，降低了筹备和设立初期阶段资金、场地无效占用和审批办理主体不清导致的资源浪费和法律风险，极大激发了社会创新创业热情，我国新增商事主体呈爆发式增长，2016 年新注册企业达 38 万户，之后有所下降。深圳实行有限责任公司注册资本认缴制的10 多年间，每年均有 30 万户左右企业注册成立，同时近年来每年注销吊销的企业也逐渐增多，实际增量逐渐减少，市场主体呈大进大出、稳定增长趋势。截至 2023 年底，深圳全市累计有企业 2593006 户（见表 1），其中企业法人 2454931 户，98% 为有限责任公司，超过 200 万户存量企业是实行认缴制后设立的有限责任公司。在近年新注册企业略有下降的情况下仍保持一定幅度的企业数量增长，显示了深圳企业总体较强的生命力。

表 1 2012~2023 年深圳新注册和注销吊销企业情况

单位：户

年份	累计企业数	新注册企业数	注销企业数	吊销企业数
2012	484651	86268	6274	13253
2013	630060	167220	未公布	未公布
2014	843977	233460	7694	12508
2015	1128465	299925	10866	380
2016	1504255	386704	16717	358
2017	1769876	362992	26749	72588
2018	1974700	290966	47265	40564
2019	2042588	300806	142622	96040
2020	2262548	328706	96353	19105
2021	2410484	323259	102415	80552
2022	2457740	268146	119122	115391
2023	2593006	307459	108216	未公布

注：累计企业数=上年企业数+当年新注册企业数-当年注销企业数-当年吊销企业数+当年迁入企业数-当年迁出企业数。深圳每年均有少量企业迁入迁出。

资料来源：深圳市场监督管理局网站，http://amr.sz.gov.cn。

实行认缴制后新成立企业平均注册资本较分期实缴制阶段确实呈上升趋势，特别是 2013~2017 年注册资本低于 100 万元的企业占比显著下降，注册资本 100 万~499 万元和 500 万~999 万元的企业占比上升较快，注册资本 1000 万元及以上的企业占比也略有上升。但 2018 年开始，高注册资本企业占比略有下降。从 2010 年以来新注册企业平均注册资本变化可以看出，实行认缴制后，企业注册资本虽明显高于分期实缴制阶段，但主要是注册资本 100 万~499 万元企业占比显著提高，其他注册资本企业总体变化趋势稳定，呈现总体稳定且渐趋合理的格局(见表 2)。

表 2　2010~2022 年深圳存量企业注册资本分布

单位：%

年份	按注册资本分企业占比						
	100 万元以下	100 万~499 万元	500 万~999 万元	1000 万~2999 万元	3000 万~4999 万元	5000 万~9999 万元	1 亿元及以上
2010	67.85	21.64	4.22	4.26	0.77	0.69	0.57
2011	67.17	21.74	4.33	4.67	0.71	0.74	0.64
2012	65.64	22.54	4.63	4.99	0.72	0.82	0.66
2013	62.36	24.52	5.22	5.43	0.70	0.93	0.84
2014	54.90	29.20	6.51	6.34	0.83	1.14	1.08
2015	48.96	31.89	8.19	7.34	0.91	1.41	1.30
2016	31.50	44.50	12.70	7.60	0.80	1.60	1.30
2017	29.98	44.83	11.78	9.00	1.02	1.80	1.58
2018	41.36	36.21	10.41	8.00	0.90	1.69	1.40
2019	35.14	40.89	11.37	8.46	0.95	1.75	1.44
2020	34.97	41.68	11.23	8.24	0.87	1.66	1.35
2021	41.43	36.59	10.36	8.03	0.86	1.56	1.17
2022	35.68	40.87	11.10	8.63	0.91	1.63	1.18

资料来源：根据《深圳统计年鉴 2023》第 14 页企业数据计算而得，计算公式为按注册资本分企业占比＝按注册资本分的企业数÷当年企业总数×100%。

实行注册资本认缴制最初几年，深圳新注册内资企业的注册资本确实急速升高，2017 年新注册内资企业注册资本平均值超过 2000 万元，但此后注册资本平均值快速下降，2019 年平均值降到 767 万元，2023 年平均值已经降到 368 万元，与实行认缴制前已经相差不大（见表3），显示投资者在设立企业时对于注册资本额度的确定渐趋理性[①]。从深圳新注册内资企业平均注册资本的变化来看，深圳已经度过实行注册资本认缴制初期注册资本虚高期，开始形成认缴制下的市场新秩序。

表3   2012～2023 年深圳新注册企业法人注册资本情况

年份	新注册企业数量（户）	内资企业			外资企业		
		数量（户）	注册资本（万元）	平均注册资本(万元)	数量（户）	注册资本（万美元）	平均注册资本(万美元)
2012	86268	82903	21555499	260	3365	309685	92
2013	未公布	未公布	未公布	/	未公布	未公布	/
2014	233460	230164	180528263	784	3283	982096	299
2015	299925	295582	326225915	1104	4343	2225055	512
2016	386704	380665	406682429	1068	6039	7732658	1280
2017	362992	351900	793178113	2254	11092	5277784	476
2018	290966	275133	未公布	/	15833	未公布	/
2019	300806	294852	226154054	767	5954	946904	159
2020	328933	324433	176914030	545	4500	3805871	846
2021	323259	317003	183741349	580	6256	548308	88
2022	268146	262680	156190630	595	5466	1426543	261
2023	307459	300018	110546760	368	7441	未公布	/

注：平均注册资本为注册资本除以户数计算所得，平均注册资本＝注册资本÷企业户数。由于官网未公布 2013 年商事主体数据，2018 年仅公布 1～11 月数据，因此 2013 年、2018 年无法计算平均注册资本。

资料来源：新注册企业户数和注册资本数据来源于深圳市市场监督管理局网站。

四 注册资本限期认缴制下深圳的适应措施

如前所述，根据新《公司法》的规定，此次修改关于出资期限的规定

---

① 每年新注册外资企业的数量和平均注册资本波动较大，没有明显特点。

将溯及新规施行前已登记设立的公司，要求存量公司出资期限超期的要逐步调整到法定期限内，并授权国务院制定具体实施办法。① 国务院已于2024年2月6日发布《关于实施〈中华人民共和国公司法〉注册资本登记管理制度的规定（征求意见稿）》，拟对存量有限责任公司实行"3+5"的过渡并轨安排②。如果这一过渡并轨安排的实施办法获得通过，则意味着相当数量的存量公司要么按照新要求在规定时间内缴足注册资本，要么在期限届满前减资或注销公司。这对于存量公司达200多万户的深圳，影响不可谓不大，为了适应这一制度变革深圳不能被动等待，而应肩负法治先行示范的重任，根据深圳企业特点、监管体制机制改革进展、司法审判创新经验等，制定符合深圳实际的具体实施方案。

（一）深圳对新《公司法》适应思路的建议

深圳作为经济特区和法治先行示范区，具有全国人大赋予的特区立法权和中央赋予的变通立法的权限，在新《公司法》规定的注册资本限期认缴制方面，可以通过行使上述立法权实行与全国存在差异的制度。事实上，深圳在1993~2005年一直实行与国家不同的企业注册资本制度③，而深圳实行认缴制的时间也早于全国一年。注册资本认缴制在深圳实施的11年间，虽然存在公司注册时认缴出资金额过高、出资期限过长、公司注册资本虚化的现象，以及公司、股东、债权人利益保护不平衡等问题，但这并不能完全归因于认缴制的缺陷，而是认缴制改革后，资本运行过程中的相关规则仍停留

---

① 参见新《公司法》第266条第2款。

② 2024年2月6日国务院发布了《关于实施〈中华人民共和国公司法〉注册资本登记管理制度的规定（征求意见稿）》。该征求意见稿拟对存量公司实行"3+5"的过渡并轨安排，对于一般的有限责任公司，设置3年过渡期，即出资期限从2027年7月1日起算超过5年的公司，应当在新《公司法》生效后3年内将注册资本出资期限调整为2027年7月1日起算不超过5年。存量有限责任公司如果未主动在过渡期内调整出资期限，公司登记机关可要求其在90日内将出资期限调整为2027年7月1日起算不超过5年。征求意见稿还对特殊类型公司例外处理，对出资额、出资期限异常的判定标准等进行了明确。

③ 1993~2005年，由于《公司法》规定与《深圳经济特区有限责任公司条例》规定存在差异，全国实行实缴制，而深圳按照特区条例规定实行分期实缴制。这种差异直到2005年《公司法》修改实行分期实缴制。

在实缴制的理念之下，公司注册资本运行和规范存在大量立法空白，[①] 形成制度漏洞。加之，普法不深入、信用信息平台不完善，社会公众习惯于通过营业执照和注册资本判断企业的实力，给人以可乘之机。客观而言，认缴制契合了市场主体的现实需求，降低了行政干预，应予肯定。[②] 从深圳新注册公司变化情况看，在认缴制实施多年后，信用信息平台不断完善，社会开始真正理解该制度的权责利关系，司法机关工作人员对相关案件处理的经验也逐渐丰富，认缴制运行中的问题逐步得到解决。对于是否对注册资本制度进行调整，在《公司法》修订过程中本就有争议。有学者认为，认缴制在我国已扎根于优渥土壤，只需继续完善即可，无须因噎废食而退回到实缴制。[③] 笔者认为，在新《公司法》明确了出资加速到期制度、董事核查义务、出资法律责任以及股权转让后的出资责任主体等认缴制的后端配套规则后，认缴制实施中的突出问题在制度上正逐步得到解决，深圳可以像《公司法》出台初期保留特区公司条例在深圳适用一样，向全国人大争取《深圳经济特区商事登记若干规定》的继续适用，即在深圳经济特区继续实行认缴制，同时建立新设立公司异常注册资本防范机制。这不仅可以继续为国家公司制度探索积累经验，而且有利于深圳商事主体和市场的稳定。

退一步来讲，若在深圳经济特区继续实行认缴制不可行，深圳也可以探索与全国不同的过渡接轨方式。日前国务院《关于实施〈中华人民共和国公司法〉注册资本登记管理制度的规定（征求意见稿）》，对存量公司实行"3+5"的过渡并轨安排。笔者认为，深圳可以争取出资期限逐步调整的另一可能路径。新《公司法》对出资期限超过规定期限的存量公司，要求逐步调整至规定的期限以内。这一"逐步调整"并无完成时限要求，也未指定以完成时限为"逐步"之核心内容。因此，这个"逐步"也可以是根据

---

① 何波：《公司注册资本认缴制带来的法律问题——公司纠纷诉讼的一个难点》，《人民司法》2020 年第 8 期。

② 李建伟：《授权资本发行制与认缴制的融合——公司资本制度的变革及公司法修订选择》，《现代法学》2021 年第 6 期。

③ 李建伟：《授权资本发行制与认缴制的融合——公司资本制度的变革及公司法修订选择》，《现代法学》2021 年第 6 期。

具体情形逐步进行调整。从立法过程的讨论看，之所以此次《公司法》修订对于注册资本出资期限条款放弃"法不溯及既往"的一般原则，而要求存量公司在一定期限内并轨，主要出于担心部分存量公司因注册资本出资期限长而成为身价暴涨的壳资源，造成市场主体之间的不公平和扰乱市场秩序。那么，只要去除其壳资源价值，即可使存量公司与新公司处于公平状态。去除其壳资源价值还有一种简单方式，即股权不变动则出资期限可不调整。具体而言，可以规定出资年限超过5年的公司，只要不进行股权转让则可以不调整出资期限，一旦进行股权转让，即视为股东放弃超长出资期限利益，受让股东的出资年限必须调整为新《公司法》生效后5年内或"3+5"年内。这样，对于正常经营不发生股权变更的公司及股东，则不因注册资本制度改革而受到不利影响，从而既有利于平衡公司、股东、债权人之间权利义务关系，又保持了公司经营和市场的稳定。

如果深圳无法获得任何变通或实施差异化制度，深圳市人大、政府就需要尽快启动一揽子修订法规规章工作。深圳市人大、政府应当将适应新《公司法》开展特区法规规章修订工作列入2024年立法计划，在国务院《关于实施〈中华人民共和国公司法〉注册资本登记管理制度的规定》出台后，对照新《公司法》和国务院的规定，对现行特区法规规章进行全面审查，梳理出不吻合的规定和条款，开展一揽子修订工作。特别是《深圳经济特区商事登记若干规定》需要尽早启动修订工作，及时对与上位法不吻合的内容及条款进行修订，实现特区法规与国家法律法规的良好衔接。

（二）具体适应措施的建议

公司注册资本制度变革虽主要是对公司及其股东权利义务的调整，但对市场主体投资行为、公司登记、市场监管、司法裁判、市场交易判断等相关方面均会产生影响。无论以何种思路和方式适应新《公司法》的规定，存量公司规模庞大的深圳，都会面临一定挑战。这就需要政府有针对性地做好准备和后期实时跟踪，帮助企业、投资者、市场交易各方，以及政府监管部门、司法机关、法律服务行业、仲裁、调解等各方主体，乃至整个社会，适应制度变革。

一是尽快制定符合深圳实际的具体实施方案。政府和商事登记机关要立即开展存量公司注册资本相关情况摸底调查，研判过渡过程中可能出现的问题，在此基础上，根据深圳企业特点制定实施新《公司法》注册资本登记管理制度的方案。针对可能出现的大量公司注销、减资、股权转让等业务办理需求，做好商事登记系统的调适，提升商事登记系统办理能力和统计分析功能，建立跟踪工作机制，完善存量公司分析体系，密切跟踪办理注销、减资、股权变更情况，研究分析特点，及时发现问题，及时调整办理指引，完善办理系统平台。同时做好人员的保障，增加咨询和办理人员并事先做好人员培训，确保相关业务顺利办理。

二是对新《公司法》进行深度宣传。注册资本认缴制实施过程中出现很多问题的一个重要原因是社会对这一制度缺乏整体认识，制度出台后宣传上侧重于降低市场准入条件，结果市场主体多数只知道注册公司时不用实缴注册资本，且对出资期限没有要求，对于股东认缴出资所承担责任认识不清，导致产生反正不出钱，注册资本能高就高、出资期限能长就长的想法，出现公司注册资本虚化的现象，增加了市场交易风险。因此，若未来仍然实行注册资本限期认缴制，应当对制度进行全方位的宣传和释疑解惑，为企业提供针对性指导，加强公司及其股东对从公司注册到经营各环节权利义务的理解，并可考虑在注册登记平台和信用信息平台上增加各环节的风险提示，引导培养市场主体通过企业信用信息平台查阅企业实缴资本、年度报告信息等的意识，增强市场风险防范能力，避免集中出现新问题。同时，要关注企业注册登记相关舆情，引导社会正确理解和看待因新法实施出现的较多企业办理注销、减资业务现象，避免影响市场和社会信心。

三是加强解纷能力建设。制度的变革意味着法律设定的权利义务关系和法律责任的变化，这不仅是对社会公众的巨大挑战，也必然出现新的纠纷类型以及纠纷解决中与以往不同的判决结果，这对纠纷解决机构和人员也是新挑战。审判、仲裁、调解机构应当加强相关问题和情况的研究，提升新法下的纠纷解决能力，确保案件办理中对新《公司法》正确理解和统一裁判标准，确保依法平衡保护公司、股东、债权人的权利。

四是法律服务业应该做好适应性准备，为相关市场主体提供新《公司法》语境下的专业法律服务。2023 年《公司法》修改涉及 228 个条文，实质性修改条文 112 个，其中关于公司资本制度的变革影响最为深刻，对公司及董监高的责任义务、股东的权利义务、债权人保护等方面的规定均进行了全新的调整，修改内容涉及面广。根据新《公司法》的规定，股东若未在规定时间内足额出资，将会引发一系列对内对外的法律责任，同时新《公司法》还设立了与注册资本制度配套的公司催缴制度和股东失权制度，加之该新法实行溯及既往的规定，提高了存量公司运行的复杂度。这一局面使得对专业法律服务的需求增多。法律服务从业人员要及时学习新《公司法》，吃透法条、练好内功，深刻理解制度设计的理论基础和基本逻辑，只有精准把握新《公司法》所确立的新规则，才能在实务中应用好新规则服务企业发展。

参考文献

刘俊海：《论注册资本认缴制的兴利除弊：兼论期限利益与交易安全的动态平衡》，《学术论坛》2024 年第 1 期。

高旭军：《中德公司资本认缴制比较及德国法的启示》，《证券法苑》2023 年第 3 期。

刘新平、沈冰芸：《注册资本认缴制下股东实际出资规制研究》，《中国市场监管研究》2023 年第 1 期。

胡芳菲：《我国公司注册资本制度改革研究》，《扬州教育学院学报》2022 年第 2 期。

朱慈蕴：《中国公司资本制度体系化再造之思考》，《法律科学》（西南政法大学学报）2021 年第 3 期。

李建伟：《授权资本发行制与认缴制的融合——公司资本制度的变革及公司法修订选择》，《现代法学》2021 年第 6 期。

何波：《公司注册资本认缴制带来的法律问题——公司纠纷诉讼的一个难点》，《人民司法》2020 年第 8 期。

丁勇：《认缴制后公司法资本规则的革新》，《法学研究》2018 年第 2 期。

黄耀文：《认缴资本制度下的债权人利益保护》，《政法论坛》2015 年第 1 期。

施天涛：《公司资本制度改革：解读与辨析》，《清华法学》2014 年第 5 期。

刘俊海：《关于工商登记制度改革的认识误区及辨析》，《法律适用》2014 年第 11 期。

陈海疆：《平衡于市场效率与交易安全之间——关于注册资本认缴制改革的几点思考》，《中国工商管理研究》2013 年第 7 期。

《我市商事主体总量和创业密度多年全国第一》，《深圳特区报》2023 年 3 月 1 日。

法治政府篇

B.9
2023年深圳法治政府建设回顾总结
与未来展望

邓达奇　王起超*

摘　要：　2023年，深圳法治政府建设持续推进，深入学习贯彻党的二十大精神和习近平法治思想，坚持和加强党对法治政府建设的领导。同时，深圳法治政府建设过程中不断提升政府法治服务，优化营商环境，全面提升公共法律服务水平。此外，2023年深圳法治政府建设过程中不断完善依法行政制度体系，综合改革试点法治政府建设领域取得阶段性成果，深化"放管服"改革，全面落实重大行政决策程序，健全行政执法体制机制；不断提升行政执法质量，创新执法方式，有效化解行政纠纷。在未来法治政府建设过程中，深圳将持续加强党对法治政府建设的领导，加大新质生产力发展的法治支持力度，持续推进一流法治政府建设。

* 邓达奇，深圳市社会科学院法学研究所研究员，主要研究方向为法理学；王起超，深圳大学法学院助理教授，深圳大学特聘研究员，深圳大学"鹏城孔雀计划"特聘岗位（C岗），主要研究方向为法社会学和立法学。

关键词： 深圳法治　法治政府建设　经济特区　先行示范区

2023 年是全面贯彻党的二十大精神的开局之年。深圳市人民政府将深入学习贯彻党的二十大精神和习近平法治思想作为重要政治任务，把落实党的二十大报告"扎实推进依法行政"的重要部署与建设中国特色社会主义法治先行示范城市的历史使命一体推进，扎实推进法治政府建设，深圳在法治广东建设考评中连续三年全省排名第一。2023 年是深圳建设中国特色社会主义法治先行示范城市两周年，深圳法治建设取得丰硕成果。中央依法治国办肯定深圳形成中国特色社会主义法治先行示范城市建设首批经验成果。破产制度突破创新等 7 项法治政府建设领域改革举措，被国家发展改革委、司法部等七部委纳入"再次推广借鉴深圳综合改革试点创新举措和典型经验"向全国推广。①

一　提升政府法治服务，为深圳经济社会高质量发展赋能

（一）进一步优化法治化营商环境

一是加快发展新质生产力立法供给。2023 年 2 月，深圳市发布了《关于强化法治服务保障高质量发展的若干举措》，该举措旨在加速新质生产力的立法供给，并推动《深圳经济特区战略性新兴产业和未来产业发展促进条例》的制定与《深圳经济特区创业投资条例》的修改等关键立法进程。同时，该举措着力于有序修改《深圳经济特区中小企业发展促进条例》，以更好地推动科技创新和产业创新，激发市场主体的活力，并通过立法手段解决经济社会发展中的难题。为了支持科技创新和产业创新，该举措为深圳打造具有国际竞争力的现代化产业体系提供了坚实的法治基础。此外，该举措还推动了《深圳经济特区前海蛇口自贸片区条例》、《深圳经济特区消费者权益保护条例》、《深圳经济特区审计监督条例》、《深圳经济特区职业教育

---

① 崔璨、杨磊：《深圳综合改革试点 22 条经验全国推广》，《南方日报》2023 年 11 月 17 日。

条例》、《深圳经济特区水土保持条例》和《深圳市医疗保障办法》等法规规章的立法工作，为经济发展、城市治理和民生福祉提供了制度上的保障。

二是平等保障各类市场主体合法权益。《深圳市优化法治化营商环境工作方案（2023—2025 年）》要求完善营商环境制度，规范文明监管执法，促进依法平等保护各类市场主体合法权益。2023 年深圳出台《关于强化法治服务保障高质量发展的若干举措》，从保障"双区"和"五大中心"建设、优化法律服务布局、提升法律服务要素保障能力、激发各类市场主体活力、营造法治化营商环境、推动法治领域改革等 6 个方面提出 15 项法治保障举措，全力为推进科技创新产业创新、加快发展新质生产力、推动深圳经济社会高质量发展铺好法治之轨、筑牢法治之基。截至 2023 年 7 月 10 日，深圳市商事主体超过 405 万户，市场主体总量和创业密度保持全国第一，连续 3 年获评全国工商联"营商环境最佳口碑城市"。①

（二）进一步优化有利于扩大高水平对外开放的法律服务

一是推进河套深港科技创新合作区立法。积极起草《深圳经济特区河套深港科技创新合作区深圳园区条例（草案）》，切实推动河套深港科技创新合作区建设，支持香港建设国际科技创新中心，支持以深圳为主阵地建设综合性国家科学中心，为深化粤港创新合作、促进创新要素在粤港澳大湾区内便捷高效流动提供法治保障。全面落实深港《法律合作安排》，推动签署深澳《法律合作安排》，深化深港、深澳法治交流合作。

二是建立深港法律全方位合作机制。2023 年 4 月，深圳市人民政府与香港特别行政区政府的律政司在深圳正式签署了《法律合作安排》。这一安排将为深港两地之间的全方位合作提供坚实的法治保障和支持。根据该安排，双方将在多个领域展开深入的合作与交流，包括处理重大法律事务、立法工作、人员交流学习以及促进香港法律界人士更好地融入大湾区法律服务业等。这将有助于推动深港两地法治建设的共同进步，为双方的合作与发展

① 陈小慧：《以创新支撑深圳发展》，《深圳商报》2024 年 1 月 2 日。

提供更加稳定和可靠的法律环境。

三是深化深港律师行业合作。2023 年 2 月，广东省司法厅颁布了《关于在前海深港现代服务业合作区开展中外律师事务所联营试点实施办法》，标志着深圳前海成为中外律师事务所联营试点的先行区，此举为深圳律师法律服务走向国际化奠定了坚实基础。中外律师事务所联营试点的开展，将为深圳的律师行业注入新的活力，促进国际法律资源的优化配置，提高法律服务的质量和效率。未来，随着中外律师事务所联营试点的深入推进，深圳的律师法律服务将更加国际化、专业化，为深圳的经济社会发展提供更加坚实的法律保障。2023 年 4 月，深圳市人民政府与香港特别行政区政府的律政司续签《法律合作安排》，并联合推出《深度思维·大湾区法智汇客厅》特别直播节目。举办香港法律执业者与深圳律师事务所、企业等法律实务机构对接推介会，开设"湾区律师大讲堂"，进一步加强了香港与内地的法律服务合作。

（三）全面提升公共法律服务水平

一是加快构建现代公共法律服务体系。深圳市司法局印发《深圳市公共法律服务体系建设规划（2023—2025 年）》，积极回应新时代人民群众的法律服务新需求、新期待，以加快建设适应中国特色社会主义法治先行示范城市的更高水平的现代公共法律服务体系为目标，对当前和今后一个时期全市公共法律服务体系建设作出系统谋划部署。该规划明确提出了"十四五"时期深圳市推动现代公共法律服务体系建设的指导思想、基本原则和主要目标。其中，对照司法部《"十四五"时期公共法律服务工作主要指标》、广东省司法厅《至 2025 公共法律服务工作主要指标》，提出了全市"十四五"时期公共法律服务工作的 29 项主要指标，其中约束性指标 9 项、预期性指标 20 项。

二是推动公共法律服务全覆盖。2023 年，《深圳市律师业高质量发展三年行动计划（2023—2025 年）》出台。全市全年办理法律援助案件约 4.4 万宗，受援人数达 6.4 万人次，同比增长均接近 30%，挽回经济损失 130259.49 万元，同比增长 48%，入选司法部法律援助典型案例占全省 39%；推动成立人民调解委员会 1095 个、行政调解委员会 159 个、商事调解组织 18 个，全年各类人民调解组织成功化解纠纷近 11 万宗。① 2023 年，龙华区成立全国首家区级综合调解院，福田区成立全市首家生态环境公共法律服务中心。

二 持续推进改革创新，完善依法行政制度体系

（一）综合改革试点法治政府建设领域取得阶段性成果

2020 年 10 月，中共中央办公厅与国务院办公厅联合发布了《深圳建设中国特色社会主义先行示范区综合改革试点实施方案（2020—2025 年）》，并通过清单批量授权的方式，赋予了深圳在关键和重要领域的改革更大的自主权。深圳积极响应并推出了各项综合改革试点措施，成功推出了一系列创新举措，并取得了显著的成效，形成了一批被国家法律、司法解释、部门行政规章及规范性文件吸收和借鉴的制度性成果。这些重大的制度性成果不仅为深圳自身的经济社会发展注入了新的活力，也为全国乃至全球范围内的经济社会发展提供了宝贵的经验和参考。

2023 年 11 月，国家发展改革委等部门发布了《关于再次推广借鉴深圳综合改革试点创新举措和典型经验的通知》，旨在将深圳综合改革试点的新一批 22 条创新举措和典型经验在全国范围内进行推广。其中，涉及法治政府建设领域的创新举措和典型经验共有 7 条，具体如表 1 所示。

表 1　深圳综合改革试点法治政府建设领域的创新举措和典型经验

序号	创新举措和典型经验	创新做法
1	新领域新业态知识产权保护	（1）率先出台数字经济知识产权司法保护意见，制定大数据、直播电商等新领域新业态知识产权保护指引，完善新领域新业态知识产权保护制度； （2）强化知识产权保护行政司法衔接，打造全链条知识产权协同保护的数字化底层标准，建立知识产权行政与司法部门证据格式统一、数据接口统一、案件类型及管辖确定等制度

---

① 《2023 年深圳法治先行示范城市建设工作盘点》，民主与法制网，2024 年 2 月 8 日，http：//dfcn.mzyfz.com/detail.asp？id＝429583&dfid＝2。

续表

序号	创新举措和典型经验	创新做法
2	商业秘密规范保护	(1)率先制定企业商业秘密保护地方标准,将算法作为商业秘密进行保护; (2)建立商业秘密保护联席会议制度,在产业园区、行业协会设立商业秘密保护工作站,成立志愿服务组织,完善商业秘密保护服务体系
3	地上地表地下分层设立建设用地使用权	(1)开展地下空间现状调查和评估,将地上、地表、地下空间自然状况、利用现状、空间规划、综合管廊、轨道交通等信息纳入统一管理; (2)制定实施《深圳市地下空间开发利用管理办法》,完善地下空间整体规划设计及供地体系,创设地上地下一体化开发、地表地下空间分层出让,赋能土地节约集约利用和地下空间科学规范开发
4	破产制度突破创新	(1)出台个人破产管理人名册管理办法、个人破产申请与审查工作实施意见、审理个人破产重整案件工作指引,建立个人破产申请前辅导机制; (2)构建院联动在线"一网通办"通道,便利法院与公安、工商、税务、不动产登记、人民银行及破产管理协会等共享数据,建设全国首个全面整合企业和个人破产信息,实现破产事务"一站式"办理的综合服务平台; (3)成功审结首例认可协助香港破产程序案件,裁定认可所涉香港破产程序及其清盘人身份,明确香港清盘人在内地履职范围,实现跨境破产协作
5	生态环境案件办理机制创新	(1)编撰完成大气、水、土壤、固体废物、噪声污染责任纠纷类案审理指南,统一法律适用、裁判尺度,打造审判质量标准化体系; (2)完善环境公益诉讼制度,制定地方性法规《深圳经济特区生态环境公益诉讼规定》,设立生态环境公益基金,实行慈善信托管理
6	行政复议职责统一行使	(1)实行一级政府只保留一个行政复议机关,市政府职能部门不再承担行政复议职责; (2)推进行政复议案件审理信息化,推动建立行政执法、行政复议、人民法院、人民检察院信息联通共享机制,并在"i深圳"App推出"掌上复议",让群众足不出户即能申请复议、查询进度、参加听证、参与案件调查等; (3)出台行政复议领域地方标准,统一办案程序、文书格式、服务保障标准、案件管理和行政复议咨询专家库
7	完善国际法律服务和协作机制	(1)深化跨境商事法律规则衔接,构建体系化的域外法查明与适用制度,搭建"法官+法律专家+香港地区陪审员"查明互补机制; (2)建立跨境仲裁协作机制,搭建粤港澳大湾区国际仲裁中心交流合作平台,完善国际仲裁合作机制,以合作方式引进多家国际组织和世界知名仲裁机构

(二)数字法治政府建设取得新进展

一是建立一整套快速响应机制。2023年,深圳继续落实精简审批,扎实推进投资项目审批制度改革，不断完善"核准备案秒报秒批一体化"智慧应用。围绕"建好一个平台、完善一张清单、建立一套标准、形成一系列机制"，深入推进党建引领基层治理民生诉求综合服务改革。围绕一张清单的管理，在以最小颗粒度编制4000多项职责清单的基础上，2023年，深圳动态调整了17批次935个事项，确保事事有人领、有人管、有人应，形成了一系列运行机制：快速响应机制，全面推广"24小时诉求快速响应"；快处快裁机制，定期针对新兴领域的新诉求开展会商研判，按照"最有利于解决诉求"原则判定责任主体，确保职责明晰、责任到位；"不满意重办"机制，把市民不满意的诉求发回责任单位重办，力争诉求真办结、问题真解决、群众真满意。

二是建立健全"执法监督码"工作机制。深圳市司法局开发了一款名为"执法监督码"App。该App集中展示了执法主体过去涉及企业的行政检查信息，从而使上下级执法主体能够快速了解本行业对企业进行的行政检查情况。这一措施有效地避免了"多头执法"和"重复检查"的问题。各级执法主体必须严格执行"扫码入企"制度，通过"码"实现涉企行政检查信息的共享和营商环境诉求的集中处理，以促进全市范围内涉企行政检查信息共享。市区司法行政部门与各级执法主体可借助"执法监督码"App，深化对涉企行政检查工作的分析与研判，进而为执法监督的精准实施、创新政策的制定、审慎监管的推行等提供坚实的信息基础。

（三）完善重大行政决策程序

一是出台重大行政决策程序实施办法。重大行政决策往往对经济社会发展有重大影响，涉及社会公共利益，事关改革发展和社会稳定大局。2023年1月，深圳市人民政府印发《深圳市重大行政决策程序实施办法》，全面实施重大行政决策程序有关法律规定。这一举措与深圳作为"改革之城"的发展需求相契合，针对改革过程中先行先试的探索性决策，如果未能达到预期目标或发生失误、错误，只要相关单位和个人遵循规定的决策和执行程序，将享有明确的责任减免保障。这标志着深圳在行政决策程序制度上的持续完善，通过法定程序构建行政决策的"防护网"，旨在不断提升全市行政决策的科学化、民主化和法治化水平，确保高质量的决策能够有力支撑深圳的高质量发展。①

二是加强重大行政决策事项目录管理。《深圳市重大行政决策程序实施办法》规定了重大行政决策事项实行目录管理，并规定了重大行政决策事项目录的范围、内容，以及公布的方式等。深圳市司法局指导、督促各区各部门制定年度重大行政决策事项目录及听证事项目录并完成挂网公示，深圳市人民政府办公厅编制印发《深圳市人民政府2023年度重大行政决策事项目录及听证事项目录》。2023年，深圳市司法局、财政局等各职能部门公布的重大行政决策事项达121项。通过加强重大行政决策事项目录管理，落实重大行政决策事项公众参与、风险评估、合法性审查等程序，制定重大行政决策事项目录并向社会公布，确保重大行政决策的科学性、民主性、合法性，提高决策的质量和效率，明确决策的责任。

三　不断提升行政执法质量，创新执法方式

为深入贯彻落实《法治政府建设实施纲要（2021—2025年）》，全面提升行政执法质量和效能，国务院于2023年出台《提升行政执法质量三年行动计划（2023—2025年）》，要求以提升行政执法质量和效能为目标，加快推进法治政府建设。深圳坚决贯彻党中央和国务院决策部署，全面落实行政执法"三项制度"，深入推进行政执法体制改革，加强行政执法协调监督，行政执法质量得到较大提升。

（一）健全行政执法体制机制

一是调整前海合作区综合行政执法体制。2023年9月，深圳市第七届人民代表大会常务委员会通过了对《深圳经济特区前海蛇口自由贸易试验

---

① 参见林清容、吴华升《〈深圳市重大行政决策程序实施办法〉施行 以法定程序构筑行政决策"防火墙"》，《深圳特区报》2023年2月17日。

片区条例》的修改，深圳市司法局发布《自贸区条例》（修正案征求意见稿）与修改说明，称第 10 条的修改是依法调整前海蛇口自贸片区综合行政执法体制的需要。该规定与 2022 年前海合作区综合行政执法体制以及前海蛇口自贸片区综合行政执法体制不一致，需通过立法修正案的方式予以删除。通过完善相关行政执法体制，前海合作区进一步推进法定机构职能优化协同高效。前海管理局主要负责区域规划建设、产业发展和招商引资等，辖区政府承担城市管理、社会管理和公共服务职能，保障辖区经济社会发展安全，全方位服务前海合作区发展大局。

二是完善金融监管执法机制。深圳高度重视金融业发展，2020 年，深圳率先出台《深圳经济特区绿色金融条例》，赋予地方金融监管部门在绿色金融领域部分行政处罚权限。在金融业方面，深圳更是凭借独特的地理位置和政策优势，成为全国金融业的领军者。2023 年，基于绿色金融法规，深圳筹划推动地方金融机构改革，并于 2024 年初成功将地方金融监督管理局转为地方金融管理局，健全金融监管执法机制，提高金融监管执法水平。

三是进一步优化基层综合行政执法体制机制。推进基层综合行政执法规范化标准化建设，组织开展街道综合行政执法评估工作。进一步明确各部门职责边界，加强部门之间的协调沟通，强化街道综合行政执法部门统筹协调作用。以龙岗区街道综合执法改革为例，龙岗区印发实施《龙岗区关于进一步提升街道综合执法改革效能工作方案》，一次性推出 20 条提升执法质效的具体措施，要求健全和落实街道综合行政执法改革配套制度，编制"清单式"执法指引和综合执法职责边界清单，进一步理顺监管和执法关系，确保执法流程运转高效，加速实现"一支队伍、一次上门、全面检查"的目标，进一步破解多头执法扰企顽疾。

（二）提升执法质量

在加大重点领域执法力度方面，一是深入开展道路交通运输安全执法领域突出问题专项整治。2023 年，深圳市交通运输行政执法支队聚焦道路交通运输安全执法中存在的"逐利执法"、执法不规范、执法方式简单僵化、执法粗暴、执法"寻租"等突出问题进行专项整治。二是市场监管部门开展民生执法领域"铁拳"行动。2023 年，深圳市市场监管局查办了一批与群众利益息息相关的违法案件，立案查办达 17266 件。食品安全保障水平稳步提升，评价性抽检合格率达 99.48%；工业产品质量监管持续加强，不合格品发现率 5.5%，同比下降 3 个百分点。完成 12 大类 1.09 万批次产品快检；开展燃气器具、"超标"电动自行车等 9 类重点产品专项整治，督促 5121 家生产销售单位落实质量安全主体责任。[①] 三是严厉打击高空抛物违法行为。深圳市公安局于 2023 年初组织开展高空抛物专项治理行动，制定下发《关于严防严查严办小区高空抛物违法犯罪的通知》《高空抛物坠物类警情处置执法指引》《社区民警指导防范高空抛物坠物行为工作指引》《住宅小区高空抛物安全防范要求》等规范制度。

在推进严格规范公正执法方面，一是完善行政执法程序。落实行政执法"三项制度"，通过"双系统"规范办理程序，开展案卷评查，提升执法效能。公布《深圳市市直单位行政执法减免责清单（第一批）》，到 2023 年 10 月，推动各执法部门累计适用行政执法减免责"四张清单"事项约 8900 次，减免金额约 30268 万元。二是推动政务公开。2023 年，深圳市人民政府主动公开政策性文件的解读率达 100%，及时公布 2023 年深圳市人民政府工作报告，公开市政府全体会议情况和市政府常务会议讨论决定的重大事项并实现视频播放方式全覆盖。加强重点领域和政务信息公开，及时公布市政府办公厅 2022 年度部门决算和 2023 年度部门预算信息，主动公开市政府办公厅 2022 年度政府信息公开工作年报、2023 年度法治政府建设情况报告和 2023 年度重大行政决策事项目录，共推动 1497 件建议提案办理任务全部按时完成。三是严格规范执法。完善执法全过程记录制度，通过文字、音像等方式，对立案、调查取证、审查、决定、送达、执行等行政执法活动进行记录并归档，每宗案件实现行政执法行为的全过程留痕和可回溯管理。

---

① 《深圳市市场监督管理局 2023 年工作总结和 2024 年工作计划》，深圳政府在线，2024 年 2 月 20 日，https://www.sz.gov.cn/szzt2010/wgkzl/jggk/lsqkgk/content/mpost_ 11150572.html。

（三）创新执法方式

一是深入推进"互联网+监管"执法。22家市直单位和各区通过市政务信息资源共享平台或国家"互联网+监管"平台报送数据累计3648万条。构建数字化"鸿蒙协同云平台"，探索推进知识产权高效协同保护处置工作机制改革，建立知识产权保护新模式。2023年11月16日，国家发展改革委、国家知识产权局正式发文推广该项工作。卫生健康部门建设"智慧卫监"新型"互联网+监管"综合信息平台，市场监管部门建立预付式经营主体监测预警平台。

二是开展"直播式"执法。龙华区司法局于2022年2月推出的"龙华'执'播"，是全国首个区级多领域执法移动直播平台，拓宽了执法监督与普法宣传渠道。通过建立"民意征集—确定主题—直播执法—及时复查"直播流程，直播前线上线下广泛征集民众意见，将"点单权"交给民众。南山区桃源街道开展"全民监督零距离，执法直播零纵容"生活垃圾分类专项执法直播行动，通过直播方式进行垃圾分类执法宣传。

三是全市推广"场景式"行政执法培训。2023年4月，由深圳市司法局主办、大鹏新区政法办承办的首次全市"场景式"行政执法培训在大鹏新区成功举办。"场景式"行政执法培训模式令人耳目一新，有效解决了传统培训针对性、实效性不足的问题，有助于执法人员更加直观地掌握执法业务知识、规范执法流程。组织特邀行政执法监督员参与案卷评查等活动20余场，生态环境部门运用污染源"在线纠错"科技手段执法，建筑施工"远程喊停"非现场监管新模式升级至3.0版，市场监管部门构建数字化知识产权行政司法协同保护云平台。

四　有效化解行政纠纷，维护社会稳定和谐

（一）加强行政调解工作

推广龙华区"1+3+6+36"行政调解模式以及市公安局、市市场监管局

行政调解经验做法。通过建立行政争议"府检联调"制度，龙华区人民检察院、龙华区司法局可以依法互相邀请参加案件的协调化解，推动行政争议源头化解、多元化解。针对疑难复杂的行政争议案件，龙华区人民检察院可派遣人员参与，协同推进相关行政争议的调解、解决工作。同时，针对行政机关行政争议频发的执法领域，龙华区人民检察院将适时提出检察建议，督促行政机关完善相关工作机制，以切实降低矛盾纠纷的发生频率，维护社会稳定和谐。

（二）加强行政复议工作

行政复议首选率超过 80%。印发《深圳市行政复议抄告规定》，健全行政复议机关与被申请人上一级主管部门的沟通机制。推进行政复议规范化、标准化建设，推出第一期类案审理意见，推动市区两级复议机关统一审理标准，探索实现复议文书的"无纸送达、当日送达、一键送达"、探索通过指定的政务邮箱向行政机关发送复议文书，在全国率先实现全市统一使用"行政复议专递"。[①] 2023 年，市本级新收行政复议案件 6180 件，受理后办结（含上年度结转）案件 5131 件（见表 2）；发出首份综合性行政复议建议书，共发出建议书 13 份；制定《深圳市行政复议抄告规定》，建立全市统一的抄告制度。

表 2 2023 年深圳市人民政府行政复议办公室办理行政复议案件情况

单位：件

新收行政复议案件					受理后办结(含上年度结转)案件						
受理	不予受理	告知处理	申请人撤回	总计	维持	撤销	确认违法	责令履行	驳回	终止	总计
5447	143	150	440	6180	2549	58	47	25	444	2008	5131

资料来源：《深圳市人民政府行政复议办公室办理行政复议案件情况（2023 年全年度）》，深圳市司法局网站，2024 年 1 月 4 日，https：//sf.sz.gov.cn/szsxzfywsfwpt/tjsj/content/post_ 11086026.html。

---

① 唐荣、李文茜：《深圳近九成案件在复议阶段得到有效化解》，《法治日报》2023 年 9 月 22 日。

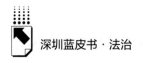

（三）加强和规范行政应诉工作

认真执行行政机关负责人出庭应诉制度。健全行政争议实质性化解机制，推动诉源治理。切实履行生效裁判，积极主动履行职责。认真做好司法建议、检察建议落实和反馈工作。出台《关于进一步加强行政应诉工作的指导意见（试行）》，提升行政机关负责人出庭应诉率。2023年，全市法院受理行政诉讼案件6198件（含旧存）。全市检察机关受理行政检察监督案件1984件，全市行政公益诉讼立案505件。①

（四）有序开展行政裁决试点

建立健全专利侵权纠纷行政裁决与司法衔接工作机制，办理专利侵权领域行政裁决案件43件，发布全国首例"知识产权行政禁令决定书"。政府在采购领域率先建立"三随机两公开一横一纵相互制衡"内控机制，率先将调解引入裁决机制，率先建立专家审理制度。

五　深圳法治政府建设未来展望

2024年是中华人民共和国成立75周年，是实现"十四五"规划目标任务的关键一年，深圳继续推动法治政府建设工作具有重大意义。

（一）持续加强党对法治政府建设的领导

践行习近平法治思想。旗帜鲜明讲政治、抓政治。深刻领悟"两个确立"的决定性意义，不断增强"四个意识"、坚定"四个自信"、做到"两个维护"，严格执行、坚决落实"两个维护"十项制度机制，不断提高政治判断力、政治领悟力、政治执行力，始终在思想上政治上行动上同以习近平

---

① 《深圳市2023年法治政府建设年度报告》，深圳市司法局网站，2024年6月24日，https：//sf.sz.gov.cn/ztzl/fzszjs/fzzfjskp/content/post_11128490.html。

同志为核心的党中央保持高度一致。① 持续学习贯彻近平法治思想，更加有力地统筹推进中国特色社会主义法治先行示范城市建设。坚定不移地推进全面从严治党，严格落实中央八项规定及其相关实施细则精神，确保各项规定得到全面贯彻执行。认真抓好巡视、巡察、审计等工作，发现问题及时进行整改，坚决纠正各种违规违纪行为，全面加强政府系统廉政风险防范。

（二）加大新质生产力发展的法治支持力度

一是扩大新质生产力发展的立法供给。牵头编制好市政府规章五年规划，把准新质生产力的立法方向、抓准立法重点、选准立法项目。加强重点领域和新兴领域立法，推动更多短小明快、精准管用的立法，把有限的立法资源用到解决突出问题上。加快推进《深圳经济特区战略性新兴产业和未来产业发展促进条例》《深圳经济特区光明科学城发展促进条例》配套措施出台，修改《深圳经济特区创业投资条例》等重要立法进程，有序推动修改《深圳经济特区中小企业发展促进条例》；密切关注河套深港科技创新合作区深圳园区建设，跟进做好法治保障，全力协助市人大推动《深圳经济特区河套深港科技创新合作区深圳园区条例》出台。

二是进一步优化法治化营商环境。落实《深圳市司法局关于高水平法治保障深圳高质量发展的若干措施》《深圳市国家知识产权保护示范区建设方案》。加强包容审慎监管和柔性执法，提升智慧执法效能。进一步完善和优化商事调解体系，深化诉源治理和多元化纠纷解决机制改革，制定并实施具有深圳特色的商事调解工作规范及商事调解配套制度，优化调解资源的配置，激发商事调解市场的活力，提升市场主体的信心，防范经营风险。

三是统筹推进中国特色社会主义法治先行示范城市建设。健全公共法律服务体系，努力让法治成为社会共识和基本准则。更新中国特色社会主义法治先行示范城市建设重点任务清单，抓好落实督办，积极探索具有中国特色

---

① 王伟国：《党内法规在"党对全面依法治国的领导"中的作用论略》，《法律科学》（西北政法大学学报）2023 年第 6 期。

的法治建设模式和路径。及时指导各区各部门提炼总结法治建设过程中形成的创新经验和工作亮点，遴选第二批中国特色社会主义法治先行示范城市可复制推广经验成果。抓紧推进与汕头、汕尾、河源三市法治建设结对提升工作，助推深圳法治经验"走出去"。

（三）持续推进一流法治政府建设

一是持续完善行政执法体制机制，更加全面提升政府依法行政水平。研究起草《深圳经济特区行政执法监督条例》，构建完善的行政执法监督三级工作体系；深入实施《提升行政执法质量三年行动计划》；在全市推广"场景式"行政执法培训。全面组建市政府行政复议委员会，建设全市复议机关共用的行政复议专家库，推进《深圳市人民政府行政复议工作规则》修改。

二是持续推进模范法治社会建设，更加努力增强人民群众的法治获得感。应用推广《行政执法过程中精准普法的工作指引》；推进海洋生态法治公园、东部海堤法治碧道建设，争创国家级法治宣传教育基地。抓好深圳市公共法律服务体系建设三年规划落实，整合各类服务资源进驻深圳市公共法律服务中心，为人民群众提供综合性一站式公共法律服务；推进刑事案件审查起诉阶段律师辩护全覆盖试点，有序开展《深圳市法律援助条例》修订工作。

三是持续推进涉外法治建设，更加倾力打造涉外法律服务示范高地。推动深港两地《法律合作安排》议定事项落地落实，并续签《法律合作安排》，与香港破产管理署签署《合作安排》。积极推进香港大学（深圳）法学院及高等法律研究院筹建工作，加快推动粤港澳大湾区涉外律师学院落户前海。立足区位特点、产业特点和法治资源分布特点优化布局，引进更多高端涉外法律服务机构。

四是持续加强执法监督，不断提升文明执法水平。主动接受人大监督和政协民主监督，坚持向市人大及其常委会报告工作、向市政协通报情况，认真倾听人大代表建议。发挥法治考评"指挥棒"作用，抓紧法治督察，提升依法行政水平，着力提高行政执法队伍素养与执法办案能力。依托信息化持续推动工作的规范化、标准化、法治化，不断创新执法方式，逐步实现全流程线上运行，提升法治建设质效。

五是持续助力更高水平的平安深圳建设，以新安全格局保障新发展格局。严格规范"减假暂"案件办理，优化办案模式；出台"法治监狱建设实施意见"，系统推进法治监狱建设；加强"智慧监狱""智慧戒毒"建设工作，推动监管场所整体改造升级。加强监社协作，深化刑罚执行一体化改造模式，探索建立分类矫正目录。推进社区矫正立法，依托市社区矫正学院开展社区矫正工作人员上岗培训和等级评定试点。

参考文献

崔璨、杨磊：《深圳综合改革试点 22 条经验全国推广》，《南方日报》2023 年 11 月 17 日。

陈小慧：《以创新支撑深圳发展》，《深圳商报》2024 年 1 月 2 日。

覃伟中：《政府工作报告——2024 年 1 月 30 日在深圳市第七届人民代表大会第五次会议上》，《深圳特区报》2024 年 2 月 7 日。

唐荣、李文茜：《深圳近九成案件在复议阶段得到有效化解》，《法治日报》2023 年 9 月 22 日。

王伟国：《党内法规在"党对全面依法治国的领导"中的作用论略》，《法律科学》（西北政法大学学报）2023 年第 6 期。

林清容、吴华升：《〈深圳市重大行政决策程序实施办法〉施行 以法定程序构筑行政决策"防火墙"》，《深圳特区报》2023 年 2 月 17 日。

B.10
深圳市"谁执法谁普法"履职情况调研报告

郑秀丽　王丹红[*]

摘　要：　"谁执法谁普法"普法责任制是普法工作的理念革新和制度突破，为我国普法工作的转型升级提供了关键性的指导。为健全普法宣传教育机制，落实国家机关普法责任，进一步做好国家机关普法工作，国家、广东省和深圳市都出台了关于"谁执法谁普法"的相关政策文件。深圳加紧深化落实"谁执法谁普法"普法责任制，积极推进实践基础上的制度创新，在普法工作上取得良好效果。但是，在落实"谁执法谁普法"普法责任制过程中，深圳仍面临执法主体的普法意识和能力有待增强与提升、"谁执法谁普法"的人员和经费保障有待加强、"谁执法谁普法"的监督考核机制有待完善等问题。为此，深圳应进一步开展精准普法，完善普法责任清单、精准识别普法对象、精准研定普法方式，以提升普法的针对性和实效性。

关键词：　"谁执法谁普法"　普法责任制　以案释法　精准普法

一　"谁执法谁普法"的理论基础、法律依据与政策要求

中共中央办公厅、国务院办公厅联合发布的《关于实行国家机关"谁

---

*　郑秀丽，深圳市司法局普法与依法治理处处长，主要研究方向为社会法治；王丹红，深圳市司法局普法与依法治理处科员，主要研究方向为社会法治。

执法谁普法"普法责任制的意见》（以下简称《意见》）明确指出，"国家机关是国家法律的制定和执行主体，同时肩负着普法的重要职责"。"谁执法谁普法"不仅是理念上的革新，还是制度上的一次重要突破，为我国普法工作的转型升级提供了关键性的指导。

行政机关是主要的执法体，在我国法律实施中占有重要地位，是"谁执法谁普法"的主要力量。但《意见》中的执法主体更为广泛，指法律适用机关或者法律实施机关，因而普法主体不再限于行政机关。需要明确的是，本报告的调研对象侧重于行政机关，主要内容是行政机关在行政执法过程中的普法责任和落实行为。

（一）"谁执法谁普法"的理论基础

"谁执法谁普法"是依法行政和法治政府建设的必然要求，法治社会建设也强调普法和执法的相互融合，有利于提高普法效果和实现行政目标。

1.依法行政和法治政府建设的必然要求

"谁执法谁普法"有助于推动依法行政和法治政府建设。首先，它要求执法人员必须懂法、守法，并严格按照法定程序行事，以提升其自律精神和法治素养。同时，国家机关需积极承担普法责任，形成学法、知法、用法、守法的良好氛围，为社会树立榜样，进一步推动依法行政的深入实施。其次，普法能提升行政相对人的法律素养，确保其有效参与行政程序、陈述申辩及监督行政执法，保障行政决定的合法性。《意见》鼓励行政相对人参与法律规则制定，强化其权力监督能力。行政相对人参与决策可监督执法机关依法行事，而"以案释法"则要求执法公开透明，有助于法治政府建设。最后，行政相对人与普法对象融合，提升了社会主体的权力监督能力。行政机关的工作人员代表国家和政府行使权力时，产生的责任由行政机关承担，他们并非直接责任承担者。"谁执法谁普法"普法责任制可以加强对行政机关工作人员的权力监督，具有明显的法治意义。

2.法治社会建设强调普法和执法的相互融合

法治社会建设注重社会共治，鼓励社会主体发挥自治作用。与传统管理型社会不同，法治社会需激发社会主体参与治理的积极性，挖掘自治潜能。我国高速发展的同时要应对社会矛盾的集中爆发，这需要党政主导，打破传统人情文化、政府管制思维等障碍。党政机关在普法中既要承担责任，也要做好引领，要成为协作普法的引导者和恪守法治的带头者，推动法治进程。执法与普法相辅相成，执法常态助普法持久，普法教育促执法规范，二者结合有效规制公权力，共同推动社会向法治化迈进。

3.提高普法效果和实现行政目标

普法工作坚持法治实践深度融合原则。普法应融入法治实践中，注重普法实效。普法工作者应不断提高法治宣传教育的针对性和实效性，力戒形式主义。"谁执法谁普法"建立在成本利益分析基础上，以更小的投入产出更大的效益，优化行政机关在普法工作中的配置，提高财政的利用率。"谁执法谁普法"制度强化利害关系人参与，通过针对性普法增强守法意识，增强法治实践效果。在我国，执法机关依系统、领域设立，专注于各自领域的法律执行与普及。这种专业性普法由执法人员对执法相对人和利害关系人进行，有针对性且高效。执法与普法相结合，确保了普法与当事人用法的紧密联系，避免了两者脱节。由执法机关普法，可以将专业普法和群众宣传相结合，普法有助于执法机关实现行政目标，行政执法应融合普法工作。

（二）"谁执法谁普法"的法律依据

在宪法层面，我国《宪法》第5条第1款规定："中华人民共和国实行依法治国，建设社会主义法治国家。""谁执法谁普法"普法责任制是提升普法教育、国家法治水平与增强公民法治意识的有效手段。在法律层面，从行政法角度来看，"谁执法谁普法"普法责任制符合程序正当原则，有助于实现公正性和可接受性。"谁执法谁普法"普法责任制体现了告知义务，是程序正当的重要表现。行政法律规范规定行政机关在执法时需履行告知义务，强调教育相对人的作用，并且要求具体行政行为的说理性。在行政法规层面，对于行政机关来说，也可以通过告知义务和说理性来达到普法目的。

（三）国家、广东省、深圳市关于"谁执法谁普法"的政策要求

为健全普法宣传教育机制，落实国家机关普法责任，进一步做好国家机关普法工作，国家、广东省和深圳市都出台了关于"谁执法谁普法"的相关政策文件。

1. 国家相关政策文件要求

2017 年 5 月，《关于实行国家机关"谁执法谁普法"普法责任制的意见》发布，明确了普法责任制的基本要求、职责任务。2017 年 9 月，《司法行政系统落实"谁执法谁普法"普法责任制实施意见》发布，明确了司法行政系统"谁执法谁普法"的主要任务、责任主体和重点内容。2021 年 6 月，《中央宣传部、司法部关于开展法治宣传教育的第八个五年规划（2021—2025 年）》（以下简称"'八五'普法规划"）发布，"八五"普法规划着重强调了"谁执法谁普法"普法责任制，并明确要求将普法工作融入执法过程中。

2. 广东省相关政策文件要求

2017 年 11 月，广东印发了《关于实行国家机关"谁执法谁普法"普法责任制的实施意见》，强调全省国家机关要把法治宣传教育融入法治实践全过程，创新普法理念和方式方法，切实增强普法的针对性和实效性等。2022 年 2 月，广东转发了《省委宣传部、省司法厅关于开展法治宣传教育的第八个五年规划（2021—2025 年）》，强调落实"谁执法谁普法"普法责任制，提出建立普法责任清单、进行年度履职报告评议和创新项目评选等措施，确保普法全面落实。

3. 深圳市相关政策文件要求

2021 年 9 月，深圳制定了《深圳市建设中国特色社会主义法治先行示范城市的实施方案（2021—2025 年）》，明确要在行政执法的全过程中积极宣传法律知识与法治理念，同时要发布行政执法过程中精准普法的工作指引，积极推动普法工作提质增效。2022 年 7 月，深圳转发了《市委宣传部、市司法局关于开展法治宣传教育的第八个五年规划（2021—2025 年）》，强

调对在行政执法过程中开展实时普法提出了明确的要求，如"在深圳法治地图开设法治头条专栏，探索以案释法和精准普法的有机融合"，着力提高普法的针对性和实效性。

二 深圳市"谁执法谁普法"履职现状及特点

深圳市加紧深化与落实"谁执法谁普法"普法责任制的探索和实践，着眼于提升普法系统性、针对性、实效性，积极推进实践基础上的制度创新，在普法工作上取得良好效果。

（一）"谁执法谁普法"责任制落实的基本情况

2018 年 1 月 23 日，深圳市政府六届一百零七次常务会议通过深圳市《关于落实国家机关"谁执法谁普法"普法责任制的实施意见》，该实施意见贯彻落实中央和省"谁执法谁普法"相关文件精神，明确了深圳市"谁执法谁普法"的责任主体，阐述了如何在立法、执法、司法过程中进行普法，并对联席会议、责任公告、报告评议、责任落实评价等一系列制度予以保障。

截至 2023 年，深圳市连续第五年开展"谁执法谁普法"履职报告评议活动，推动各有关单位将普法工作与法治实践相结合，对被评议单位履行普法责任制的情况进行了全面考察。2023 年，深圳市进一步优化"谁执法谁普法"履职报告评议活动机制，在全国率先将所有普法责任单位的履职报告进行网上公示，接受社会的监督，并将参加全程评议的单位数目提升了 20%。[①]

（二）行政机关落实"谁执法谁普法"普法责任制的实践特点

深圳市行政机关全面落实"谁执法谁普法"普法责任制，围绕普法责

---

① 《深圳市召开 2023 年国家机关"谁执法谁普法"履职报告评议会》，载微信公众号"深圳普法"，2023 年 12 月 7 日。

任制的机制建设、系统内学法用法、开展社会普法宣传、创新普法形式等方面开展普法工作，形成了部门分工明确、协同配合，全社会积极参与、齐抓共管的普法格局。深圳市行政机关将普法融入执法过程中，推动深圳市普法工作走在全国前列。

1. 建立健全普法领导和责任清单机制

为落实"谁执法谁普法"普法责任制，行政机关要制订本部门年度普法计划和制定普法责任清单，健全普法领导和工作机构，明确分管领导和责任人，建立日常普法工作台账。例如，市发展和改革委员会编印《普法责任清单》《领导干部应知应会法律法规清单》，明确普法内容、分解压实普法责任，切实做到年初有部署、年中有检查、年底有总结，确保普法工作有序开展、落到实处。

2. 坚持系统内普法和社会普法并重

"谁执法谁普法"要求执法人员具备普法素质，能传播法律知识和弘扬法治精神。执法机关和执法人员需深入学习法律法规，把握其精神实质和内在要求，以提高执法和普法质量。例如，市财政局不断加强系统内人员普法，提升财政干部依法办事能力和业务水平。全面学习行政处罚法，强化行政执法队伍管理。以现场培训和视频直播方式组织开展专题培训暨"以案释法"普法活动，提升财政部门行政执法能力和水平。市生态环境局组织开展执法专项培训。2022年，组织生态环境执法规范化培训、生态环境执法比武竞赛等执法专题培训10次。从日常监督执法、队伍能力建设、实战练兵、专项行动表现、公众满意度等五个方面开展执法练兵，组织1000余人次参加排污许可、执法文书、在线监测、无人机操作等培训，通过竞赛形式的练兵，大大规范了执法人员的查案办案流程，强化了执法人员的相关法律知识，促进了全市执法队伍整体办案水平的全面提升。

3. 探索创新普法形式和拓宽普法广度

普法工作应利用丰富的形式，建立全媒体传播体系，利用新媒体和"互联网+"精准普法，加强以案释法，通过微信公众号、微博、抖音等平台选取热议案件宣讲法律，实现有效普法。例如，市公安局通过深圳公安新媒体矩阵开展普法宣传。在"110 中国人民警察节""6·26 国际禁毒日""12·2 全国交通安全日"等重要时间节点，结合市公安局"局长信箱，接诉即办"、失联人员查找、反诈、禁毒、交通安全等各项工作，精心策划开展普法宣传工作。在"深圳公安"抖音号开设"解放路 4018""深圳警队不打烊""夏课时间"等短视频专栏，发布普法短视频 154 条；在"深圳公安"微信公众号开设"普法小课堂""反诈有方""防范有道"等专栏，累计发布普法微信推文近 100 篇；在"深圳公安"微博平台持续开展涉及维护国家安全、反诈、禁止高空抛物、反黄赌毒、个人安全防范等普法宣传，在后台与网民互动，累计回答网民普法相关问题超 1000 人次；市公安局交警支队通过其微博、微信、抖音、快手、头条号等平台就交通安全每天开展普法宣传，受到群众欢迎。2022 年在中央政法委第四届"四个一百"优秀政法新媒体评选中，"深圳交警权威发布"微信公众号，"深圳交警"微博账号、抖音账号均入围榜单。

4. 通过"谁执法谁普法"营造法治化营商环境

深圳市行政机关通过落实"谁执法谁普法"普法责任制做好行政相对人违法风险提示和法治辅导等服务型行政执法工作，切实营造法治化营商环境。例如，深圳市市场监管局采用多部门参与、多维度调研、多渠道传播、多形式运营四项举措不断创新普法形式，提升普法效果，"普法大篷车"至今已成功举办线下线上普法活动 10 场，先后走进天虹总部、南山知保中心、美团科技、迈瑞医疗、金拱门等深圳市重点企业，惠及食品、医疗器械、知识产权、新能源汽车充电设施等多个行业领域，社会反响良好，并实现单场普法活动线上观看直播的业内外人士突破"10 万+"，为营造法治化营商环境发挥了积极作用。①

（三）"谁执法谁普法"责任制落实的主要成效与经验

深圳市以执法带动普法，以普法促进执法，在增强普法主体力量、推动

---

① 《广东深圳市"普法大篷车"以案说法 助力农业合规经营》，载微信公众号"全国农业综合行政执法"，2023 年 3 月 17 日。

"谁执法谁普法"向纵深发展的同时，证明了"谁执法谁普法"是行之有效的普法途径。

1. 获得多项广东省"谁执法谁普法"创新创先项目

深圳市国家机关在落实"谁执法谁普法"普法责任制工作中涌现一批创新项目。例如，由深圳市城市管理和综合执法局（垃圾分类"蒲公英计划"普法项目）、深圳市龙岗区人民法院（"保护野生动物 拒绝异类宠物"普法宣传的深圳方案）及深圳市公安局（推广国家反诈中心 App 宣传普法项目）等单位报送的普法项目，分别获得了广东省 2020—2021 年全省国家机关"谁执法谁普法"创新创先项目的创新创先奖及优秀普法项目奖。深圳市普法办公室报送的"深圳市企业法务技能大赛"及《深度思维·大湾区法智汇客厅》粤港澳大湾区法治建设专题节目分别获得 2022~2023 年广东省国家机关"谁执法谁普法"创新创先工作项目及优秀普法项目。①

2. 通过普法工作增强了行政主体的普法责任意识

行政执法人员必须增强普法主体责任意识，将普法视为执法不可或缺的部分。在执法过程中，要自觉将普法融入其中，实现从消极应付到主动作为的转变，确保普法工作贯穿行政执法始终。只有这样，"谁执法谁普法"才能真正落地生根，成为行政执法的自觉行动，有力推动法治社会建设进程。将执法现场变成普法第一现场，可以有效加大与提升执法和普法的力度及效能。例如，市应急管理局与深圳电视台合作，通过"第一现场"栏目推出"城市安全哨"节目，重点曝光企业违法、隐患及问题，强化现场普法教育，督促企业守法并推动监管部门和政府履行职责。

3. 通过以案释法等形式增强普法的针对性和有效性

以案释法是通俗易懂的普法方式。行政机关管理广泛且复杂，公众难以及时了解相关规定，因此需要执法机关收集、整理典型案例，用易懂的语言发布执法依据，建立案例资源库，编制问答资料，发挥案例的引导和教育作用。例如，深圳市市场监督管理局在官网开设"以案释法"普法栏目，建

---

① 《深圳市多项普法工作再获省级表彰！》，载微信公众号"深圳普法"，2023 年 12 月 8 日。

立单位以案释法案例库，定期面向社会公众发布以案释法典型案例，近年来上报市普法办典型案例 26 个，其中被省普法办采用了 3 个；深圳市生态环境局加强环境违法典型案例和法治宣传活动案例的收集、整理、报送工作，进一步增强以案释法的针对性、可读性和有效性。

三　深圳市"谁执法谁普法"面临的挑战

深圳市各级行政机关及部门在推进"谁执法谁普法"普法责任制方面成效显著，但仍需应对一些存在的挑战，以进一步提升普法工作的全面性和深入性。

（一）执法主体的普法意识和能力有待增强与提升

部分深圳市行政机关负责人和执法人员对普法工作重视不足，视执法工作为主业、视普法工作为副业，未将普法融入执法中。在执法时，他们往往仅针对问题宣讲法律条文，而未充分解释法律意图和当事人权益。由于行政相对人通常更关注法律结果而非原因，一些执法人员便偏重执法过程，忽视了普法工作，导致执法与普法在时间和空间上分离。这种做法不仅影响了普法效果，也损害了当事人的合法权益，亟待改进。

（二）"谁执法谁普法"的人员和经费保障有待加强

实施"谁执法谁普法"普法责任制后，机关普法任务更为艰巨，但现有的人力、物力保障与新形势的要求存在差距。一些单位无专职普法人员，经费也缺乏专款专用，导致普法工作难以实施。如何在不增加负担、不挫伤积极性的前提下，优化人员配置、落实经费保障，是普法责任制落实面临的现实问题。《意见》规定，执法机关需普及习近平总书记和党中央关于全面依法治国的重要论述和重要部署、宪法精神、职责相关法律及党内法规，普法内容广泛，不再限于所执行的法律法规。这种丰富性增加了执法机关的普法压力，要求它们不仅注重本部门法律法规的宣传，还要传播法治建设的理念和党内法规。

执法机关在普法实践中的角色和责任一直是争议的焦点，尤其是关于普法对象与内容的界定。理想主义者主张全面普法，但这种方式的实施难度和目标设定过于宏大，普法责任难以落实，普法目标不切实际。为提升普法效果，执法机关不仅要公开相关法律法规和规章，还应将重点执法事项的具体要求公之于众，真正做到透明执法。将普法融入执法过程，需要大量人力物力进行配合。行政机关普法责任由集中转为分散，导致普法经费分散，而经费分配与普法工作积极性相关。

（三）"谁执法谁普法"的监督考核机制有待完善

普法质量评估旨在衡量执法主体的普法工作，通过考核评估体系发现问题、提出整改方向；普法效益则关注执法主体普法所带来的直接和间接效益，包括提升依法行政能力、提高群众普法知晓率和满意率、提高全社会法律素养和法治信仰等。两者共同强调执法主体普法工作的整体社会成效。大多数"谁执法谁普法"工作评估侧重于执法主体内部的普法工作绩效考评，也就是普法质量，而对普法效益的重视度不够或无法对普法效益进行客观测评。

普法质量评估的基本指标、指标分解、指标权重和量化方法等缺乏统一标准，考核机制与普法特点不符，指标操作性和灵活性不够，对普法效果的考察不足，且重横向比较轻纵向变化。同时，监督考核机制过于注重形式，激励机制和问责整改机制不完善。监督考核机制重普法形式轻实效，仅关注"谁执法谁普法"方案、普法责任清单及活动开展等，普法实际效果及提升相对人、执法机关的法治素养非评估重点，可能导致普法流于形式，效果有待提升。

四 深圳市开展精准普法的相关建议

精准普法要求行政执法人员在实施各类行政执法行为时，有针对性地向行政相对人和利害关系人解释法律依据。为实施精准普法，需细化普法责任清单，明确普法实施主体、对象、内容和方式，将普法嵌入执法流程，特别是针对与群众紧密相关的行政执法行为，应提供具体、明确、可操作的普法安排与指引，以提高执法公信力和普法实效性。通过落实"谁执法谁普法"普法责任制，将单位责任落实到个人和执法过程中，推动行政执法与普法的深度融合。

（一）完善普法责任清单

建立普法责任清单是"谁执法谁普法"普法责任制的要求，行政机关需根据工作特点和执法任务，明确普法重点、法规、对象、责任单位、预期目标等，以清单形式列出，明确普法主体责任和工作要求，实现可量化和可考核，划定普法工作的"责任田"。

完善普法责任清单需确保内容完整，明确共性及个性责任，并逐级细化任务、压实责任。清单应涵盖普法内容、法规、对象、方式、责任单位、目标及时间安排等。共性责任包括宣传依法治国理论、部署、党内法规、宪法及新出台的重要法规等；个性责任则要求各部门突出宣传与履职相关的法规。上级政府及行政部门应制定普法责任总清单，各职能部门则根据总清单制定具体清单，以落实普法责任。

（二）精准识别普法对象

我国80%的法律、所有的行政法规和90%的地方性法规都是由政府来执行的。执法机关成为普法责任主体，在行政执法过程中开展普法工作，针对性更强，能有效激发当事人的学法积极性。行政执法行为作为精准普法的主要载体，是指行政主体依照行政执法程序及有关法律法规的规定，对具体事件进行处理并直接影响相对人权利与义务的具体行政法律行为。因此，在行政执法过程中开展精准普法的工作对象是行政执法人员在行政执法过程涉及的当事人和利害关系人。

精准识别普法对象是做好普法工作的关键，需要注意两点。一是要准确识别普法对象，即当事人和利害关系人，并非全体公民。当事人是指在行政管理法律关系中，与行政主体相对应的，其权益受到行政主体行政行为影响的个人、组织。利害关系人是指与行政执法行为存在利害关系的其他公民、法人或其他组织。二是要了解普法对象的特点。行政执法量大、面广，其涉及的普法对象来自不同地区、部门、行业，在性别、年龄、受教育水平等方面均存在差异，为确保行政执法过程中普法的实效性，普法主体要了解普法对象的实际情况和特点，有针对性地开展法治宣传。

（三）精准研定普法方式

普法宣传要想取得长久实效，需不断探索具有针对性、时代性、持续性的普法方式。行政执法过程中精准普法的主要方式有四种：其一，主动告知式，执法人员在执法时通过各种方式主动向相关人员普及法律内容；其二，答疑解惑式，对于相关人员提出的疑问，执法人员应有针对性地解答；其三，释法说理式，对于复杂、特殊、分歧大的案件，执法人员或其部门应从立法精神等方面进行深入解释；其四，行政约谈式，执法人员通过约见或登门的方式，对相关法人代表或领导进行深入的普法约谈。这四种方式共同构成了行政执法过程中的精准普法体系，有助于提高执法透明度，增强公众法律意识，促进法治社会建设。

在具体的执法普法实践中，有两点需要注意。一是普法方式的选择。行政执法人员应当根据普法对象、普法时间、普法区域、普法热点，结合法治宣传各种方式方法的优势和特点，选择恰当的普法方式。二是普法方式的转变。行政执法过程中所涉及的当事人、利害关系人的法律需求和认知规律不一，执法人员在讲解的方式上要摒弃生搬硬套，有所转变，应通过耐心讲解并且与当时案件相结合，用通俗易懂的语言普法，让老百姓真正明白其中的法律道理。对于矛盾比较尖锐的冲突，则应该先让当事人保持冷静，在情绪稳定后心平气和地讲解方法让其学会用法律途径来解决问题。

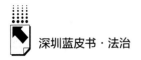

参考文献

张鸣起：《论一体建设法治社会》，《中国法学》2016 年第 4 期。

方世荣：《论我国法治社会建设的整体布局及战略举措》，《法商研究》2017 年第
2 期。

何登辉：《论国家机关"谁执法谁普法"责任制的实施问题》，《中国司法》2017 年
第 4 期。

王晓晨、贺炯：《国家机关"谁执法谁普法"责任制研究》，《学理论》2017 年第
7 期。

杨伟东：《落实"谁执法谁普法"，推动普法转型升级》，《人民论坛》2017 年第
17 期。

缪平、吉宏莉：《关于建立执法主体普法质效评估指标体系的思考》，《中国司法》
2018 年第 5 期。

陈思明：《"谁执法谁普法"普法责任制的法治思考》，《行政法学研究》2018 年第
6 期。

徐继敏：《以行政"谁执法谁普法"划清普法"责任田"》，《人民论坛》2021 年
第 4 期。

石慧芬：《"谁执法谁普法"工作机制研究》，《文化学刊》2022 年第 10 期。

马迅：《法治国家进程中的普法模式研究》，《安徽大学学报》（哲学社会科学版）
2023 年第 4 期。

B.11
深化破产改革背景下深圳破产事务
管理机构的功能定位及实现路径

张洁波 张馨予*

摘　要： 在社会主义市场经济体制下，破产制度是有效解决市场主体救治和退出问题、优化营商环境的重要抓手。在国家着力推进破产改革的背景下，深圳通过设立专门的破产事务管理机构，建立了"四位一体"的破产办理体系。针对当前破产办理机制中存在的问题，应当进一步释放破产事务管理效能，促进破产事务管理机构职能法治化、多元化，推动破产事务管理机构成为优化营商环境、推动经济高质量发展的新引擎。

关键词： 破产改革　破产事务管理机构　个人破产　营商环境

2019 年起，中共中央印发一系列文件，赋予深圳"推进破产制度和机制的综合配套改革，完善自然人破产制度"的重任。随着《深圳经济特区个人破产条例》（以下简称《个破条例》）的实施，深圳以高标准、高效能、高质量推动个人破产改革试点，设立了内地首家破产事务管理机构——深圳市破产事务管理署（以下简称"市破产管理署"），深入推进个人破产的"破冰"探索。由此，深圳正式建立了"法院裁判+政府管理+管理人执行+公众监督"四位一体的破产办理体系。市破产管理署成立三年来，在推动各项改革举措落地实施的同时，在实践中不断探索破产事务管理机构的角

---

* 张洁波，深圳市破产事务管理署署长，主要研究方向为地方立法、法治政府、破产法；张馨予，深圳市破产事务管理署初级主办，主要研究方向为破产法。

色定位和功能实现路径。在深化破产改革的背景下，深圳有必要进一步夯实破产事务管理的法治基础，充分发挥破产事务管理机构的功能，完善破产程序监管、破产公共服务提供、《个破条例》实施环境优化等方面的配套机制，从而为破产制度的实施和破产改革的推进保驾护航。

一 深圳设立破产事务管理机构的探索与实践

（一）设立破产事务管理机构的制度探索

从域外实践来看，个人破产案件数量往往远超企业破产，普遍达到破产案件总量的90%以上，个人破产申请数量一般约为人口的1‰。① 此外，针对个人破产案件除审判之外的大量事务性工作，如管理人监督管理、债务人咨询辅导、清偿期监督等，英美法系及部分大陆法系国家和地区在法院之外设置了专门机构履行相关破产事务管理职责。《个破条例》参考域外实践经验，结合个人破产办理的实际需要，明确规定个人破产事务的行政管理职能由市人民政府确定的工作部门或者机构行使，并赋予破产事务管理机构具体职责。总体而言，《个破条例》关于破产事务管理机构职责的规定具有以下特点。一是连贯性。破产事务管理机构的履职贯穿于个人破产案件办理全过程，从案件受理前、破产程序中以及程序终结后的考察期、执行期都体现了破产事务管理机构的深度参与。二是全面性。个人破产案件涉及多方主体，破产事务管理机构实施管理和提供服务的对象包含破产程序内的债务人、债权人、管理人以及社会公众，并且还负责协调政府相关部门共同完善破产办理机制。三是独立性。破产事务管理机构事务管理与法院破产审判相互独立、双向协同。实践中，破产事务管理机构天然具有司法审判辅助职能，但更重要的是行政管理先导性干预突出优势的发挥。例如，破产事务管理机构可通过推动完善破产办理配套制度乃至优化市场经济制度、强化对管理人与

---

① 《个人破产制度试点的"深圳模式"》，载微信公众号"民主与法制周刊"，2022年6月21日。

债务人的监督管理、破产信息登记与公开等途径，有效防范破产欺诈，提升破产办理质效，优化破产法律法规实施体制机制。

（二）市破产管理署取得的成效

《个破条例》实施三年来，市破产管理署依法全方位、多维度、系统性夯实破产事务行政管理职责，在优化破产办理"府院联动"机制、建立健全个人破产事务管理配套制度体系、保障个人破产案件高效有序办理等方面的探索，丰富了个人破产改革试点的实践成果和示范经验，取得了阶段性成效。

1. 强化破产办理"府院联动"机制

形成高效协同的"府院联动"机制是行政和司法合理分工、有效衔接的体现，也是保障破产程序有序推进的关键。市破产管理署主动与相关部门加强合作，并推动成立了个人破产事务管理领导小组，在破产信息与信用信息公示、债务人经济状况核对共享、破产档案管理和处置等方面，会同个人破产事务管理领导小组各成员单位，以联合发文、签订合作协议等方式不断丰富"府院联动"成果。2022 年 12 月，市破产管理署与市中级人民法院、市发展和改革委员会等 25 家单位联合印发了《关于创新推动破产事务高效办理 进一步优化营商环境的意见》，解决破产事务办理的难点堵点问题，提升办理破产工作质效。

2 创新推动破产审判辅助事务集约化处理

保障破产案件高效有序办理，是破产事务管理机构主要职责之一。市破产管理署成立以来，坚持监管与服务双管齐下，助力优化破产办理机制。一是提供高质量破产咨询与援助服务。通过建立个人破产申请前辅导制度、提供多种形式的破产咨询服务等方式，引导债务人规范提出个人破产申请。截至 2024 年 3 月，累计组织 2888 人次参加辅导，极大提升了个人破产申请审查效率。[①] 二是协助防范个人破产欺诈行为。在个人破产程序终结、案件进

---

① 《提升申请前辅导服务质效，护航个人破产改革试点》，载微信公众号"深圳司法"，2024 年 3 月 21 日。

入考察期和执行期后，采用线上与线下相结合的方式，通过日常审核信息申报情况、实地走访等形式开展债务人监督，督促和引导债务人自觉履行破产程序义务。三是探索个人破产委托和解。成功办理全国首宗个人破产委托和解案件，人民法院依法裁定认可和解协议，推进《个破条例》有关委托和解规定的落地实施和实践运用，推动个人破产领域建立矛盾纠纷多元化解机制。

3.强化行政管理提升破产办理质效

破产事务管理机构履行破产行政管理职能是以维护市场秩序和社会公共利益为导向的，通过优化社会资源配置、强化社会管理、构建破产公共服务体系，可以有效提升破产制度实施的社会效果。市破产管理署坚持制度先行、规范管理，一是"全链条"构建个人破产管理人管理机制，强化管理人资质管理、履职保障、业务指导、监督考核等配套工作制度建设，并依法有序开展管理人名册编制、办案人选提出、业务培训、履职监督等工作，规范管理人履职行为，不断提升管理人作为个人破产程序推动者的履职能力。二是完善信息登记、公开与共享机制。在印发个人破产信息登记与公开办法，推进信息申报、登记、公开全流程规范管理的基础上，深度拓展信息公开渠道，实现破产信息在市个人破产信息公开平台、"i深圳"App等平台依法向社会公众公开。同时，梳理形成个人破产信息共享目录，推进个人破产数据共享与应用系统建设，促进破产事务智慧化管理。

二 当前破产事务管理机构履职中面临的主要问题

（一）破产审判与破产事务管理职责需要进一步厘清

将现行《中华人民共和国企业破产法》规定的由法院行使的破产事务管理权赋予专门的破产事务管理机构是《个破条例》的重大创新。由于《个破条例》关于破产审判与破产事务管理的职责边界不够清晰，配套措施不够完善，与此同时，法院和破产事务管理机构在破产办理过程中存在大量的交叉工作，如何实现破产审判与破产事务管理高效协同是一个现实问题。一是职责边界需要厘清。例如，在对管理人履职、债务人履行义务情况进行监督存在职责交叉的情况下，需要清晰界定破产事务管理机构与法院的职责。二是履责协同亟须加强。例如，在协助防范个人破产欺诈时，涉及债务人及利害关系人信息核查、刑事责任追究等情况时，需要在明确职责分工的同时完善协同机制，实现破产欺诈风险防范效果最大化。

（二）破产办理机制中亟须夯实破产事务管理机构创新职能

目前，市破产管理署职能配置的主要依据是《个破条例》的相关规定。此外，市委深改委 2022 年 3 月印发的《深圳市全面深化破产制度改革实施方案》也赋予了市破产管理署承担或参与有关企业破产改革、探索跨境破产协作机制、全面加强"府院联动"机制、健全反破产欺诈机制等领域的改革职能。结合当前深化破产改革的需求，市破产管理署的职能配置需要通过完善配套制度，来进一步实现机构职能法定化、多样化。一是实施个人破产事务管理的抓手。当前，由于未被赋予执法权，市破产管理署对债务人及管理人的指导和监督欠缺抓手。例如，市破产管理署对管理人的监管手段主要体现在对管理人机构资质的管理，但管理措施仅有除名和暂停资格，实践中对管理人违法行为的调查和定性往往需要依托法院的先行判断，管理措施的约束力不足，监管效率较低。二是夯实企业破产事务管理职能。实践中，大量企业破产案件涉及税务、土地资产处置、员工安置等需要协调、联动各行政职能部门的事务，但法律并未赋予市破产管理署有关企业破产事务管理的职能，导致市破产管理署在参与和推进企业破产改革工作时面临重重困难。因此，在发展新质生产力、推进中国式现代化的大背景下，亟须从法律层面尽快明确市破产管理署处理企业破产事务、推动企业破产程序的职能依据。

（三）破产事务管理机构优化《个破条例》实施环境的效能亟须释放

实施破产制度对保护市场主体具有重要意义，但由于社会各界对破产制度的法律价值普遍存在认识不足的问题，在一定程度上影响了《个破条例》

的实施效果。从实践情况来看，主要体现在以下两个方面。一是社会公众对于《个破条例》的认知亟须转变。受传统观念影响，社会上仍然存在个人破产等于"逃废债"，或者进入个人破产程序可以实现"躺平"的认知，导致破产办理工作的推进受到较大阻碍。二是相关部门协同办理破产的主动性仍需提升。当前，在提升破产制度实施效果和优化破产办理机制等方面，相关部门、金融机构尚未充分凝聚共识。例如，现行有关规定对金融机构减免本金做了严格限制，实践中金融机构债权人难以表决通过合理的债务清偿方案，也不利于个人破产制度核心价值的实现。这些问题需要由破产事务管理机构协同相关部门推动解决。破产事务管理机构作为破产公共服务的主要提供者，在履职中承担着优化《个破条例》实施环境的职责。因此，释放破产事务管理机构优化《个破条例》实施环境的效能，充分利用行政力量纠正社会对《个破条例》的错误认知，为优化破产办理机制汇聚合力，是当下推进破产改革、营造一流营商环境的重要举措。

三 破产事务管理机构功能实现的路径

（一）以法治政府理念筑牢破产事务管理的法治基础

国家发展和改革委员会等 13 部门联合印发的《加快完善市场主体退出制度改革方案》中明确指出，在总结完善司法与行政协调机制实践经验的基础上，进一步明确政府破产行政事务管理职责。[①] 破产事务管理机构是"法院裁判+政府管理+管理人执行+公众监督"四位一体的现代化破产办理体系中的重要主体。因此，未来在国家破产法律体系完善过程中，应当进一步明确破产事务管理机构履行职责的法律依据。具体而言，首先，应在有关立法中明确规定破产事务管理机构在破产办理机制中的角色和承担的具体职责。其次，应当进一步厘清破产审判权和破产事务管理权的职责边界，建立

---

① 《加快完善市场主体退出制度改革方案》第（四）项："完善破产法律制度。"

分工合理、职责清晰的权责清单，夯实提升破产办理质效的基础。最后，应当在立法中明确破产事务管理机构在破产程序中统筹处理行政事务、协调相关部门完善破产办理机制的职能定位，同时压实破产事务管理机构、法院以及各相关职能部门关于建立"府院联动"机制、优化破产办理的有关责任和义务，构建法定化的"府院联动"机制。

（二）明确破产事务管理机构在推进破产程序中的作用

深化破产改革是优化营商环境的重要途径，参考域外破产事务管理机构的发展趋势和实践情况，在破产程序中，破产事务管理机构扮演的角色主要包括以下三种。

第一，破产管理公共政策的制定者。破产制度的有效实施需要由破产事务管理机构在法定职能范围内建立全面、系统的破产事务管理配套制度体系，通过制定具体的操作流程引导破产程序依法有序推进。此外，作为破产办理体系中实施管理的主体，破产事务管理机构相较于其他政府职能部门，在汇集破产数据、评估法律实施情况方面具有天然优势。这些数据不仅对完善破产法律体系具有重要意义，而且对政府制定经济和社会管理政策、实施优化营商环境有关举措具有实证分析价值。因此，在立法参与和政策制定方面，应当发挥破产事务管理机构的职能优势，助力优化完善社会治理、促进高质量发展的法律和政策体系，实现《个破条例》实施效益最大化。

第二，破产程序有序推进的监管者。如前文所述，在监管抓手不足的情形下，市破产管理署实施监管的效能受到一定限制。从监管职能拓展的层面看，一是在被赋予执法权及相关职责的基础上，探索破产事务管理机构在企业破产领域的职能，具体可包括企业破产管理人的管理、参与推进企业预重整、协调完善信用修复机制、协助拓宽企业重整融资渠道等。二是在市场化管理人缺位的情况下，破产事务管理机构可以探索作为破产程序的临时管理人，或在破产案件中履行公职管理人职责，保障破产程序有序推进。

第三，破产公共法律服务的提供者。世界银行营商环境评价体系"商事破产"的指标着重评估破产程序中有关专门机构是否提供基础设施与法

治保障条件。① 因此，应当进一步发挥破产事务管理机构提供多元化公共服务产品的职能优势，拓展破产公共服务的深度和广度，包括对困境企业实施重整提供援助、提升管理人履职便利性、建设破产智慧化服务平台等破产公共服务职能，建立稳定可预期的规范化、现代化破产公共法律服务体系。

（三）发挥破产事务管理机构引导优化破产法治环境的功能

破产程序设立的目的在于使处于困境的市场主体"涅槃重生"，使失败的市场主体"规范退出"。良好的破产法治环境是保障破产程序有序推进的基础。在破产程序之外，需要发挥破产事务管理机构的作用，一方面要凝聚政府内部各部门及金融机构关于推进破产改革的共识；另一方面要引导社会公众正确认识破产法律制度的保护属性。具体而言，一是要发挥破产事务管理机构的引领作用，在信用修复、金融协调、法律责任追究等方面建立常态化协调机制，协力推动清理有关妨碍破产办理和营商环境优化的政策。二是要推进破产法律文化建设，进一步强化破产法律理论研究，总结破产法律适用经验，注重宣传个人破产制度价值和典型案例，改变社会各界对破产制度的偏见，引导公众正确认识破产制度保护、预防和重整等功能，为《个破条例》实施打造良好的法治基础。

当前，在破产改革的背景下，破产事务管理机构在深圳的实践走出了推进破产事务专门化、集约化管理的第一步。未来，应当从制度层面准确定位破产事务管理机构在"四位一体"的破产办理体系中的角色，进一步完善破产事务管理配套制度体系，发挥破产事务管理机构在引导社会正确认识破产制度，助力营造良好破产法治环境各项工作中的作用，为破产制度的有效实施提供坚实保障。

---

① 参见《世界银行营商环境新指标的法治内涵及其价值》，"中工网"百家号，2023 年 7 月 6 日，https：//baijiahao.baidu.com/s? id = 1770652016817069255&wfr = spider&for = pc。

参考文献

张世君：《破产行政化的理论阐释、功能反思与制度应对》，《政法论坛》2023 年第 2 期。

杜万华：《深入推进破产法律实施积极补齐市场机制短板》，《人民司法》（应用）2017 年第 19 期。

陈夏红：《破产法的宪法根基》，《法学评论》2022 年第 3 期。

徐阳光、武诗敏：《企业拯救文化与破产法律制度的发展——基于英国破产制度最新变革的分析》，《山西大学学报》（哲学社会科学版）2021 年第 1 期。

司法篇

B.12
粤港澳大湾区民事诉讼规则衔接和机制对接研究

深圳市中级人民法院课题组*

摘　要：　粤港澳大湾区具有"一国两制三法域"的显著特点，积极推进民事诉讼规则衔接和机制对接，既有利于促进法治互学互鉴，丰富"一国两制"法治实践，也是满足市场主体多元解纷需求、推动大湾区高质量发展的必然要求。应针对涉外涉港澳台纠纷管辖、民事诉讼规则衔接、域外法查明与适用、区际司法协助等实践中的难点堵点问题，打破传统规则限制、制度边界，依法稳妥扩大涉外涉港澳台民商事案件管辖权，探索大湾区商事调解协议互认机制，创新域外法律查明与适用机制，由点及面完善内地与港澳司法协助体系，更好推动大湾区高质量发展。

关键词：　大湾区　规则衔接　机制对接

---

* 课题组成员：张应杰、黄志坚、卞飞、黄振东、成少勇、田娟、刘月、谢雯、颜慧婷、潘泽玲。执笔人：成少勇、田娟、刘月、谢雯、潘泽玲，均为深圳市中级人民法院法官。

中共中央、国务院印发的《全面深化前海深港现代服务业合作区改革开放方案》明确提出，探索不同法系、跨境法律规则衔接。最高法《关于支持和保障全面深化前海深港现代服务业合作区改革开放的意见》也把"推动规则衔接和机制对接"作为重要内容，提出要完善域外法查明和适用机制，建设国际商事争议解决中心，构建港澳法律服务参与诉讼机制。2023年，课题组以深港民事诉讼规则衔接和机制对接为切入口，全面梳理实践中存在的突出问题、障碍，提出对策建议，以期推动提升法律事务对外开放水平，打造市场化、法治化、国际化一流营商环境。

一　大湾区民事诉讼规则衔接和机制对接的重要意义

（一）有助于丰富"一国两制"法治实践

"一国两制三法域"是粤港澳大湾区最显著的法律特征，大湾区建设面临着观念不同、制度差异、法律冲突与体制叠加等制约条件。推动规则衔接和机制对接，有利于把坚持"一国"原则和尊重"两制"差异有机结合起来，破除法域不同、制度差异带来的障碍，以更大力度冲破大湾区发展中的制度性藩篱，丰富"一国两制"法治实践。

（一）有助于推动大湾区融合发展

法治是粤港澳三地融合发展的最大公约数。坚持法治思维和观念，通过制度和体制优势叠加，推动规则衔接和机制对接，有利于借鉴港澳在法治建设方面的成功经验和资源，提升大湾区法治交流合作水平，促进各类要素在大湾区内高效便捷流动，助力香港、澳门融入国家发展大局。

（三）有助于营造市场化法治化国际化营商环境

粤港澳大湾区要比肩世界级大湾区，必须不断优化和营造市场化法治化国际化一流营商环境。推动规则衔接和机制对接，有利于借助港澳与国际接

轨的人才和法律专业服务经验和优势，推动粤港澳在律师、仲裁等法律服务业方面全面合作，促进法治规则互学互鉴、共通衔接，推动粤港澳携手打造国际法律服务和商事争端解决中心。

（四）有助于满足市场主体多元解纷需求

随着粤港澳投资经贸、金融、科技等领域合作拓展深化，人员往来更加频繁密切，粤港澳商事主体快速解决纠纷、实现合法权益的司法需求将更加旺盛。推动规则衔接和机制对接，有利于妥善化解跨境民商事纠纷，促进司法裁判和仲裁裁决在粤港澳大湾区一体执行，最大限度化解跨境纠纷，满足市场主体多元司法需求。

二　关于扩大涉外涉港澳台纠纷管辖权

随着我国扩大开放战略的实施，越来越多的跨境商事活动需要我国司法体系提供更加积极主动的保护，从而在国际商事竞争中得到更加有力的支撑。适当扩大对涉外商事案件的诉讼管辖权，有助于为我国在国际交往和跨境经贸关系中争取更多的司法主权。

（一）扩大涉外涉港澳台纠纷管辖权的难点

1. 内地法院跨境商事纠纷管辖理念较为保守

美国等西方国家在涉外商事管辖方面，实行的是"长臂管辖"原则，即无论被告是否在该国有住所，只要与该国有某种最低限度的联系，该国对涉及上述被告的相关纠纷就有管辖权。目前，在涉外商事案件管辖权的判断方面，我国采取严格保守的"最密切联系"管辖原则，未能确立积极主动管辖的理念。这意味着，对于与我国没有"实际联系"或者只有"最低联系"的涉外商事纠纷，即便当事人选择我国法院进行审理，也通常不予管辖。

2. 扩大跨境商事案件管辖范围缺乏明确法律依据

现行法律体系下，涉外涉港澳台商事案件管辖必须符合《民事诉讼法》规定的六类连接点，包括合同签订地、合同履行地、诉讼标的物所在地、可供扣押财产所在地、侵权行为地、被告代表机构。但这六类连接点覆盖面过窄，不能完全适应我国开放型经济发展的需要。

（二）推动扩大涉外涉港澳台民商事案件管辖权的对策建议

1. 放宽管辖连接点认定标准积极受理涉外商事案件

增加"适当联系"标准作为国际管辖权基础，适度扩大保护性管辖权，积极维护我国司法管辖权，保障我国公民、法人和非法人组织的海外合法利益。同时兼顾国际礼让，避免以"最低限度联系"过分扩张管辖权而产生冲突。

2. 探索管辖虽无连接点但当事人约定管辖的涉外商事纠纷

通过个案探索的方案先行探索，尊重当事人意思自治，逐步放宽涉外协议管辖的限制，审慎稳妥受理没有法定连接点，但当事人约定管辖的涉外涉港澳台商事案件，为我国在国际交往和跨境经贸关系中争取更多司法管辖的主动权、主导权。

3. 通过个案探索培育具有引领示范效应的涉外司法管辖裁判

截至2023年底，全市法院尚未受理完全与我国内地没有连接点但当事人约定管辖的商事案件，亟须一定程度的案例引导和培育。因此，可以考虑先行对离岸公司的跨境商事纠纷进行管辖，逐步形成具有认可度和影响力的裁判，吸引国际商事主体将深圳作为国际商事争端解决的优选地。

三　关于推进粤港民商事诉讼规则衔接机制

（一）粤港民商事诉讼规则衔接的难点

1. 粤港跨境案件送达程序烦琐、周期长、成功率低

目前，内地与香港地区跨境送达主要依据《关于内地与香港特别行政

区法院相互委托送达民商事司法文书的安排》《最高人民法院关于涉港澳民商事案件司法文书送达问题若干规定》等安排、规定开展。实践中，跨境送达安排执行效果不够理想：一是送达成功率低。由于受送达人地址不详，且香港采取当事人主义，法院并无查询当事人地址职责等原因，涉港案件送达成功率较低。截至 2022 年，内地委托香港送达民商事司法文书的成功率仅 30% 左右。① 二是送达程序烦琐、周期长。目前，粤港两地委托送达司法文书须通过案件所在地高院和香港法院以传统邮寄方式转递材料，送达环节多、周期长、效率低问题突出。广东高院统计数据显示，广东法院涉外送达平均用时约 4 个半月。三是有效送达比例低，影响送达效果。实践中，当事人经常以送达程序违法为由提起上诉或申请再审。

2. 香港诉讼主体资格及证据材料证明认证程序烦琐

根据现行《民事诉讼法》及其司法解释的规定，香港地区诉讼主体或者其委托代理人参与内地人民法院诉讼，需要对主体资格进行证明。此外，对于在香港形成的证据材料证明认证，内地法院主要通过委托公证人制度进行，同时需要经过中国法律服务（香港）有限公司审核加章转递的公证证明。实践中存在以下突出问题：一是证明认证程序烦琐。当事人对于在香港地区产生、形成的证据材料进行公证认证，需要委托公证人，并在其见证下签署授权委托书或进行声明宣誓，或由委托公证人对相关材料进行证明。委托公证人出具公证文书后，还需送往中国法律服务（香港）有限公司，由其审核、加章和转递。一份公证文书从形成到呈交法庭，通常需要历时数日至数月不等，既拉长了审判周期，也使当事人面临因举证期限届满，而导致不利后果的风险。二是诉讼成本高企。实践中，考虑公证文书出具份数、证明材料数量及复杂程度等因素，单项公证事项的收费可高达数千甚至数万港元，增加了当事人诉讼负担。三是证明认证程序存在无法完成的风险。中国法律服务（香港）有限公司对于相关证据材料的加章转递具有自由裁量权，

① 司艳丽：《粤港澳大湾区法律规则衔接疑难问题研究——以多元化纠纷解决机制为切入点》，《中国法律评论》2022 年第 1 期。

实践中，因相关证据材料不属于证明认证范围，或被认为属于违反香港法律或内地法律而无法办理的情况时有发生。

3. 律师费或诉讼费转付制度阙如

内地与香港地区民事诉讼中，诉讼费收费制度存在较大差异，内地尚无系统的律师费或者诉讼费转付制度。一是律师费或者诉讼费转付的一般规则阙如。律师费虽然不属于诉讼费用，但也是诉讼成本的重要组成部分，合理确定律师费用，对于优化司法资源配置、营造良性诉讼环境至关重要。目前，内地尚未就律师费或诉讼费转付建立一般性规则。二是个案中诉讼费用、律师费用调节当事人诉讼行为的杠杆作用发挥不足。目前，我国内地诉讼费用转付缺乏明确标准，诉讼费用、律师费用司法裁量缺乏统一尺度，加之司法实践中律师费、诉讼费转付机制适用率不高，导致转付制度无法与其他诉讼制度形成"组合拳"，难以实现提高诉讼效率、优化配置司法资源的目的。

4. 香港律师内地代理案件制度有待完善

香港法律执业者在内地代理商事案件仍然面临制度困境和实践难题。一是代理案件范围较窄。目前，虽然粤港澳大湾区律师可以代理涉港澳适用内地法律的部分民商事诉讼案件，参照取得国家统一法律职业资格并获得内地律师执业证书的港澳居民可以在内地法院代理的民商事案件范围，但内地目前还没有完全面向香港放开法律服务业，且由于大湾区律师执业考试的门槛限制，已通过内地执业考试及培训，在司法实践中适用内地法律的香港法律执业者数量并不多，截至2023年底在深圳执业的大湾区律师仅230人。二是身份限制较多。现有规定仅明确了香港法律执业者以律师代理人身份在内地执业，但并不允许香港法律执业者以公民代理方式从事相关业务。虽然，CEPA补充协议三中明确允许香港大律师以公民身份担任内地民事诉讼的代理人，但目前尚未出台相关配套政策措施。三是实践障碍较多。粤港法律纠纷涉及多法域多法律规则的交叉，案件代理难度高、工作量大，对香港法律执业者综合素质要求更高。此外，粤港法律服务行业信息共享不足，协同合作程度较低，香港法律执业者在内地业务量较少。香港法律执业者认为考取

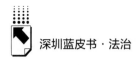

内地律师执业资格及在内地执业的最大困难主要包括法律守则差异大、缺乏人脉网络及客源基础、有语言障碍等。

（二）推动粤港民商事诉讼规则衔接的对策建议

1. 创新跨境送达方式

积极争取最高法授权，在执行现有送达安排的基础上，进一步拓宽送达渠道。一是争取在前海法院与香港高等法院之间建立直接相互委托送达文书机制，从而缩短送达链条和送达周期。二是率先探索"法院送达为主、当事人送达为辅"的送达机制。在涉港案件中探索由当事人、律师、公证机构协助送达跨境诉讼文书和证据材料，赋予其法律效力，以节约司法资源，提高送达效率。三是推动在粤港澳三地之间搭建司法送达网络平台。探索在当事人认可的前提下，通过手机短信、传真、电子邮件、即时通信账号等电子送达方式送达，进一步提高送达高效性和便捷性。

2. 简化香港诉讼主体资格及证据材料证明认证程序

一是探索建立线上授权委托见证机制。运用线上平台和视频连线等方式完成在线见证委托流程，为香港地区当事人参与诉讼提供便利。二是加强与香港地区司法机关、司法行政机关磋商，推动共同建设诉讼主体信息查询系统。探索建立证明材料公证程序豁免清单，对于法人或自然人的基本信息，由法院依职权通过相关公开渠道主动查询，免予二次公证。三是对在香港形成的证据材料简化证明认证程序。争取最高法授权，进一步明确：其一，在香港地区形成的未办理相关证明手续的证据，如对方当事人认可的，法院可以直接认定相关证据的证明力；其二，对于在香港地区形成的已办理证明手续或者尚未完成证明手续的证据材料（包括仅公证未认证转递的情况），如当事人提出异议的，结合当事人的质证意见进行审核认定；其三，对于在香港地区形成的翻译类证据材料，符合特定条件的，免除证明认证手续；其四，赋予法院自由裁量权，明确对于当事人有争议的、未办理完整证明认证手续的在港形成的证据材料，可以综合考虑相关要素进行认定。

3. 积极探索律师费转付或诉讼费合理分担机制

积极加强向最高法、财政部等部门请示、沟通，争取将诉讼收费制度改革纳入深圳综合改革第二批事项清单。其一，借鉴香港相关制度有益经验，赋予法官对以下四项行为产生的"诉讼费用"的自由裁量权：第一，因诉讼中的不当或疏忽遗漏行为而引发的费用，例如虚假诉讼、恶意诉讼及无理缠诉行为，或人为制造管辖连接点、滥用管辖权异议等恶意拖延诉讼行为，或未按期答辩、提交证据行为，或无正当理由不参加调解、在调解中恶意拖延、一方当事人提出调解方案但对方当事人无正当理由拒不接受等行为；第二，为准备诉讼所支付的必要相关费用，例如以市场化方式送达所发生的费用、法律查明费用等；第三，为尽早解决诉讼纠纷所发生的调解费用、中立评估费用等；第四，配套繁简分流改革规定的其他诉讼费用。其二，积极探索律师费用转付机制。综合考虑当事人的诉讼行为是否诚信、案件难易、代理律师工作量等因素，合理裁量律师费用全部或部分由败诉一方当事人承担。同时，明确律师费用转付制度的适用范围及例外情形。其三，探索律师费用双向转付模式。明确无论是原告还是被告败诉，败诉方均须承担胜诉方的律师费用，引导当事人诚信诉讼。

4. 继续探索完善香港律师在内地代理案件制度

一是逐步放开香港法律执业者在内地的业务范围限制和大湾区律师参加内地职业资格考试的条件限制。逐步取消对香港法律执业者代理内地民商事案件的限制，弱化内地与香港法律执业者代理案件范围差异；同时，建立香港法律执业者实习制度，允许具有香港法律执业资格的律师先行在内地实习代理案件或在法院担任实习法官助理，以便增强对内地法学思维、法律制度的认知，提高普通话运用能力。二是完善香港法律执业者公民身份代理制度。建议采取"当事人选择+香港法律执业者资质背景"的审查模式，赋予香港法律执业者公民代理人的身份。具体而言，可由内地律师行业协会为符合资质的香港法律执业者建立名册，允许当事人委托已入册的香港法律执业者作为其诉讼代理人参加诉讼。香港法律执业者的入册考量标准具体可以包括中国法律从业和教育背景、香港法律执业年限、是否可以使用普通话参与诉讼活动等。三是制定香港法律执业者代理案件的实务操作指引。定期向香港法律执业者发布最新且实用的广东法律服务市场资讯，联合香港法律服务机构设立一站式执业咨询中心，提供正规翻译机构名录，为香港法律执业者在内地代理案件、参与诉讼提供专门的指导、释明及语言服务。此外，还可以在法院设立司法专线，解答香港法律执业者在广东法院出庭的规则、礼仪问题。四是强化粤港法律服务行业交流融合。建设粤港法律服务交流培训合作一体化平台，通过定期组织粤港法律考察交流团、开办法律规则衔接讲座等活动，为粤港执业律师提供交流、培训、合作平台，让香港法律执业者更加了解内地法律服务业发展态势，助力拓展法律服务业务范围。

四　关于创新域外法律查明与适用机制

（一）创新域外法律查明与适用机制存在的问题

1.选择适用域外法的主体范围受限

依据现行法律和司法解释规定，涉外以及涉港澳民事法律关系当事人可以在合同中选择适用域外法。[①] 因此，在没有涉外或者涉港澳因素的情况下，当事人选择适用域外法缺乏明确法律依据。而在内地注册的港澳资企业均为境内法人企业，在主体上并不具有涉外因素，其在境内开展的商事活动，无法选择适用有利于商事交易的国际规则或境外其他地区法律解决纠纷。

2.域外法查明的效率和准确性有待提升

实践中，域外法查明耗时长、专家证人出庭的诉讼成本高，当事人提供的域外成文法及判例不够全面充分，查明途径、程序以及无法查明的标准不够统一，当事人提供的域外法相互冲突、难以认定等问题较为突出。

---

① 参见《中华人民共和国涉外民事关系法律适用法》第 3 条以及《最高人民法院关于适用〈中华人民共和国涉外民事关系法律适用法〉若干问题的解释（一）》第 1 条、第 17 条的规定。

3. 域外法适用的专业性有待加强

跨境商事案件域外法适用对于法官的司法认知能力提出了更高要求，也对域外法查明的专业辅助提出了强烈需求。现行法律框架下，域外法查明专家的作用发挥得不充分，急需建立更加客观、中立、专业、高效的专家辅助查明域外法机制。

（二）创新域外法律查明与适用机制的对策建议

1. 扩大域外法选择适用的范围

审判实践中，可基于对《最高人民法院关于适用〈中华人民共和国涉外民事关系法律适用法〉若干问题的解释（一）》第1条第5项"可以认定为涉外民事关系的其他情形"的扩张性理解，通过个案探索，将在前海注册的港资、澳资及外商投资企业视为具有涉外民事法律关系的情形，允许其协议选择合同适用的法律。此外，对于没有连接点当事人选择深圳法院管辖的涉外商事纠纷案件，也应当充分尊重其选择适用法律的权利，准确查明并适用相关国际公约、国际通行惯例和域外法律解决跨境商事纠纷。

2. 拓展域外法研究和查明的公共平台

以前海法院现有"一带一路"法律公共服务平台为基础，推动广东省高级人民法院联合蓝海法律查明平台等专门机构，在深圳前海建设统一的域外法查明在线平台，推动建设域外法查明法律资源及案例数据库，满足社会公众了解域外法的需求。同时，积极推动省高院允许深圳法院先行探索与港澳地区法院以个案方式开展法律查明司法互助，丰富港澳法律的查明渠道与方式。

3. 完善港澳地区法律专家协助查明域外法的机制

建立域外法查明专家名册，为域外法高效准确查明提供更加便捷的途径。明确港澳地区法律查明专家的专家资格、工作职责、出庭协助查明义务、法律查明报告审查及适用规则等，为法官准确认定域外法查明情况和适用域外法提供专业辅助。

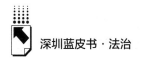

五 关于创新跨境商事纠纷调解机制

（一）跨境商事纠纷调解规则衔接的实践探索与难点

实践中，粤港澳三地商事纠纷调解制度在制度设计、法律术语和发展水平方面存在较大差异，推进跨境商事纠纷调解规则衔接，还存在一些难点。

1. 调解协议互认机制阙如不利于纠纷解决

目前，内地与香港、澳门之间并未签署关于相互认可和执行调解协议的安排。未建立调解协议互认机制导致调解协议在大湾区内得不到法院认可，当事人只能另行提起诉讼或者仲裁，这直接影响了跨境商事纠纷的便捷、高效化解，不利于营造市场化、法治化、国际化营商环境。

2. 调解专业化水平不足影响调解市场发育

香港调解制度已相对完善，先后制定了《香港调解守则》《香港调解条例》等，有统一且完善的专业培训、资格认可及纪律管理等方面制度设计，调解员专业化水平较高。目前，内地尚无关于商事调解的专门立法，也尚未建立统一的商事调解员培训体系、认证标准和职业守则。

（二）推动跨境商事调解规则衔接的对策建议

1. 将促进商事调解协议相互认可和执行纳入深圳综合改革试点授权事项清单

向中央有关部门请示汇报，积极争取全国人大常委会、最高法、司法部等中央单位和相关部委支持，将促进商事调解协议相互认可和执行纳入深圳综合改革试点授权事项清单，通过先行先试探索更多经验。

2. 探索完善大湾区商事调解协议相互认可和执行机制

采取先易后难、循序渐进的原则，按照三步走的目标，逐步探索完善大湾区商事调解协议互认和执行机制。其一，加强粤港多元解纷资源联动，探索在粤港澳大湾区调解工作委员会推荐下，将港澳符合条件的商事调解组织纳入法院特邀调解组织名册，接受人民法院委派或委托调解达成的调解协议，可向法院申请司法确认，从而以"域外调解+域内司法确认"方式，实现大湾区调解规则衔接。其二，加强向最高法的请示、沟通，推动最高法与香港律政司签署调解协议相互认可和执行的会谈纪要，开展内地与香港调解协议相互认可和执行试点，争取授权深圳先行开展跨境调解协议相互认可和执行改革试点，率先探索诉讼与港澳商事调解机构对接机制。其三，在总结试点经验的基础上，积极推动最高法与香港律政司加强磋商，参考《新加坡调解公约》确定的调解协议互认范围，签署相互认可和执行调解协议的司法协助安排，并通过在内地将其转化为司法解释，实现调解协议互认和执行，助力深圳打造国际法务中心和国际商事争议解决中心。

3. 推动构建调解职业水平评价体系

目前，广东省司法厅、香港律政司、澳门行政法务司联合建立了大湾区调解平台，三地法律部门代表还组成了大湾区调解工作委员会，联合制定了粤港澳大湾区调解员资格资历评查标准和调解员专业操守最佳准则，但尚缺乏配套实施机制。建议由司法行政部门牵头，探索建立统一的调解员资质认证和职业水平评价体系，以及职业化培训的机制，以促进调解员的专业化、职业化，在三地调解规则衔接、调解员资格互认、标准对接方面探索更多示范经验。

六　关于推进区际司法交流与合作

（一）大湾区区际司法合作的现状和问题

截至 2023 年，粤港澳三地相互之间已经达成民商事区际司法协助安排 14 项，其中内地与香港 8 项、内地与澳门 4 项、香港与澳门 2 项。内容涉及相互委托送达民商事司法文书和判决书、相互执行仲裁裁决和协助仲裁程序保全、相互委托提取证据、相互认可和协助破产程序等方面。但司法协助在覆盖领域、实施方式和实际效果等方面，仍存在一些问题。

1.民商事司法协助安排所涉范围尚未实现全覆盖

现有的民商事协助安排均受到特定适用范围的限定，影响了实际作用的发挥。以《关于内地与香港特别行政区法院相互认可和执行民商事案件判决的安排》为例，该安排明确排除了继承案件、破产案件、海商案件以及部分知识产权案件和仲裁案件等的适用。而上述被排除适用的案件类型，大多属于粤港澳大湾区经济发展以及经贸合作的重要领域。

2.民商事司法协助实施进程有待加快

安排模式是我国区际民商事司法协助的主要模式。该模式之下开展民商事司法协助，既需要以各方磋商签署相关安排为前提，也需要各方完成内部转换生效程序。某项司法协助安排要想生效实施，在内地需由最高法发布司法解释，在香港须由立法机关修改或制订相关法律。实践中签署容易、生效转化难的问题十分突出。例如，2017年6月内地与香港签署了《关于内地与香港特别行政区法院相互认可和执行婚姻家庭民事案件判决的安排》，但直到2022年2月，香港立法会才最终完成本地立法程序，安排得以生效实施。再如，上述《关于内地与香港特别行政区法院相互认可和执行民商事案件判决的安排》，直至2023年11月10日，香港特区政府才宣布《内地民商事判决（相互强制执行）规则》于2024年1月29日生效。

3.民商事司法协助方式单一

一是粤港澳以两两协商、分开进行的方式分别签署安排，导致区际司法协助呈现碎片化、重复化特征。二是随着信息网络技术的迅猛发展，科技逐步融入司法领域，民商事司法协助中电子信息技术的运用也日益受到重视，但粤港澳区际司法协助安排均未提及信息技术在送达和取证中的适用问题。

4.跨境司法交流常态化保障不足

从港澳地区法律界人士角度看，由于内地与港澳的司法交流活动大多由官方机构组织开展，其对此存在较多思想顾虑和忌惮，需要通过非官方交流渠道消除其顾虑，调动其积极性。从内地法院人员角度看，目前开展与港澳地区的司法交流，实行一事一报制度，相关交流活动须按程序报经最高法审批后方能进行，要求的审批程序环节烦琐、耗时较长、管控也比较严格，致使深层次、常态化的司法交流渠道欠缺。

（二）健全粤港澳区际司法协助体系的对策建议

1. 争取中央有关部门支持，推动粤港澳签署民商事司法协助安排

积极争取最高法支持，授权广东省高级法院与港澳司法主管机构加强磋商，围绕海商、区际破产、部分知识产权等案件的判决认可和执行等，率先探索粤港、粤澳区际司法合作新机制。同时，在探索总结成功经验的基础上，再拓展至整个内地，由点及面推动完善内地与港澳司法协助体系。

2. 积极发挥特区立法优势，探索区际民商事司法协助规则

以争取全国人大常委会授权为前提，聚焦粤港澳大湾区尚未签署司法协助安排协议的领域，通过先行出台特区法规的途径，为港澳地区提供条件宽松、程序便捷的民商事司法协助，推动实现粤港澳民商事司法协助形成更多法律互惠。

3. 以个案方式持续加强相关领域民商事司法协助

积极向广东省高院、最高法请示，争取支持和授权深圳法院以个案探索方式，在跨境破产、知识产权保护等领域，推动民商事司法协助开辟新路径、取得新突破，为早日形成制度安排不断探索和积累经验。

4. 建立深层次、常态化司法交流机制

一是建好、用好大湾区司法研究院。推动大湾区司法研究院人财物等保障加快落地，尽快实现研究院实体化运行、研究平台规范化运作，着力打造具有国际水准的司法理论研究机构、司法职业培训平台和司法交流合作基地。二是加强向中央有关部门请示、报告，争取把与香港、澳门司法机构交流合作的审批权限下放到深圳，推动深港司法合作交流常态化开展。三是探索构建粤港澳司法信息交流和共享工作机制，最大限度促进司法案例、法律法规等信息的互联互通，促进三地的法治交流合作系统化、常态化。四是积极探索法律业务交流，通过高层互访、学术研讨、专题论坛，以及开展法律

实务培训、司法研修等方式，注重加强民间和非官方渠道的交流，为深化大湾区规则衔接和机制对接奠定坚实基础，创造有利条件。

参考文献

司艳丽：《粤港澳大湾区法律规则衔接疑难问题研究——以多元化纠纷解决机制为切入点》，《中国法律评论》2022年第1期。

刘天舒、邹润乔、习超：《粤港澳大湾区涉港澳民商事案件的国际私法问题研究——基于深圳前海法院审判实践的实证分析》，《港澳研究》2021年第3期。

张淑钿：《粤港澳大湾区民商事司法协助的现状与未来发展》，《中国应用法学》2019年第6期。

B.13

家事审判中未成年人程序权利保障的完善

——以构建法官为中心的"一官三员"协作体系为视角

栾　媛*

摘　要：　基于深圳法院婚姻家庭纠纷中涉及未成年人权益的案件占比高的现实，在家事审判程序上亟须设置与未成年人实体权益的实现相匹配的机制。由于立法上的缺憾，在目前审判实践中，未成年人诉讼权利存在诸如未成年人诉讼主体地位未得到重视、未成年人意见自主表达机制不健全、未成年人参与程序资格缺失等问题。出现上述问题的原因在于未成年人权益诉讼保护要素缺失，主要体现在有关未成年人诉讼程序性权利规定匮乏、司法干预程度与未成年人诉讼能力不契合、诉讼行为能力立法技术存在缺陷等。为解决上述问题，宏观层面，需要在诉讼程序法方面明确"未成年人利益最大化"原则；中观层面，构建以司法为中心的资源整合型纠纷解决模型；微观层面，在现有诉讼制度不变的前提下，总结家事审判方式改革经验，重构以法官为中心、专业辅助人员共同参与的协作体系。

关键词：　未成年人　家事审判　程序权利

家事诉讼不仅涉及以夫妻双方为主的成年人之间的情感、财产纠葛，也会涉及生活在家庭内的未成年子女。家庭纠纷如果处理不当，对于子女的抚

---

* 栾媛，深圳市罗湖区人民法院民事审判一庭（婚姻家事审判庭）副庭长，主要研究方向为民商法。

养、监护、教育乃至身心健康都会产生不良影响。为保障未成年人权益，
"最有利于未成年子女原则"已经写入《民法典》①，在实体法方面对未成
年人利益保护作出了合理安排。然而，实体法规范还不足以实现价值目标，
仍需要在程序上设置相匹配的机制作为保障。

2016年4月，最高人民法院出台《关于开展家事审判方式和工作机制
改革试点工作的意见》，家事审判方式改革自此在全国各地如火如荼地展
开。但此次改革主要涉及的是家事审判的实体问题。2018年7月，在前述
工作的基础上，最高人民法院出台了《关于进一步深化家事审判方式和工
作机制改革的意见（试行）》（以下简称《家事改革意见》）。从《家事改
革意见》的内容可见，此次改革主要针对的是家事诉讼程序的规制，尝试
将家事诉讼从其他民事诉讼中独立出来。然而，如何在家事审判方式改革中
建立未成年人程序权利保护方法，以确保未成年人权益最大化地实现，仍有
待探讨。

一 司法困境：未成年人权益程序保护之不足

（一）深圳法院涉未成年人婚姻家庭纠纷概况及特点

2021~2023年，深圳法院分别审结婚姻家庭纠纷6201件、6714件、7634
件，总体涨幅较为明显（见图1）。

其中，涉及未成年人的婚姻家庭纠纷主要类型包含离婚纠纷、同居关系
子女抚养纠纷、抚养纠纷、收养关系纠纷、监护权纠纷、探望权纠纷、亲子
关系纠纷。其中，离婚纠纷案件数量居首位（见表1）。

---

① 见《民法典》第1084条：已满两周岁的子女，父母双方对抚养问题协议不成的，由人民法
院根据双方的具体情况，按照最有利于未成年子女的原则判决。

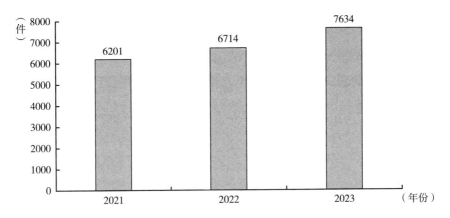

图1 2021～2023 年深圳法院婚姻家庭纠纷结案情况

资料来源：广东法院大数据平台。

表1 2021～2023 年深圳法院办理涉未成年人婚姻家庭纠纷案件

单位：件

案由	2021 年	2022 年	2023 年
离婚纠纷	3933	4206	5129
同居关系子女抚养纠纷	58	53	83
抚养纠纷	741	779	892
收养关系纠纷	4	3	4
监护权纠纷	4	4	5
探望权纠纷	58	65	27
亲子关系纠纷	8	27	27
合计	4806	5137	6167

注：因少部分离婚纠纷并未涉及子女抚养，本表所涉数据剔除仅处理夫妻身份关系及财产关系的离婚纠纷案件。

资料来源：广东省法院大数据平台。

从上述两组数据可知，2021～2023 年，深圳法院婚姻家庭纠纷中涉及未成年人权益的案件占比分别高达 77.5%、76.5%、80.8%。因此，如何在婚姻家事纠纷的处理上最大限度地保护未成年人的合法权益，成为家事审判改革的重要问题。在实体方面，深圳法院早在 2012 年就在全国率先对家事纠

纷实行柔性、专业审判，推出了多项改革举措。然而，在程序保障方面，仍存在诸多问题。

（二）婚姻家庭纠纷中未成年人权益程序保护存在的问题

1. 被动的"失声者"：未成年子女的诉讼主体地位未得到重视

在家事审判实践中，一般只有在父母双方对于抚养权存在争议且双方抚养能力差别较大的情况下，法官才会对年满8周岁以上的子女进行询问。而在父母双方对于抚养权不存在争议，或者法官经过法庭调查认为可以径行认定抚养权归属的情况下，则不会征询子女的意愿，子女此时往往沦落为一名被动的"失声者"。也就是说，在抚养权问题上，还是以父母协商一致为主。但是，"协商一致"并不等于最有利于子女利益。这是因为，很多离婚诉讼的当事人争夺抚养权的目的，并非真正从孩子的利益出发，而是夹杂着个人的情感和利益诉求，将孩子当成报复对方的"利器"或者谈判的"筹码"。家庭的变故对于孩子本身来说已经是一次伤害，如果父母在离婚时或者离婚后再出于个人目的产生纠纷或者诉讼，对子女来说就是二次伤害。

在一宗变更抚养权纠纷案件中，双方离婚时约定4岁的婚生女由男方抚养，在双方解除婚姻关系后不久，女方即提起离婚诉讼，要求变更抚养权。男方对此提出异议，辩称其同意与原告协议离婚的前提就是女方放弃抚养权。法院经审理认为，双方离婚协议是当事人经协商后的真实意思表示，且离婚协议中双方关于夫妻财产、人身关系等一系列的约定构成一个整体解决方案。在双方生活状况并未发生重大改变的情况下，对于原告要求变更抚养权的主张，法院不予支持。

在这个案例中，对于抚养权的归属，法院考量的主要因素是离婚协议的整体性问题，一般在没有欺诈、胁迫以及未出现重大变故的情况下，法院不会支持原告将女儿抚养权变更给自己的诉讼请求。但是，这样的判决就是"最有利于未成年子女利益"吗？答案是存疑的。另外，对于8周岁以下的被抚养人，被抚养期限比8周岁以上的被抚养人更长，要保证他们健康快乐成长，更需要了解他们的意愿。而如何探查年幼孩子的意愿，目前审判实践中也鲜有涉及。在离婚案件中，未成年人就更无发言权，法庭裁判离婚的唯一标准便是"夫妻双方感情确已破裂"，未成年子女的意见并非法定的考量因素。

2. 无效的"表达者"：未成年人意见自主表达制度不健全

尽管《民法典》规定，有关抚养问题，对于年满 8 周岁的未成年子女，需要询问其意见。但是，对于具体的询问方式、询问程序等并没有操作指引，在保障未成年人独立表达意见方面还有待完善。虽然针对年满 8 周岁的被抚养人，《民法典》中规定了应当尊重年满 8 周岁的被抚养人的真实意愿，但是在审判实践中，如何保障子女的意愿表达不被他人左右，是不容回避的问题。有部分案件，尽管被抚养人已经年满 8 周岁，能够表达自己的意见，但是，由于父母双方均向孩子施加压力，子女真实的想法被掩盖或者真实的意思是其作出的不理性判断。同时，法官还要考量如何探查未成年子女意见表达背后的原因，以及未成年子女的意见能否作为认定抚养权归属的决定性因素。

3. 无地位的"权利者"：未成年人程序参与资格缺失

依据相关法律规定，在民事诉讼中，无民事行为能力人、限制民事行为能力人的监护人是其法定代理人。这就意味着，未成年人仅有诉讼权，但是不能单独提起诉讼。这种诉讼能力被全盘否定的后果就是，当法定代理人不能或者怠于履行其代理义务时，未成年人便无法通过诉讼维护自己的权利。

此外，尽管大多数的家事纠纷都会涉及未成年子女的利益，但是，其并不享有当事人的地位。例如，在探望权纠纷中，诉讼主体仅为父母双方，未成年子女不能以自己的名义起诉父母要求或者拒绝探望。

二　原因探析：未成年人权益诉讼保护要素缺失

（一）有关未成年人程序性权利保障的具体规定不足

目前我国有关未成年人程序性权利保障的规定主要包括以下内容。

一是有限的意见表达权。对于未成年人在家事诉讼中所享有的意见表达权，在适用范围上，主要是处理未成年人抚养和收养问题；在适用条件上，一般以 8 周岁及以上为限制条件。① 但是，这些规定在实践中如何操作并没有相关的指引，难以实现引导和规范未成年人意见表达方式的目的。

二是特殊司法程序权利。关于未成年人特殊司法程序权利的法律规定，主要集中于新修订的《未成年人保护法》。② 但是，现行规范大多是原则性条款，如何在实践中将这些原则性条款进行实操，以保障未成年人的司法程序权利，具有很大的随意性。例如，未成年人参加诉讼的方式、是否参加诉讼、对诉讼的影响等，都具有不确定性。

（二）司法干预程度与未成年人的诉讼能力不相匹配

一般情况下，民事诉讼程序的主体都是平等的，因此，民事诉讼程序采取严格的当事人主义诉讼模式，法院并不做太多的干预。然而，由于未成年人存在行为能力受限、认知能力不足等自身原因，在诉讼中处于天然的劣势地位。家事诉讼中的父母双方存在与子女利益相冲突的情况，无法真正代表子女的利益。前述案例也反映出，如果法官不主动介入家庭内部，了解双方情况，仅根据双方的陈述以及提交的证据来判断，其最终作出的裁决未必符合未成年子女利益。

（三）诉讼行为能力在立法技术上存在缺陷

民事诉讼行为能力制度是对民事活动中的诉讼行为作出的专门规定，参照民事行为能力的规定，年龄是界分主体是否具备诉讼行为能力的主要标准。③ 但是，诉讼行为能力的规定并没有像民事行为能力的规定那样精细。现行立法对于行为能力的规定以年龄为基本界分点，区分为完全民事行为能力、限制民事行为能力和无民事行为能力，同时，还辅以"与年龄、智力

---

① 参见《民法典》第 1084 条、第 1104 条、第 1114 条。
② 参见《未成年人保护法》第 101 条、第 104 条、第 109 条、第 116 条。
③ 任凡：《论家事诉讼中未成年人的程序保障》，《法律科学》（西北政法大学学报）2019 年第 2 期。

相适应"等意思能力标准。然而，民事诉讼行为能力制度只以 18 周岁为标准，区分为有诉讼行为能力和无诉讼行为能力。这种立法模式忽视了 18 周岁以下的群体年龄跨度大、识别能力和判断能力差异性大等问题。此外，法律规定监护人作为未成年子女的法定代理人①，而监护人一般情况下是未成年人的父母。这一规定的前提是假设父母能从子女利益出发，能够实现未成年子女利益的最大化。但是，在家事纠纷中，父母可能存在与子女利益相冲突的情况，此时二者的对立关系使得该监护人不可能再以其法定代理人的身份起诉自己，现有法律制度并没有设置未成年人诉讼代理人制度，出现利益冲突时，则未成年子女的利益无法得到保障。

总之，未成年人利益保护在实践中不是空泛、抽象的原则或者理念，而是直接与儿童成长、安全、心理健康等关联在一起的、实实在在的现实问题。② 实现未成年人利益最大化，除了在实体法中规定未成年人利益最大化原则，更要通过程序制度的设计，活化未成年人利益保障的法条，综合处理、全方位考量，为家事案件中的未成年人提供相应的司法关怀。

三 破解之道：利益最大化原则指导下的未成年人 程序权利保障

（一）宏观层面：将未成年人利益最大化作为《民事诉讼法》的立法原则

未成年人利益最大化原则，不仅应当在实体法层面予以明确，在诉讼程序法方面，也应予以明确。将未成年人利益最大化作为诉讼程序的基本原则，一方面，可以为审判实践中涉未成年人的特殊程序权利的设立提供制度依据；另一方面，便于法官在审理涉未成年人家事案件时树立未成年人特别保护的司法理念。该原则具体包含以下三方面内容。

---

① 参见《民法典》第 27 条、《民事诉讼法》第 60 条。
② 陈爱武：《家事诉讼与儿童利益保护》，《北方法学》2016 年第 6 期。

（1）程序性主体理念。程序性主体理念是指当事人在诉讼过程中受到尊重，并有权利维护其独立自主决定的权利价值观。在程序性主体理念的指导下，认可未成年人在家事诉讼程序中的主体地位，充分尊重其意愿，确保未成年人的权利得到充分保障。

（2）优先考虑原则。在涉及未成年人的家事案件处理上，把是否有利于未成年人成长作为优先考虑事项，当未成年人权益与其他权利产生冲突时，其他利益应该居于其后。

（3）差别对待原则。在程序设置上，要考虑未成年人的幼弱性，设计特别的程序使其权益在诉讼中能够具体落实，防止以形式上的公平掩盖实质上的不公平。

（二）中观层面：以司法为中心的资源整合式纠纷解决模式

未成年人利益最大化原则，需要具体制度设计来落实。在涉及未成年人的家事诉讼中，司法作为国家监护的重要代表，要切实履行其在诉讼中对于未成年人权益保护的责任。但是，未成年人权益的维护是一个庞大的、体系化的工程，需要家庭、学校、社会、政府、司法等各方面的协同和支持。从目前实践来看，在这个系统中，法院处于核心地位，并在以法院为中心的基础上，根据程序的先后或者功能性向外辐射形成一个个半径不同的同心圆，由此而形成有序、联系紧密的综合纠纷解决机制。①具体制度运行如下。

（1）法院内部需要配备相应的专业人员和设施。在家事审判改革过程中，各地法院探索成立专业化的家事纠纷调解队伍，实现家事案件专业化审判，同时将家事调解员、家事调查员、心理咨询师等具备专业知识的人员纳入家事审判专业化体系，配合家事法官审理家事案件。在硬件设施上，成立家事诉讼服务中心，设置专门的调解室、心理咨询室、圆桌审判程序等。在法院内部，这种以家事法官为中心、社会力量协助的专业化审判模式，在有

① 潘芳芳：《以法院为中心的支持型涉未成年人家事纠纷解决模式研究》，《预防青少年犯罪研究》2017年第4期。

效化解家事纠纷方面已经初显成效。

（2）法院对社会其他资源的统筹。对于涉及对未成年人的家庭暴力问题，人民法院应及时出具人身安全保护令，并交由公安机关配合执行。对于妇联等社会组织在纠纷解决过程中发现的问题及时进行指导；对于当事人在民政机关和司法机关作出的调解协议进行司法确认。同时，对于在案件处理过程中发现有需要救助的，法院也可以联系相关部门和社会组织进行救助。

（三）微观层面：构建法官为中心的"一官三员"①协作体系

2018 年，最高人民法院在《家事改革意见》中，对家事调解、家事调查、心理疏导和审判规程等方面提出了具体化的意见，为实现未成年人程序权益保障提供了依据。从上述规定可见，最高人民法院对建立家事调解员、家事调查员、心理疏导制度给予肯定，但是，没有对社工陪护以及程序监理员制度作出明确规定，可能是由于难以确定社工陪护和程序监理人员的法律地位，以及法律依据不足等。根据该意见，在保持现行诉讼制度不变的前提下，围绕补强未成年人诉讼能力、探知未成年人真实意愿的目的，重构以司法为中心的、家事专业辅助人员共同参与的协作体系，是保障未成年人程序权利的可行之路。

四　具体路径：构建法官为中心的"一官三员"协作体系

（一）"一官三员"的工作内容及作用

1. 家事法官——中心主导作用

家事法官在家事审判活动中处于中心地位，除了认定事实和适用法律

---

① "一官三员"指法官、家事调解员、家事调查员、心理咨询师等社工人员。

外，还要探析家事纠纷背后的原因，既要解决当事人眼前的冲突矛盾，更要考虑争议解决后可能出现的后果，以期对症下药，实现案结事了。家事法官除具备法律规定的自身职权外，还要统筹和安排参与家事纠纷多元解决机制的主体。正如有学者指出，家事诉讼是一个圆形的诉讼结构，圆心是未成年人利益保护、健全社会共同生活等终极目标，在这样的诉讼构造中，法官的地位和作用大大提升。[①]

2. 家事调解员——有利于纠纷后持续关系的维系，避免对未成年人造成二次伤害

家事纠纷涉及大量的情感和道德伦理问题，在诉讼中，争议双方为了争取更多的利益，在举证和庭审调查中不惜将生活各种细节，甚至是隐私一一呈现，导致矛盾激化，产生二次甚至多次诉讼。而家事纠纷的特点决定了调解在家事争议的处理中具有天然的优势。

在未成年人利益保护方面，调解的优势更为明显。以离婚纠纷为例，对于危机婚姻，可以通过调解发现双方之间存在的问题，促使双方和好，使未成年子女免于遭受家庭破裂带来的伤害。对于死亡婚姻，调解可以缓和双方的紧张关系和对立情绪，即使调解不成功，双方也会减少冲突，从而减少父母离婚对未成年子女的伤害。除此之外，调解还有利于促进父母双方在涉及子女事务上的合作，在子女抚养、探视等方面达成共识、互相配合。

3. 家事调查员——辅助法官查明家事诉讼中与未成年人相关之事实，补强未成年人的诉讼参与权

建立家事调查制度，是家事诉讼中对未成年人权益保障的基础。《家事改革意见》规定了家事调查员制度，但是，仍存在规定过于宽泛、实践操作性不强等问题，并且，对于未成年人并没有作出特殊保护的规定。对于有关未成年人利益的家事调查，应扩大未成年人意见征询的范围。《家事改革意见》仅规定了家事调查员就探望、抚养等事宜可以询问年满8周岁的未成

---

① 孙永军：《中国家事诉讼法的背景、特别规定及立法例》，《三峡大学学报》（人文社会科学版）2018年第3期。

年人的意见,但是,其他涉及未成年人利益的纠纷并未涉及。笔者认为,为保障未成年人的意见表达权和参与权,应扩大对未成年人征询意见的事项范围。

4.心理咨询师——完善未成年人的表达机制,减少家事纠纷对未成年人的延续性损害

表达自己的被抚养意愿是未成年人在家事诉讼中表达权最重要的体现。在相应的心理设施辅助下,心理咨询师通过沙盘游戏、单独询问等方式,帮助未成年子女克服心理上的恐惧和焦虑情绪,表达自己的真实意愿。还可以运用单面镜观察,使法官直观了解当事人与子女的亲子关系真实情况。

此外,家事纠纷的当事人由于家庭关系破裂,极易产生焦虑、愤怒、绝望等负面心理问题。未成年子女不但承受着家庭破裂带来的创伤,还要承受父母因家庭纠纷造成的不良情绪波及的影响,因此,与成年人相比,未成年人更需要心理干预和疏导。

除对未成年人进行心理疏导外,心理咨询师还可对父母进行亲职教育。2022年1月1日实行的《家庭教育促进法》赋予了法院等在审判活动中推行亲职教育制度的功能,未成年人的父母或其他监护人不正确实施家庭教育从而侵害未成年人合法权益时,法院可根据情况发出家庭教育指导令,责令未成年人父母或者其他监护人接受家庭教育指导。①

(二)家事诉讼中的"一官三员"在未成年人保护中的协作联动

在家事案件中实现对未成年人的保护,需要各参与主体各司其职,运用法学、社会学、心理学等学科知识以形成最大合力。

1.家事法官与家事调解员的协作

家事调解员在家事法官的指导下独立开展调解工作。家事法官根据案件情况将需要调解的案件交由其认为专业背景符合的家事调解员,家事调

---

① 为进一步贯彻落实《家庭教育促进法》,深圳市中级人民法院于2022年6月1日成立了全省首家家庭教育法律指导工作站。各区法院也通过在家事案件中引入心理咨询、开展父母课堂等方式,引导父母学习家庭教育方法,正确处理争议,取得良好的社会效果。

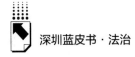

解员独立进行调解，也可在调解过程中就遇到的法律问题征询家事法官的意见。

调解程序与诉讼程序并行不悖。家事调解员调解成功的，及时交由法官审核并出具调解书。对于庭前没有调解成功的，家事调解员可以梳理争议焦点，法官可根据调解时了解的争议焦点引导当事人举证，将诉讼程序中的庭前事务准备、证据交换、调解融为一体。在庭审后，如果法官认为仍有调解的可能和必要，可以指令调解员继续跟踪调解。有部分案件的当事人，经过庭审法官的释明后，会提高对调解的接受程度。总之，调解程序应该贯穿整个家事诉讼的始终。

2. 家事法官与家事调查员的协作

在涉及抚养权、抚养费、探视权等有关未成年人权益的案件中，可以启动家事调查程序。家事调查程序可由法官依职权启动，也可以依当事人申请启动。通过家事调查、走访，可以探查未成年子女的真实意愿以及意愿背后的原因，观察父母与子女之间的亲子关系，为法官裁判奠定基础。在就探视问题出现纠纷时，可由家事调查员劝导或协助完成探视。

3. 家事法官与心理咨询师的协作

家事法官可依据案件需要或依据当事人的申请要求心理咨询师为家事案件当事人或未成年子女开展心理疏导。心理咨询师在接到心理疏导的任务后，要及时了解案件情况、当事人的诉求及当事人的心理状态。在确定未成年人身心稳定的条件下，可以让未成年人表达自身的真实意愿。

4. 家事调查员与家事调解员的协作

在调解过程中，家事调解员如果发现需要借助调查员开展家事调查，可建议法官启动家事调查程序，由家事调查员介入调查。通过调查指定事项，形成调查报告，为家事调解员提供更多信息，便于调解工作的开展。

5. 家事调解员与心理咨询师的协作

家事调解员在进行调解时，如果发现当事人或者其未成年子女有必要进行心理疏导的，可告知家事法官，家事法官可安排心理咨询师进行心理疏导。心理咨询师和家事调解员也可以进行沟通和信息交换，利用心理疏导等最终达成调解目的。

6. 家事调查员与心理咨询师的协作

家事调查员在调查过程中，需要与未成年子女进行面谈，如果认为有必要，可以向法官申请，安排心理咨询师陪同。利用心理咨询师专业知识对未成年子女进行心理疏导，缓解当事人的对立情绪和未成年子女的紧张、恐惧情绪，从而达到保护未成年子女的目的。

总之，家事诉讼中法官为中心的"一官三员"协作体系（见图2）有效整合资源，增加彼此信息共享与互动，最大限度保障家事诉讼中的未成年子女利益。

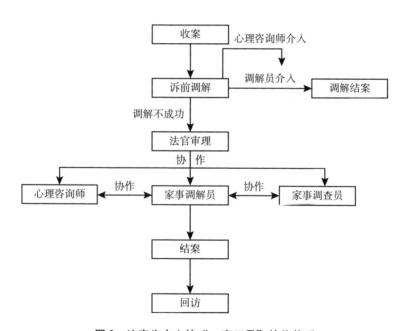

图2 法官为中心的"一官三员"协作体系

五 结语

家事纠纷的处理，不仅关乎家庭的未来以及家庭成员的利益，更关乎整个社会的和谐稳定。家事诉讼中未成年人程序权益保障是实现未成年人利益最大化的必然要求，为此，有必要建立专门制度保障未成年人的程序权利。在涉及未成年人的民事诉讼中，需要整合现有成熟的诉讼程序，在未成年人最大利益原则的指导下，重构以司法为中心的资源整合型纠纷解决模型，为未成年人的实体权利保护提供充足的程序资源，实现未成年人利益的最大化。

参考文献

任凡：《论家事诉讼中未成年人的程序保障》，《法律科学》（西北政法大学学报）2019 年第 2 期。

孙永军：《中国家事诉讼法的背景、特别规定及立法例》，《三峡大学学报》（人文社会科学版）2018 年第 3 期。

潘芳芳：《以法院为中心的支持型涉未成年人家事纠纷解决模型研究》，《预防青少年犯罪研究》2017 年第 4 期。

陈爱武：《家事诉讼与儿童利益保护》，《北方法学》2016 年第 6 期。

B.14

社会治理检察建议的质效

——以深圳检察机关刑事检察工作为视角

黄海波 黄 婷*

摘 要： 通过刑事检察促进社会治理是检察机关的重要职能。刑事检察部门是社会治理检察建议最主要的制发部门，并在多个领域发挥显著的社会效能和法律效能。但与此同时，从深圳的实践看，当前还存在权力监督力度不够、不起诉案件办理社会治理意识不强、协同治理推进不力等问题。建议进一步加强行政执法行为监督、建立"不起诉+社会治理检察建议"工作机制、构建诉源治理协同机制等，探索刑事检察领域社会治理工作的新路径。

关键词： 检察建议 刑事检察 社会治理

《人民检察院检察建议工作规定》（以下简称《工作规定》）第二条规定：检察建议是人民检察院依法履行法律监督职责，参与社会治理，维护司法公正，促进依法行政，预防和减少违法犯罪，保护国家利益和社会公共利益，维护个人和组织合法权益，保障法律统一正确实施的重要方式。刑事犯罪折射出最尖锐的社会冲突，通过惩罚和预防犯罪，复原被损害的社会关系，促进社会治理，是司法机关的重要职能使命。检察机关通过检察建议的制发和督促整改，能动推进涉刑事检察社会治理，这是检察机关回应社会需求，主动融入社会治理大格局的新路径。

---

* 黄海波，法学博士，深圳市人民检察院法律政策研究室主任、三级高级检察官，主要研究方向为刑法学；黄婷，深圳市人民检察院法律政策研究室四级高级检察官，主要研究方向为刑法学。

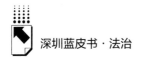

一 社会治理刑事检察建议的深圳实践

2021~2023年，深圳市检察机关刑事检察（以下简称"刑检"）部门共制发社会治理检察建议231份，占全部业务部门制发社会治理检察建议总数343份的67.35%，按期回复采纳率达100%。刑检部门成为检察机关运用检察建议参与社会治理的主力军，在履行刑事法律监督职责的同时，在推进国家治理体系和治理能力现代化进程中发挥重要作用。

（一）以权力监督和行业监督促进社会治理多元化

1.强化侦查监督，规范司法程序

2021年以来，深圳市检察机关向侦查机关制发改进工作类的社会治理检察建议33份，促进侦查取证的全面性和客观性，规范侦查程序，提升侦查质量。光明区检察院经对21宗性侵害未成年人刑事案件及其保护效果进行集中梳理和系统分析，发现未成年人案件"一站式"取证保护工作不规范，对多宗性侵害未成年人刑事案件的证据审查、刑事责任追究和个案保护等工作产生不利影响，向公安机关提出建议，推动"一站式"取证保护的场地建设、队伍建设、工作规范等各个方面不断优化。南山区检察院在办理多起假冒注册商标案件过程中发现侦查机关在办理此类商标案件时，存在取证不力、打击面过大等普遍性问题，向其提出侦查取证要注重全面性、针对性的建议，公安机关作出积极回应，商标类刑事案件办理质效得到有效提升。

2.强化精准监督，督促严格执法

2021年以来，刑检部门共向各类行政机关制发社会治理检察建议73份，将检察职能与社会治理深度融合，推动政府法治建设，实现法律监督与社会管理的共赢。坪山区检察院针对办案过程中发现的行使行政处罚裁量权不当的共性问题向生态环境管理部门提出改进工作、完善治理的检察建议，被建议机关采取了多项措施使建议全面精准执行。宝安区检察院结合办理的假冒注册商标案向市场监督管理部门发出检察建议，提出加强知识产权保护的意见，市场监督管理部门高度重视，制定专项整治工作方案，组织开展全区医疗器械生产、流通环节专项整治行动，采取七大举措加强日常监督，全面落实检察建议。

3. 强化民生司法，推动诉源治理

检察机关坚持"在监督中办案、在办案中监督"理念，针对医保监管、养老诈骗、个人信息保护、住房保障等民生热点问题，以深化诉源治理促进社会稳定。龙岗区检察院针对犯罪分子利用交警平台技术漏洞侵犯公民个人信息的犯罪问题，向交警部门提出具体建议，交警部门全面采纳建议并逐条整改。福田区检察院结合办案中发现的套刷医保卡问题，向医保部门提出专业精准的改进建议，建议被全部采纳并逐一落实，双方还签订《关于加强法制协作维护医疗保障基金安全的合作机制》，加强行政执法与刑事司法高效协作，共同构筑医保基金安全防线。

4. 整治社会乱象，推动行业治理

检察机关在依法打击各类犯罪的同时，深挖个案共性问题，通过检察建议促进被建议单位堵漏建制、提高行业管理能力。一方面，深挖多发案件背后存在的共性问题，通过检察建议促进相关被建议单位堵漏建制，从而实现行业整治。龙华区检察院针对泥头车引发多起交通肇事案件的问题，向相关部门制发检察建议，被建议单位组织泥头车行业迅速落实建议内容，加强对泥头车企业及相关工地排查、督导，取得良好整治效果。另一方面，推动企业加强管理的同时，有效整治行业乱象。2021 年以来，全市检察机关共向企业制发 110 份社会治理检察建议，超过了近年来社会治理检察建议制发总数的三成，涉及珠宝、燃气安全、废品回收、建筑工程等多个行业。

（二）以"不起诉+社会治理检察建议"模式提升刑事检察质效

检察机关在作出不起诉决定后发出的检察建议，通常是深挖涉案行为根源的产物，显著推动一类问题或者一个行业的治理，防止同类不起诉行为再

进入诉讼，体现了良法善治。

深圳检察机关对于刑事案件"不起诉"后如何参与社会治理有不少尝试，如做实行刑衔接机制，要求被不起诉人参与社会公益服务等，"不起诉+社会治理检察建议"便是其中一项有益的尝试。2021年以来，深圳检察机关作出不起诉决定后制发的社会治理检察建议共有38份，向企业发出31份，向行政机关发出7份，社会治理效果明显。

1. 助推健全行政规章及行业规范

能动检察是一种检察理念、司法理念和法治理念，它回答的是检察机关应当以怎样的姿态和方式履行法律赋予的职责并达致怎样的目的的问题。① 检察机关在作出不起诉决定后，站在促进完善社会治理的高度，进一步落实能动检察理念，全面总结类案背后的风险隐患，针对集中存在的社会治理薄弱问题，向有关部门制发检察建议，建议加大风险隐患排查整治力度，落实各项监督管理机制。深圳市检察院在办理一起走私水果案时，针对办案中发现的深圳地区进口东盟水果普遍存在低报价格和海关水果进口监管漏洞等问题，向海关发出检察建议，深圳海关积极向海关总署反馈建议，推动完善全国进口水果价格管理机制，同时加强多部门联动，形成关区综合管控治理的常态化，进一步净化市场。

2. 提升轻罪治理效能

20余年来，全国刑事犯罪结构发生重大变化，判处三年以上有期徒刑刑罚比例从1999年的45.4%降至2023年底的不到20%，犯罪结构呈现明显的轻罪化，社会治理进入新阶段。深圳检察机关针对不起诉案件作出的38份社会治理检察建议中，有33份是在作出相对不起诉决定后发出的，占比86.8%，超过八成的案件为三年以下有期徒刑的轻罪案件。从涉及的罪名看，罪名较为分散，其中数量较多的为重大责任事故罪、对非国家工作人员行贿罪和非法占有农田罪，这三个罪名共涉案19件，占了不起诉后发出社会治理检察建议案件总数的50%。检察机关结合办案情况，分析犯罪成因，

①　朱孝清：《论能动检察》，《人民检察》2022年第13期。

提出社会治理检察建议，推动案件矛盾化解与源头治理相统一，从而提高轻罪治理水平和质效。龙华区检察院在办案中查看现场时，发现部分居民长期在公共绿地上开辟菜地耕种，不仅影响市容市貌，还容易引起社会矛盾，遂通过制发社会治理检察建议，督促区城管局堵塞漏洞、建章立制、消除隐患，从源头上防范相关案件的发生。区城管局组织管养单位整改，对涉案地块规范管理、恢复植被；开展市容环境公共绿地专项执法行动，加大巡查和处罚力度；同时编印《深圳经济特区绿化条例》宣传小册，开展绿化条例普法教育，起到了良好的社会治理效果。

3.减少类似行为再次进入刑事诉讼程序

以刑事检察促进诉源治理，要求检察机关制发检察建议必须从案件出发，从实际出发，解构引发犯罪的社会根源，弥补存在的制度漏洞，减少类似行为触犯刑事诉讼程序的可能。社会治理检察建议的制发既立足个案办理，又要求检察官具有类案思维，更要有制度建设的意识，才能提升检察建议质效，从源头上追根究底，不断减少和预防刑事犯罪的发生，维护社会和谐稳定。坪山区检察院通过剖析一起侵犯公民个人信息犯罪案件后认为，犯罪嫌疑人之所以能够轻易从多名警务辅助人员处获取到公民个人信息，根本原因在于警务装备和队伍管理存在漏洞。检察机关针对上述问题向交警大队发出强化装备管理、加强个人信息保护、加强廉政建设等监督意见。交警大队通过整改培训，排查出47项安全隐患并予以补正。

二　社会治理刑事检察建议存在的问题

（一）理念认识上重"治罪"轻"治理"

从社会治理高度审视检察工作，可以说检察工作就是社会治理工作的一部分。但部分检察人员没有树立"治罪"与"治理"并重的工作理念，重执法办案的"治罪"，轻追根溯源的"治理"。检察人员认为检察建议"吃力不讨好""看不到什么效果"，因此，许多检察人员都不愿制发检察建议，也不善于开展检察建议工作。① 原因在于检察人员办案理念没有与时俱进，还停留在机械办案、就案办案层面，没有理解刑事检察工作蕴含的法治精神，对刑事检察如何保障法律统一正确实施、完善国家治理体系思考不到位。同时，能动履职意识不强，不了解社会治理新趋势和新需求，没有真正领悟检察机关在推进国家治理体系和治理能力现代化中的重要地位，缺乏参与社会治理的积极性和主动性。实际上，司法办案与社会治理并不矛盾而是相融共生。一方面，司法执法是公平正义的最后一道防线，本质上是为了弥合社会冲突，救济公民权利，恢复社会秩序，实现一般预防，这些都是社会治理的重要内容。另一方面，"治理"要解决的问题均发现于办案，仍依托司法办案，是司法办案的延伸；检察机关要依托办案实践，挖掘案件资源，剖析类案内因，才能制发高质量的社会治理检察建议。

（二）制发内容上重个案轻类案

在调取的 2021~2023 年数据中发现，深圳刑事检察领域制发的 231 份社会治理检察建议中，制发对象主要分为四类：企业 110 份，行政机关 73 份，侦查机关 33 份，其他自治组织、学校等 15 份。检察建议中暴露出办案人员更倾向于就个案问题直接向发案单位发出监督意见，以获得涉案单位回复整改为制发目的，而不论这样的案件是否属于多发、普遍的社会问题。这种现象直接导致的后果就是碎片式监督泛滥。究其原因，首先是缺乏系统观念。有相当一部分是针对企业内部安全生产、财务管理、廉政机制等方面提出监督意见，如因公司员工涉嫌职务侵占就向该公司发出完善财务制度、加强内控机制的检察建议；或是针对不具有普遍性的偶发个案问题向机关单位提出建议。其次是缺乏类案监督思维。从实践看，类案监督产生的辐射效能远超个案监督，更容易产生"治理一片"的整治效果。2021 年以来，深圳市检察机关刑检部门制发的社会治理检察建议中个案监督意见占了接近七成，仅有向行政机关制发的部分检察建议梳理了类案，主要集中在个人信息保护、未成年

---

① 童建明主编《检察改革面面观（2018—2021）》，中国检察出版社，2022。

人保护、社区多发盗窃领域，而对于环境保护、重大责任事故、养老诈骗等容易触及案件多发的工作领域则多是个案监督意见。原因在于办案人员类案问题研判能力不强，分析问题相对浅表；类案监督意识不足，习惯就案论案，类案监督工作格局有待进一步打开；业务知识未能相互融通，相关技术性较强的专业知识储备不够，影响问题分析和对策建议的合理性和有效性。

（三）诉源治理上重制发轻督促

从深圳的实践看，针对深挖涉案行为发生根源而发出的社会治理检察建议不多，且还存在质量参差不齐、整改督促不力等问题。如两份针对民营企业发出的检察建议，由于缺乏深入调研，建议内容使用了"管理不到位""制度不完善""责任心不强"等表述，不仅文书质量不高，被建议单位不知如何整改，而且影响检察建议的权威性。

从主观上看，办案惯性往往导致办案人员更倾向于在有罪案件中寻找原因，而对不起诉案件则以结案为目的，极少再去思考不起诉案件的社会根源，且不起诉案件实际上耗费的精力可能比起诉的案件更多，因此很难再专注社会治理。即便意识到需要制发监督意见，但在调查环节蜻蜓点水，走形式过场，没有真正启动深入问题的调查、调研工作，这就直接导致诸多问题：有的检察建议制发必要性明显不足，有违必要审慎原则；有的检察建议未能准确查实问题所在，对问题表述缺乏说理分析和证据支撑；有的建议措施笼统空泛，缺乏具体的整改意见，让被建议单位无所适从。社会治理检察建议的刚性，来源于内容的高质量。① 社会治理检察建议要得到被建议单位积极高效的回复，前提应当是建议本身具备足够的专业性、实效性、可行性和针对性。如果缺乏调查核实、缺少事前事中的有效沟通，建议内容空洞或者于法无据，纯粹为制发而制发，则难以对被建议单位形成实质性的工作推动和促进。检察机关的督促落实、配合支持等具体行动是筑牢检察建议内在

---

① 赵静东、王晓伟、王端端：《社会治理检察建议工作实践问题研究》，《中国检察官》2020年第21期。

刚性的保障。① 同时，检察建议发出后督促执行不到位，被建议单位仅仅是形式上整改应付了事，则导致检察建议的监督目标完全落空。

（四）协同治理上重自力轻协作

协同性理论认为，系统在发展过程中，各部分之间、部分与整体之间的协同可以形成系统整体的协同运动，其关键条件在于系统内部各部分之间的有机联系、协作与配合。社会治理是一项系统工程，在分工日益精细的今天，检察机关只是社会治理的重要主体之一，并不直接承担社会治理任务，而是在办案中监督提出有效可行的建议。社会治理是一项全社会共同参与的系统工程，检察机关如果没有协同意识，没有整体性观念，仍然单打独斗，则参与社会治理的质效显然不高。如有的检察建议仅停留在表层，检察建议发出后收到回复即可，检察监督停留于文来文往的表面文章，对被建议单位回复所称的整改措施是否真正落实到位，缺乏深入核实；关于河流治理的检察建议，没有事先听取水务、环保、城管等相关部门意见，没有发动环保志愿者组织参与，建议的专业性和可操作性不强；等等。这些问题的根源在于，有的检察官仍然以监督者而非协同参与者自居，还没有落实双赢多赢共赢执法理念，没有统筹督促相关部门依法规范履职。

三 提升社会治理刑事检察建议工作效能的路径

（一）紧扣刑事检察职责，提升社会治理意识

身处利益多元、价值多元、诉求多元时代，检察机关要及时调整执法理念，优化执法方法，多措并举、刚柔并济，全面履行好法律监督职责。一方面，检察机关在重拳打击各类严重刑事犯罪的同时，要积极回应刑事犯罪结

---

① 董明华、杨淇：《提升社会治理检察建议工作失效的实践路径》，《检察日报》（理论版）2023 年 5 月 19 日。

构变化，立足我国已经进入轻罪时代这一背景，在执法办案中强化社会治理思维，运用刑事和解、认罪认罚从宽处理、宽严相济刑事司法政策等工具，依法适用不捕不诉权，最大限度以较为和缓柔性的方式化解社会矛盾。另一方面，制发社会治理检察建议的目的并非彰显检察机关高人一等的地位，而是提醒、帮助、建议、督促被建议单位及时纠正错误、弥补漏洞、完善管理。检察机关与被建议单位并非对立对抗关系，双方价值追求和工作目标一致，都是为了改进工作、规范管理，更好地凝聚工作共识，达成协作合力，助力社会治理完善。

（二）树立社会效果导向，加强行政执法行为监督

2019 年度、2021 年度最高检评选出的全国检察机关 21 份社会治理类优秀检察建议中，有 18 份是制发给基层政府或者其派出机关以及行政主管部门的，这些优秀社会治理类检察建议监督公共行政的特征非常明显。要透过案件本身加强对行政执法行为的有效监督，必须准确界定案件背后核心问题，明确行政机关监管责任，因此社会治理类检察建议需要提升专业性、针对性、有效性。

检察建议要达到"办理一案、治理一片"的效果，即拓展参与社会治理的广度和深度，实现从具体到宏观，从个案到类案，从个别的事或人到体制机制问题给出合理对策建议。① 行政机关履行社会行政管理职能，是社会治理的主力军，检察机关运用社会治理检察建议时应当立足系统观念，着眼推动行政机关提升监管治理水平。"头痛医头，脚痛医脚"的观念难以发现普遍性、共同性、区域性深层次问题。社会治理检察建议应当是全面的整体性监督建议，监督的领域更多、更广，其特有的柔性监督性质赋予检察机关更多能动履职的机会。检察机关作为司法机关，其关注的重点应当是能够引发广泛关注、产生比较大影响的领域。检察机关要做足调查，深挖案件根源，分析行政监管制度是否存有漏洞，帮助弥补行政监管制度盲区。

---

① 元明、肖先华：《最高人民检察院"七号检察建议"解读》，《人民检察》2021 年第 23 期。

具体来说，首先，要在诉源治理中树立系统观念。行政机关是社会治理的元治理环节，抓住这个环节就抓住了治理结构中的原动力，因此，检察机关在办理刑事案件时，应当善于透过案件表象，深挖行为背后的制度原因，从而找出行政监管漏洞，实现穿透式监督。其次，要在参与社会治理中强化类案监督意识。一般来说，个案中暴露的问题是个别的，但类案中暴露的问题则是普遍的、共性的。通过类案剖析，既可以直接揭示社会治理中最深刻的问题，也可以提出更专业、更科学的对策建议，提升服务社会治理的质效。检察机关可以通过数字监督发现类案监管漏洞与规范缺失等问题，以类案监督推进行政执法精细化。通过大数据分析类案监督中所反映出的行政执法程序不规范、不细致等问题，以检察监督进一步促进健全行政执法工作机制，进一步推进行政执法精细化。最后，要强化检察业务一体化，打破业务部门壁垒。实践中，社会治理检察建议的线索大多来自刑事司法领域，检察官在办理具体案件时能发现很多管理疏漏，形成只有在司法阶段才能发现的知识。而司法阶段的知识与行政专业知识、社会治理知识并不一定相通，检察机关使用司法知识去指导社会治理，可能无法提供专业性的指导。针对社会治理中涉及行政机关或者其他公法主体的监管权责、行政法律适用等领域的问题，可以加强检察机关内部刑事检察部门与行政检察部门的协同，实现知识交换、业务融合，在刑事案件繁重的情况下，甚至可以作为独立线索移送行政检察部门，深化检察业务横向一体化。对于一些典型问题，为扩大社会治理辐射面，还可以由上级检察机关从市级层面统筹，制发检察建议，促进相关部门自上而下推动问题治理。

（三）建立"不起诉+社会治理检察建议"机制，提升监督效能

深圳检察机关对不起诉案件发出检察建议的不多，2021～2023年仅对38件不起诉案件发出了社会治理检察建议，与深圳作不起诉决定案件的体量不匹配。良好的社会治理效果能够反哺刑事办案，减少类案行为再次进入刑事诉讼，优化司法资源。建立"不起诉+社会治理检察建议"有助于提升检察监督的社会效能和法律效能。其一，要提升能动履职意识。要摒弃就案

办案和就事论事意识，在作出不起诉决定后，要善于、敏于发现案件背后存在的问题，特别是对于多发案件，更应从诉源治理的目标出发，总结普遍的、共性的问题。其二，要优化社会治理检察建议工作办理模式。要实现检察建议办理模式从事项向案件转化，从检察官个案办理向部门类案集中办理转化。推行重大监督事项案件化办理机制，把检察建议当作案件办理。检察官在对案件作出不起诉处理决定后，对其中潜藏的社会治理问题进行研判，必要时可以提请部门负责人或者检察官联席会议讨论，指定对案情最熟悉、专长最对口的检察官办理该检察建议，汇聚同类案件进行集中研究分析和走访调研，梳理共性问题，提出改进意见。其三，要做实社会治理的调查调研。充分开展调查核实、调研分析，找准"源头"，为高质量制发检察建议打下坚实基础。最高检发布的优秀社会治理检察建议，无一例外地对涉案问题主要是行政监管问题进行了大量详尽的地区性、行业性系统调研分析。对于专业性强的行政监管问题，应当善于借助外脑，发挥专业人员的辅助决策作用，甚至可以将专家咨询论证作为制发建议的前置环节。行政管理是社会治理的重要内容，检察机关应该多针对行政监管部门制发检察建议，借助行政执法的力量实现社会治理。

（四）构建诉源治理协同机制，从"办理"向"办复"转变

要以诉源治理促进社会治理，推动检察建议从"办理"向"办复"转变。要达到这样的效果，离不开工作协同性的增强。刑事检察社会治理工作树立双赢多赢共赢的监督理念，与各方主体形成良性、互动、积极的工作关系，寓支持于监督，努力构建"党委领导、政府支持、多方合作"检察建议工作新格局。第一，加强与被建议单位的横向沟通协商。从单方建议转向协商共治，"共建共治共享"是新时代社会治理的发展方向。对于被建议行政机关，检察机关可以通过联席会议、会签文件、专人对接等手段加强协调合作，强化府检联动，形成法律监督权和行政管理权的治理合力。对于公司、企业等被建议单位，应当充分沟通以了解其困难和症结所在，寻求与被建议单位达成共识，通过提供专业有效的建议，让被建议单位感受到检察机

关的真诚,推动被建议单位自觉行动,促使其按照建议高效落实整改。第二,健全检察建议落实执行情况报告制度。检察建议在规范行政执法、维护社会公平、完善社会治理方面的优势明显,得到各地党委、政府和人大、政协的充分关注和支持。检察机关要落实深圳市委《关于加强人民检察院检察建议工作的意见》,及时报告检察建议工作中存在的问题和改进举措,进一步深化上级机关对检察建议工作的支持。第三,优化检察建议督促整改工作机制。检察建议的主要功能应当是发现问题、分析问题并提出解决问题的意见,问题的整改是被建议单位的职责。检察机关不能越俎代庖,也不可能包办代替,而应当坚持谦抑性和补充性原则,注重激活各相关主体依法及时履职主动性,督促帮助被建议单位及时整改且整改到位。

参考文献

元明、肖先华:《最高人民检察院"七号检察建议"解读》,《人民检察》2021年第23期。

赵静东、王晓伟、王端端:《社会治理检察建议工作实践问题研究》,《中国检察官》2020年第21期。

董明华、杨淇:《提升社会治理检察建议工作的实践路径》,《检察日报》(理论版)2023年5月19日。

朱孝清:《论能动检察》,《人民检察》2022年第13期。

童建明主编《检察改革面面观(2018—2021)》,中国检察出版社,2022。

B.15
行政强制隔离戒毒检察监督工作的
深圳实践研究

深圳市罗湖区人民检察院课题组*

摘　要：　行政强制隔离戒毒是一项具有高度人身限制性的强制措施，长期以来缺少外部监督，工作规范程度亟待提高。探索开展行政强制隔离戒毒检察监督是检察机关深入贯彻习近平法治思想的重大举措。深圳市罗湖区人民检察院立足深圳实际，通过会签机制文件、探索数据赋能、提升监督刚性、践行"府检联动"及组织交流研讨会五个方面，推进检察监督试点工作取得较显著成效；并将从抓实驻所监督、提供有效支持、抓好检察建议落实、探索延伸监督、深化理论学习五个维度，持续优化检察监督机制，为完善行政强制隔离戒毒检察监督工作贡献"深圳智慧"。

关键词：　强制隔离戒毒　检察监督　行政强制措施

开展行政强制隔离戒毒检察监督是贯彻落实习近平法治思想，推动行政机关依法规范执法，充分保障戒毒人员合法权益的重大举措。2023年初，深圳市罗湖区人民检察院（以下简称"罗湖区检察院"）对深圳市司法局第一强制隔离戒毒所（以下简称"深圳第一强戒所"）的戒毒执行活动开

---

*　课题组成员：汪林丰，深圳市罗湖区人民检察院副检察长，主要研究方向为检察理论与实务；邱华红，深圳市罗湖区人民检察院副检察长，主要研究方向为刑法、行政法；路广涛，深圳市罗湖区人民检察院第五检察部主任，主要研究方向为行政法；曾一峰，深圳市罗湖区人民检察院第五检察部副主任，主要研究方向为行政法；黄柏钧，深圳市罗湖区人民检察院第五检察部检察官助理，主要研究方向为行政法。

展检察监督试点工作。在上级检察机关的领导下，罗湖区检察院强化法律监督，依法能动履职，切实推动行政机关公正文明执法，监督试点工作取得积极成效。罗湖区检察院研发的大数据法律监督模型在全省检察系统推广复用；办理的"冯某华强制隔离戒毒检察监督案"入选广东省2023年度"十佳行政检察案例"；主动承办省级范围的强制隔离戒毒检察监督交流研讨会，推动监督机制不断优化完善。

一　行政强制隔离戒毒检察监督的背景

《禁毒法》确立了中国特色戒毒体系，包括自愿戒毒、社区戒毒、强制隔离戒毒和社区康复四种戒毒基本模式。其中，对于吸毒成瘾且有规定情形或吸毒成瘾严重的人员，①县级以上公安机关即可作出强制隔离戒毒决定，戒毒人员需在强制隔离戒毒所接受为期2年的封闭式戒毒。强制隔离戒毒作为一项限制人身自由的行政强制措施，其管理模式具有高度封闭性，戒毒人员合法权益受到侵害的可能性较高，需要检察监督等外部监督力量予以规范。

但在过去一段时间内，检察机关开展强制隔离戒毒检察监督存在困难。一方面，检察机关刑事执行检察部门的监督场所限于看守所及监狱，无法对属于行政领域的强制隔离戒毒场所实施监督；另一方面，检察机关行政检察部门的监督通常限于行政诉讼活动，对强制隔离戒毒执行机关的行政违法行为开展监督缺乏依据。

为填补强制隔离戒毒外部监督的"空白地带"，配套的政策、法律规范

---

① 《禁毒法》第三十八条规定吸毒成瘾人员有下列情形之一的，由县级以上人民政府公安机关作出强制隔离戒毒的决定：（一）拒绝接受社区戒毒的；（二）在社区戒毒期间吸食、注射毒品的；（三）严重违反社区戒毒协议的；（四）经社区戒毒、强制隔离戒毒后再次吸食、注射毒品的。对于吸毒成瘾严重，通过社区戒毒难以戒除毒瘾的人员，公安机关可以直接作出强制隔离戒毒的决定。吸毒成瘾人员自愿接受强制隔离戒毒的，经公安机关同意，可以进入强制隔离戒毒场所戒毒。

等相继颁布①，开展强制隔离戒毒检察监督的基础不断夯实。据此，检察机关可对强制隔离戒毒工作中的行政违法行为开展监督，推动提升强制隔离戒毒执行工作的规范程度。

"加强对强制隔离戒毒的检察监督，促使强制隔离戒毒制度规范有效运行，提升戒毒人员戒毒质效，不仅是毒品问题治理体系和治理能力现代化建设的需要，也是新时期检察监督机制发展的需要。"② 2022 年，最高人民检察院与司法部联合发布《关于开展司法行政强制隔离戒毒检察监督试点工作的意见》（以下简称《试点工作意见》），正式启动对强制隔离戒毒检察监督的探索。2023 年，广东省人民检察院及广东省司法厅联合印发《关于开展司法行政强制隔离戒毒检察监督试点工作的实施办法（试行）》，确定全省 9 家基层检察院及 10 家司法行政强制隔离戒毒所参加试点工作，深圳市参加的单位为罗湖区检察院及深圳第一强戒所。

二　行政强制隔离戒毒检察监督的深圳实践

（一）会签机制文件，开展驻所监督

在深圳市检察院的坚强领导及大力支持下，罗湖区检察院领导多次带队走访深圳市司法局、深圳第一强戒所等单位，就如何落实落细检察监督试点工作理清思路、凝聚共识，强化检察监督试点工作的组织保障。2023 年 3 月 28 日，罗湖区检察院与深圳第一强戒所签署《开展强制隔离戒毒检察监

---

① 2014 年 10 月，党的十八届四中全会通过的《中共中央关于全面推进依法治国若干重大问题的决定》强调，"完善对涉及公民人身、财产权益的行政强制措施实行司法监督制度"；2020 年 12 月，深圳市人民代表大会常委会《关于加强新时代检察机关法律监督工作推动法治城市示范建设的决定》强调，探索对行政强制等行政行为开展法律监督；2021 年 6 月，《中共中央关于加强新时代检察机关法律监督工作的意见》要求，在履行法律监督职责中发现行政机关违法行使职权或不行使职权的，可以依照法律规定制发检察建议等督促纠正。

② 石经海等：《强制隔离戒毒检察监督的实务探讨及优化思路》，《人民检察》2023 年第 12 期。

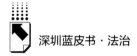

督工作的实施方案》，确定开展强制隔离戒毒检察监督试点工作规则。

一是明确监督范围。着重从监督目标、监督范围、监督方式等方面，细化完善各司其职、相互配合的具体措施，确保检察监督到位而不越位。二是建立控告申诉机制。加大检察监督职能的宣传力度，告知戒毒人员主要权利义务、维权救济途径。在监管戒治区域内设立检察官信箱，受理戒毒人员的控告申诉，及时解决戒毒人员的合法诉求。三是建立监督台账和监督档案。及时记录日常监督过程中发现的问题，对整改情况进行登记复查，实现对监督事项的闭环管理。四是明确工作内容。深圳第一强戒所为驻所检察官办公室配备完善的办公设施，开通戒毒人员管理平台和所内办公平台账号。罗湖区检察院每月定期开展驻所检察监督工作，通过收集管理规范性文件、与工作人员座谈、监管戒治区域内巡查、与戒毒人员谈心谈话等方式，实施全方位多层次监督。

（二）坚持数据赋能，推动系统治理

要深入实施数字检察战略，赋能新时代法律监督，促进和维护公平正义，更好以检察工作现代化服务中国式现代化。罗湖区检察院深入践行"个案办理—类案监督—系统治理"的数字检察战略理念，通过大数据赋能，提高检察监督质效。

罗湖区检察院在监督过程中，发现公安、司法行政机关存在未按规定转送或接收戒毒人员的问题。根据《戒毒条例》第二十七条第二款，强制隔离戒毒采取"双重主体、分段执行"模式。罗湖区检察院发现，戒毒人员冯某华未被按时转送司法行政戒毒所执行戒毒。经研判，未按时移送及接收应并非个案现象。为此，罗湖区检察院调取深圳第一强戒所自2018年以来接收执行的1900余条戒毒人员信息进行大数据排查，发现公安及司法行政戒毒所未在3~6个月转送或接收戒毒人员的线索有437条，占比23%，最终就行政违法问题立案监督214件。

在数据赋能成效初显的基础上，罗湖区检察院深入开展延伸监督，进一步发现存在戒毒人员"遗漏执行"问题。根据《戒毒条例》第三十六条，

戒毒人员刑罚执行完毕后强制隔离戒毒期限未满的，需要继续执行剩余期限。但因衔接机制阙如，实践中存在刑满释放人员未被继续执行强制隔离戒毒剩余期限的问题。对此，罗湖区检察院向某公安机关调取其2018年以来作出的强制隔离戒毒决定、移送强制隔离戒毒所的人员数据等信息，通过与掌握的刑事案件信息进行对比，从237宗强制隔离戒毒案件中发现戒毒人员刑罚执行完毕后未继续执行强制隔离戒毒剩余期限的违法线索15条。经审查，就该行政违法问题立案监督10件，部分"漏管脱管"戒毒人员已被公安机关查获，并移交继续执行强制隔离戒毒剩余期限。

（三）优化工作模式，提升监督刚性

行政检察监督存在监督刚性不足问题，被建议单位纠正违法行为的积极性有待提高。为将检察建议做成刚性、做到刚性，罗湖区检察院创新性采取"公开听证+宣告送达"模式。

根据《人民检察院审查案件听证工作规定》第四条，检察机关办理的案件如有重大社会影响，需要当面听取当事人意见的，可以召开听证会。就未按法定期限转送或接收戒毒人员问题，罗湖区检察院召开检察听证会，邀请了司法行政戒毒所、公安机关戒毒所等涉案单位参加，人大代表、政协委员和人民监督员担任听证员并进行现场交流提问。通过充分听取意见及提问，罗湖区检察院查明问题的原因在于，公安机关、司法行政机关的移送及收治标准不一致，双方在戒毒人员移送工作上缺少有效的沟通协调。另外，戒毒所收治戒毒人员数量的波动性也会带来不利影响。通过查明相关原因，检察机关更能"有的放矢"提出建议，以保障监督刚性。

根据《人民检察院检察建议工作规定》第十八条，检察建议书的送达方式包括书面送达及现场宣告送达。经协商同意，可在人民检察院等适宜场所进行。宣告送达有助于增强检察建议的公开性、规范性及权威性，并增加检察机关与被建议单位的协调配合与良性互动，提升检察建议书的被采纳率。因此，罗湖区检察院向被建议单位宣告送达检察建议书，主管副检察长宣读了检察建议书的内容，并对法律适用、整改落实、回复要求进行了充分

的释法说理。被建议行政机关现场签收检察建议书,全部采纳了检察建议书的内容,并表示将全力抓好相关问题的整改落实。

(四)践行"府检联动",监督支持并重

强制隔离戒毒检察监督是行政检察工作的重要组成部分,罗湖区检察院坚持"双赢多赢共赢"理念,监督和帮助行政机关解决治理难题,支持行政机关全面依法履职,维护行政执法权威,推动提升依法行政能力,为推动国家治理体系和治理能力现代化贡献检察力量。

就某公安机关遗漏执行涉刑强制隔离戒毒人员问题,罗湖区检察院制发检察建议督促其依法整改。公安机关采纳建议内容,迅速查获相关戒毒人员,并送交司法行政戒毒所执行。其中,戒毒人员曾某某因吸毒成瘾严重被公安机关决定强制隔离戒毒2年,其又因犯罪被判处有期徒刑6个月。曾某某刑罚执行完毕后,依据《戒毒条例》第三十六条需要继续执行剩余的1年6个月强制隔离戒毒期限。公安机关将其重新查获后,作出继续执行强制隔离戒毒剩余期限的决定。曾某某自述已戒除毒瘾,认为继续执行构成违法,因而提出行政复议。

在接到行政机关的反馈后,罗湖区检察院对这一问题开展了研究,多次走访相关单位并进行充分沟通。其一,继续执行强制隔离戒毒剩余期限的决定不具有可复议性或可诉性。行政复议或诉讼的受理受案范围,应当是行政机关作出的影响公民、法人或者其他组织的权利义务关系的行政行为。继续执行强制隔离戒毒剩余期限为原《强制隔离戒毒决定书》的执行问题,并未对戒毒人员设定新的权利义务,对其权利不产生实际影响。其二,继续执行剩余强制隔离戒毒期限符合相关规定。公安部明确要求,如强制隔离戒毒期限未满,戒毒人员在刑罚执行完毕后应继续接受强制隔离戒毒,期限起算日为公安机关查获之日。① 实践中,多地公安机关依据上述

---

① 《公安部关于对涉刑强制隔离戒毒人员剩余强制隔离戒毒期限继续执行有关问题的批复》规定,对于强制隔离戒毒期限未满,刑罚执行完毕后未能继续送强制隔离戒毒所执行的强制隔离戒毒人员,流散社会后再次被公安机关查获的,应当送原强制隔离戒毒所执行。剩余强制隔离戒毒期限自查获之日起计算。

规定继续执行剩余的强制隔离戒毒期限，并在相关行政诉讼中得到法院的支持①。

（五）主动担当作为，深化理论研究

当前，强制隔离戒毒检察监督尚处于破冰探索阶段，相关的顶层制度设计及执行细则亟待完善，各基层试点单位的实践做法及遇到的困难有所不同，需要横向交流研讨及相互学习，同时纵向获得上级检察机关指导。

罗湖区检察院先行先试，主动担当作为，在上级检察机关的指导下，于2023年11月8~9日，率先在全国承办召开省级范围的司法行政强制隔离戒毒检察监督交流研讨会，邀请广东省其余8家试点检察院有关负责同志、专家学者、行政审判专家、戒毒所的有关负责同志、人大代表等共60余人参会。

会前，罗湖区检察院向各试点检察单位征集问题，经汇总整理，总结出当前广东省各试点单位在开展检察监督工作中遇到的八个方面问题②（见表1），并对反映同类问题的检察机关数量进行统计（见图1），供上级检察机关调研参考。

在司法行政强制隔离戒毒检察监督交流研讨会上，上级检察机关对省内各试点检察院提出的问题进行答疑解惑，并对下一步工作作出指示。上级检察机关强调，要积极稳妥审慎推动强制隔离戒毒检察监督工作，先从监督管理、法律适用等方面开展检察监督，而后根据各地工作实践、人员配比、法律明晰程度等情况，逐渐探索开展全链条监督。

---

① 以"行政案件""强制隔离戒毒""刑满释放""继续"为关键词在中国裁判文书网进行检索，显示有36份相关文书，经筛选补充，最终得到与戒毒人员曾某某案件事实相似的文书12份，涉及的省份包括浙江、贵州、山东、河南、辽宁、吉林。

② 问题由罗湖区检察院向广东省其余8家试点检察机关收集，收集时间为2023年11月。

表1 广东省试点单位开展检察监督发现问题情况

类型	具体内容
制度供给不足	当前大部分地区检察机关对强制隔离戒毒工作规定为政策文件,开展相关的监督工作缺乏直接法律依据
	《戒毒条例》位阶仅为行政法规,已施行超过10年,难以满足当前新形势的工作需要
监督方式有限	检察机关对强制戒毒所的监督方式较为单一,主要以检察建议形式进行监督
监督刚性不强	被建议机关逾期回复检察建议情况普遍,回复缺乏有效的整改方案,整改措施难以落到实处
	戒毒所内部管理具有一定的封闭性,当行政机关配合程度不高时,检察机关难以开展调查取证
监督界限不明	《试点工作意见》的规定较为原则性,缺乏具体规定,工作开展主要依靠与司法行政机关会签的文件
监督力量不足	基层检察院无专门的行政检察部门,且检察官不一定具有驻所监督的经验,人员力量配备明显薄弱
执行衔接不畅	公安部有关批复规定,戒毒人员服刑后需“送交继续执行强戒”的,由监狱或者看守所负责通知原戒毒所和强戒决定机关,并负责转送人员。实践中,该批复未能得到较好执行
	部分执行场所等不具有专门的戒毒职能,对诊断评估等工作重视程度不足
	深圳流动人口多,存在异地执行难问题,相关法律依据及程序不明确
继续执行剩余期限的依据模糊	《戒毒条例》第三十六条的“继续执行强制隔离戒毒”的规定不明确,对刑满释放后又被公安机关查获的戒毒人员应否继续执行剩余戒毒期限存在争议
信息共享不畅	信息流通不顺畅导致对强戒人员状况的掌握不及时,影响监督效果。对涉刑强戒人员进行动态管控的工作机制缺失,会增加涉刑强戒人员脱管的可能性

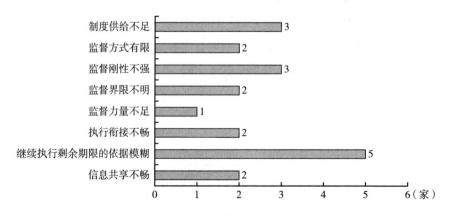

图1 反馈各类问题的试点单位数量

三 下一步工作计划

2023 年 8 月，最高检印发《2023—2027 年检察改革工作规划》，明确指出要"开展强制隔离戒毒检察监督试点"。强制隔离戒毒检察监督是检察改革工作的重要内容，需要长期探索、持续推动完善。罗湖区检察院将做好以下工作。

（一）抓严抓实驻所检察监督

试点开展以来，罗湖区检察院的工作重点主要是对强制隔离戒毒执行机关的行政违法监督，驻所检察监督方面的工作还有进一步抓严抓实的空间。接下来，罗湖区检察院将克服人员力量有所不足等因素，对照广东省人民检察院与广东省司法厅印发的工作实施办法，学习省内其他试点单位的有益经验做法，充分发挥驻所检察的联络作用，开展全方位多层次的监督，发现司法行政强制隔离戒毒所在日常运作管理中可能存在的不足，行使检察监督职权，推动完善司法行政强制隔离戒毒执行工作。

（二）坚持依法监督与有效支持并重

《戒毒条例》第二十七条虽然确定了"双重主体、分段执行"的强制隔离戒毒执行模式，"但是对具体的转化程序、执行权限并未作出解释，而不同执行机关分段执行也因执法部门利益限制，不利于形成高效的收治工作机制"。[①] 公安与司法行政机关衔接不畅的问题较为突出，罗湖区检察院为此已发出检察建议。在监督的基础上，罗湖区检察院将发挥沟通协调作用，探索推动公安与司法行政机关构建强制隔离戒毒执行衔接机制，推动完善强制隔离戒毒决定在看守所、监狱及戒毒所等场所的执行衔接监管机制。

---

① 王瑞山：《试论我国强制隔离戒毒制度的完善》，《华东师范大学学报》（哲学社会科学版）2015 年第 3 期。

在现行《戒毒条例》未改变"双重主体、分段执行"模式的情况下，全国已有多个省份通过地方立法等形式，明确强制隔离戒毒由司法行政机关统一执行，从根本上解决衔接不畅的问题。当前，包括重庆、云南、青海、山东在内的多地已将公安机关强制隔离戒毒执行工作移交给司法行政部门负责[①]。罗湖区检察院将密切关注法律规范的变动，及时对检察监督工作内容进行调整。

（三）抓好检察建议落实整改

要持续紧盯、跟进落实检察建议，推动检察建议由"办理"向"办复"转变。前期，罗湖区检察院针对司法行政及公安机关在强制隔离戒毒执行活动中存在的违法问题，发出检察建议 6 份。涉案单位采纳检察意见，并且公安机关有关负责同志在交流研讨会上明确表示，戒毒人员移送的规范程度有所提高，检察监督的积极作用已体现。但要让整改整治真正落到实处并非易事，还需要长期持续跟踪回访。接下来，罗湖区检察院将积极做好检察建议的"后半篇文章"，持续紧盯、狠抓落实，切实发挥检察建议推动问题整改的功能与效用。

（四）稳妥审慎延伸监督触角

我国对毒品违法犯罪始终保持高压打击态势，毒情形势持续向好。自2017 年开始，受强制隔离戒毒的人次呈现断崖式下降趋势。许多戒毒所的"收治量"仅为以往的 1/10，有些戒毒场所收治的戒毒人员甚至不足 10 人，"警戒比"严重超标，由于空编较多、职能弱化而面临被收回编制、撤销机构的风险。有些戒毒所在暂停收治戒毒人员之后把工作重心转向社区戒毒、

---

① 如《重庆市禁毒条例》第四十二条第二款规定，强制隔离戒毒执行的具体办法由市人民政府规定。重庆市人民政府《关于强制隔离戒毒有关问题的会议纪要》明确，公安机关依法对吸毒人员作出强制隔离戒毒决定后，直接将其交由司法行政戒毒机关执行强制隔离戒毒措施。

社区康复、社区矫正等工作。① 当前，深圳市亦存在类似的情况。截至 2023 年 12 月，深圳第一强戒所收治的戒毒人员不足百人，深圳市多区的公安戒毒所因无强制隔离戒毒人员而暂时关闭。对此，罗湖区检察院将在积极请示报告的基础上，审慎稳妥推进对社区戒毒、社区康复等戒毒方式的监督，探索将检察监督覆盖到更多样的戒毒模式，全力参与毒品问题综合治理体系建设，通过高质量检察监督护航深圳创建全国禁毒示范城市。

（五）持续加强理论学习研究

针对强制隔离戒毒检察监督工作中遇到的问题，参加交流研讨会的专家学者亦提供了宝贵的意见建议。罗湖区检察院将继续组织检察人员深入学习，通过学习前沿研究成果，为高质效开展强制隔离戒毒检察监督工作提供坚实理论支撑。

中山大学法学院高秦伟教授认为，要探索建立联席会议或工作协作机制；建立以"巡"为主，"驻""巡"结合的介入监督制度；实现由场所监督向执法全过程监督转变；构建以办理控告申诉案件的方式介入的监督机制，强化检察建议介入监督的功效。深圳大学法学院朱全宝教授认为，要打好检察建议与诉讼组合拳；要通过做强做实检察建议、运用多种监督方式，提升检察建议刚性；要充分借助数字检察等新兴手段；要夯实行政检察力量；要坚持"审慎稳妥、循序渐进"的原则。深圳市社科院政法研究所邓达奇研究员认为，要制定更加明确、具有可操作性的工作规定，明确监督程序、调查核实的权限，进一步做实做优检察建议；建立监督效果的评估机制；构建监督保障体制，加强对现代科技手段的利用；健全协同监督机制，健全被监督对象权利救济机制。②

---

① 姜祖祯、宋秋英：《新时期强制隔离戒毒工作成效、难点问题与改革对策》，《犯罪与改造研究》2023 年第 3 期。
② 按 2023 年 11 月 9 日司法行政强制隔离戒毒检察监督交流研讨会上的发言整理。

社会法治篇 ↘

B.16
深圳烟酒彩票售卖点遵守《未保法》
情况调查研究

徐宇珊　付钱香*

摘　要：　本文旨在评估深圳市烟酒彩票销售点对现行《未成年人保护法》，特别是该法中关于保护未成年人免受烟酒彩票危害规定的遵守情况。2024年1~2月，通过组织未成年人调查员实地考察销售点的执行情况，发现整体遵守情况存在显著改进空间，特别是小卖部和城中村的销售点执行情况较差，而彩票销售专卖店的表现相对较好。研究还发现执行中的困难，如销售人员难以准确识别未成年人、家长缺乏适当的监管，以及自助和网络购买渠道的监管真空。基于这些发现和其他地方的经验，建议加强法律法规的宣传教育，加大执法力度，利用大数据进行监督，并针对线上销售渠道制定更严格的监管措施。

* 徐宇珊，管理学博士，深圳市社会科学院政法研究所研究员，主要研究方向为社会组织、儿童友好等；付钱香，深圳市宝安区海同社会工作服务中心驻石岩街道社工站（未保站）副站长、督导，主要研究方向为社会工作。

关键词：　《未保法》　社会保护　烟、酒、彩票

烟、酒、彩票对未成年人的危害是不言而喻的。未成年人身体尚未发育成熟，吸烟饮酒会对未成年人呼吸系统、心脑血管等造成危害。彩票成瘾可能导致未成年人沉迷于博彩，分散未成年人的注意力，影响学习和生活。此外，吸烟饮酒往往与未成年人犯罪有高度相关性。一项对城市未成年人犯罪的调研发现，犯罪未成年人中，六成以上在案发前有吸烟、饮酒等行为。[①] 研究表明，抽烟喝酒对未成年人的不良交往具有预测力。如果未成年人业余时间喜欢"抽烟、喝酒"，则其不良交往的发生比将增至 3.121 倍。这是因为抽烟喝酒往往被不良同辈团体视为讲义气的象征，会加速青少年融入不良同辈团体。[②] 因此，引导未成年人远离烟、酒、彩票，意义重大。

现行《未成年人保护法》（以下简称《未保法》）于 2021 年 6 月起施行。该法从家庭保护、学校保护、社会保护、网络保护、政府保护、司法保护六个方面保护未成年人的合法权益。其中，在家庭保护和社会保护方面，都提到了使未成年人远离烟、酒、彩票的相关举措，明确禁止向未成年人出售烟、酒、彩票，以体现对未成年人健康成长的特别关怀。[③] 此外，《未保法》第八章"法律责任"对未履行未成年人保护的责任、侵犯未成年人合法权益的行为明确了处罚内容。相关法律责任为《未保法》的落地奠定了基础，北京市控烟协会秘书长、首都医科大学公共卫生学院教授崔小波认为，《未保法》有关控烟条文的规定及法律责任的表述"对改变全国向青少年售烟问题有法不依的情况有重大影响"。中国控制吸烟协会副会长、北京

---

① 王瑞山：《城市本地籍未成年人犯罪生成及遏制实证分析》，《华东师范大学学报》（哲学社会科学版）2019 年第 4 期。

② 赵军：《未成年人不良交往促成因素经验研究——对"不同交往理论"缺陷的弥补》，《中国刑事法杂志》2011 年第 2 期。

③ 张晶、刘焱：《论新〈未成年人保护法〉的五大特点》，《青少年犯罪问题》2008 年第 1 期。

青少年法律援助中心主任佟丽华则认为"未保法'长了牙齿'","这是中国控烟进程中一个重要的里程碑"。①

一　保护未成年人远离烟酒彩票的法律规定

（一）进一步明确父母责任

《未保法》在家庭保护领域，对父母教育未成年人远离烟酒的责任提出具体规定。未成年人的父母或者其他监护人明确禁止的行为包括"放任、唆使未成年人吸烟（含电子烟）、饮酒、赌博、流浪乞讨或者欺凌他人"。现行《未保法》把 2006 年《未保法》中的"酗酒"改为"饮酒"，一字之差，含义不同，"酗酒"意为无节制地喝酒，而修订后的法律则意味着不能喝酒，规定更加严格。

预防未成年人吸烟饮酒，父母等监护人负有不可推卸的责任。过去常有成年人以逗乐的方式，在家庭聚餐等场合，让未成年人少量沾酒或体验香烟，新法意味着这些都属于违法行为。

（二）将"电子烟"写入法律

上述条文的另一个变化是增加了"含电子烟"的表述，明确提出电子烟包含在内，有助于引导未成年人远离电子烟的伤害。这也是"电子烟"首次被写入全国性法律文本。2018 年 8 月，国家市场监督管理总局和国家烟草专卖局联合发布了《关于禁止向未成年人出售电子烟的通告》；2019 年10 月，国家市场监督管理总局、国家烟草专卖局又联合发布了《关于进一步保护未成年人免受电子烟侵害的通告》，再次重申各类市场主体，不得向未成年人销售电子烟，特别是必须关闭互联网销售渠道。2022 年 3 月 11日，国家烟草专卖局发布了《电子烟管理办法》，电子烟与普通烟草一样纳

① 李晨赫：《未成年人保护法"长了牙齿"为中国控烟刻下里程碑》，《中国青年报》2020 年11 月 3 日。

入监管范围，电子烟只能在具有烟草专卖资质的网点进行售卖，并明确规定禁止向未成年人出售电子烟产品。

（三）规定售卖场所位置

《未保法》在社会保护领域，对烟、酒、彩票的售卖点提出明确规定。《未保法》第五十九条第一款指出"学校、幼儿园周边不得设置烟、酒、彩票销售网点"。《烟草专卖许可证管理办法》也规定，中小学周边不予发放烟草专卖零售许可证，这是为了尽量保证未成年人集中的场所周围没有烟、酒和博彩，减少未成年人接触的可能性。但对于"学校、幼儿园周边"，《未保法》并未明确距离标准。之后，国家烟草专卖局、国家市场监督管理总局印发了《保护未成年人免受烟侵害"守护成长"专项行动方案》，要求"明确规范校园周围距离标准及测量标准"，各地烟草专卖行政主管部门要结合实际，科学合理设定距离标准。

深圳市在这方面走在了前列。2014 年实施的《深圳经济特区控制吸烟条例》第十四条明确规定，"中小学校、青少年宫出入口路程距离五十米范围内不得销售烟草制品"。深圳的规定比国家烟草专卖局的要求整整提前了 7 年，体现了深圳在控制未成年人吸烟方面具有前瞻性。

但目前，尚未找到相关法律法规对酒和彩票销售时，究竟要距离学校等未成年人集中的场所多少米的明确规定。

（四）明确禁止售卖及处罚措施

《未保法》对禁止向未成年人销售烟酒是一以贯之的。2006 年《未保法》第三十七条和现行《未保法》第五十九条都有相关表述，要求禁止售卖、需在显著位置设置禁止售卖标志，在难以判明时应要求出示身份证等。同时，之所以称《未保法》"长了牙齿"，是因为对违反上述规定提出了具体的处罚措施以及明确了执法部门。

在彩票销售领域，也有相关明确规定。2009 年 7 月 1 日起施行的《彩票管理条例》第十八条指出，彩票发行机构、彩票销售机构、彩票

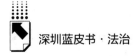

代销者不得向未成年人销售彩票；第二十六条规定，不得向未成年人兑奖；第四十一条规定，如果彩票代销者向未成年人销售彩票的，由民政部门、体育行政部门责令改正，处2000元以上1万元以下罚款并没收违法所得。

在酒类销售方面，2012年商务部对《酒类流通管理办法》进行修订，修订后规定酒类经营者不得向未成年人销售酒类商品，并应当在经营场所显著位置予以明示。如有违反者，予以警告，责令改正，处2000元以下罚款。但该办法已于2016年废止。

尽管法律明确规定烟酒销售者不得向未成年人销售烟草制品、酒类商品，彩票发行机构、彩票销售机构、彩票代销者不得向未成年人销售彩票及兑奖，但现实生活中，商家是否严格执行法律有待考察，为此笔者于2024年1~2月在深圳市开展了调查。

二　调研方法

（一）调研过程

调研开展前，笔者对调查员进行《未保法》的普法宣传和培训。调研阶段包括两个环节，第一个环节是由1~2名未成年人以消费者的角色，前往各类烟、酒、彩票售卖点，试图购买烟、酒、彩票或兑换彩票，了解店铺实际售卖情况；第二个环节是由家长或未成年人，以询问者的角色，前往同样的售卖点，询问店铺销售人员，是否会向未成年人销售以及如何解释等问题。为确保真实性，两个环节需错开几天开展，两个环节的先后顺序由未成年人和家长自行决定。在未成年人以消费者角色进行探访的环节，会要求未成年人有时身着校服，有时身着其他服装，以对比是否有差异。两个环节全部完成后，填写一份该店铺的探访表。

（二）调研内容

在未成年人以消费者角色进行的探访中，主要调研内容为记录所购买物品，以及该店对购买请求的反应是什么。

在以询问者角色进行的探访中，主要调研以下内容：（1）观察店内是否张贴相关"禁令"标识，标识是否清晰醒目、无遮挡；（2）询问该店内是否遵守相关"禁令"；（3）询问该店是否遇到过未成年人要求购买的情况，如果遇到未成年人要求购买如何反馈。（4）是否接受过《未保法》的相关普法宣传或培训。

（三）调研实施

本次调研共招募了 18 组未成年人，通常每组 2~3 人。18 组共探访了深圳各区的 162 个烟、酒、彩票销售点。这些销售点涵盖了不同位置类型和店铺类型（见表 1）。

表 1 调研样本基本情况

单位：个，%

项目	类型	样本数	所占比例
该销售点售卖商品类型（多选）	烟	127	78.4
	酒	110	67.9
	彩票	25	15.43
该销售点所属类型	连锁便利店	43	26.54
	小卖部	68	41.98
	专门的彩票销售点	23	14.2
	超市烟酒专柜	21	12.96
	超市开放货架（收银台）	7	4.32
该销售点所处的位置类型	商圈综合体	31	19.14
	城中村内	20	12.35
	市政道路旁	32	19.75
	商品房配套商铺	67	41.36
	写字楼（公共建筑）配套商铺	12	7.41

（四）调研特点

一是体现《未保法》中的"参与权"。《未保法》指出，国家保障未成

年人的生存权、发展权、受保护权、参与权等权利。本次调研以未成年人为主体，调研未成年人保护实施情况，体现了未成年人的参与权。

二是将普法宣传与社会调研有机结合。调查员通过前期培训、实地调研、总结思考，对《未保法》有了更深入的认识，甚至有的家长在实地探访中开始面向相关销售点开展普法宣传，因此调研起到了普法宣传的作用。

三是发挥未成年人特有作用，考察实际守法情况。成人执法只能询问、监督、检查，而未成年人作为受保护的客体，可以尝试直接购买方式，发现更真实的情况。由于未成年人并不具有执法权，仅通过调研了解情况，因此并不存在"钓鱼执法"之嫌。在培训中，已告知未成年人及其家长，未成年人探访时需家长在一旁悄悄陪同，如发现可以购买时，请家长出现后再购买或请未成年人借故不再实际购买。

三　主要发现

根据实地调查，可以发现不同类型、不同位置、不同商品的销售点对《未保法》禁令的执行情况存在差异，应分类整治、重点突破。一是不同类型的销售点对《未保法》禁令的执行情况有所差异，小卖部的执行情况最差；二是不同位置的销售点执行情况有差异，城中村销售点最需改进，校园周边销售点并未严格执行法律规定，依然有售卖情况；三是三种商品中，彩票销售点的执行情况相对最佳，酒类销售点的执行情况相对最差。具体发现如下。

（一）各销售点执行《未保法》的情况总体有较大提升空间

一是"禁令"张贴情况不尽如人意。此次调查显示，有三成的烟酒彩票销售点未按规定张贴"禁令"。在已经张贴"禁令"的111家店铺中，调查员认为有两成店铺的"禁令"标识不够醒目，还有一成多的标识有遮挡（见图1、图2）。例如有的"禁令"贴在很不起眼的门框边，有的被货架挡住，有的贴在各种杂物中间，还有的禁令已经破损不堪。不同店铺的"禁令"内容各式各样，有的未写明投诉举报电话，有的未写明处罚金额。

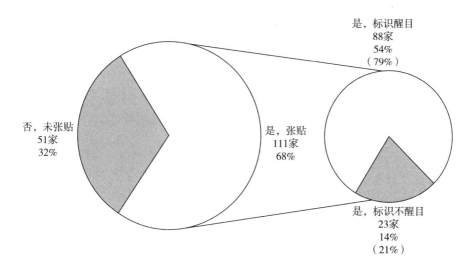

图1　是否张贴相关"禁令"标识且标识是否醒目情况

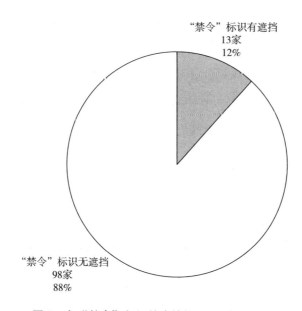

图2　有"禁令"标识的店铺标识有无遮挡情况

二是近七成的店铺口头表示会遵守相关"禁令"。在所有探访的162家店铺中，除了有13家店铺未了解到相关情况外，近七成的店铺口头表示会拒绝未成年人购买。但还有三成多表示不一定遵守，也就是说，不考虑实际行为，仅在思想层面，就有三成店铺无视《未保法》的相关规定（见图3）。

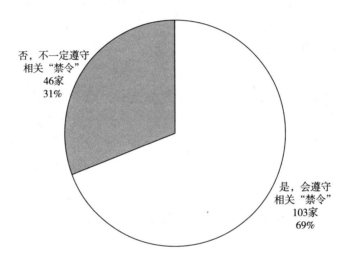

否，不一定遵守
相关"禁令"
46家
31%

是，会遵守
相关"禁令"
103家
69%

图3 店铺口头表示是否遵守相关"禁令"情况

三是面对未成年人的实际购买（以彩票销售点为例）请求时，有一半店铺拒绝售卖或兑奖，但还有三成的店铺没问什么，直接卖给未成年人或为其兑奖。与上述口头表示拒绝的近七成相比，实际拒绝的有50.62%，口头与实际相差近20个百分点（见图4）。这表明部分店铺已经具备相关意识，会在实际经营中贯彻《未保法》的相关要求，但还有相当比例的店铺法律意识淡薄，未能严格遵守法律规定。

（二）不同类型的销售点中，最需关注小卖部

相比于其他类型的销售点，小卖部未张贴"禁令"的比例最高。调查显示，小卖部在清晰醒目、无遮挡地张贴"禁令"方面，表现最差；口头表示不遵守规定的比例也最高。

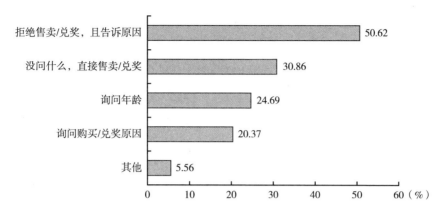

图 4　当遇到未成年人要求购买彩票或兑奖时销售点的反应

一是小卖部张贴"禁令"的比例最低。不同类型销售点张贴相关"禁令"标识情况呈现 0.01 水平显著性（chi = 21.532，p = 0.000<0.01）。超市烟酒专柜和超市开放货架（收银台）张贴"禁令"的比例分别为 95.24% 和 85.71%，而小卖部张贴"禁令"的比例仅为 50.00%（见图 5）。

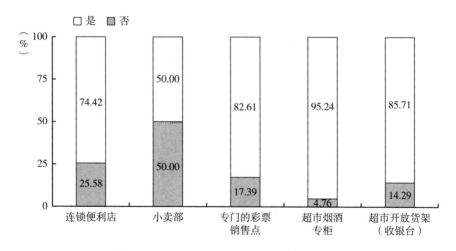

图 5　不同类型的销售点张贴相关"禁令"标识情况

二是已张贴"禁令"标识的小卖部，标识也有较大比例的不醒目、遮挡情况。探访发现，在已经张贴"禁令"的 34 家小卖部中，有 14 家（占比41.18%）标识不醒目，还有9家（占比26.47%）的标识有遮挡。交叉分析结果显示，不同类型销售点"禁令"标识的醒目情况和遮挡情况均呈现显著性差异，连锁便利店、专门的彩票销售点标识醒目的比例分别为90.63%和89.47%，而小卖部"禁令"标识醒目的比例仅为58.82%（见图6）。小卖部"有遮挡"情形的占比为26.47%，而专门的彩票销售点、超市烟酒专柜等100%无遮挡（见图7）。

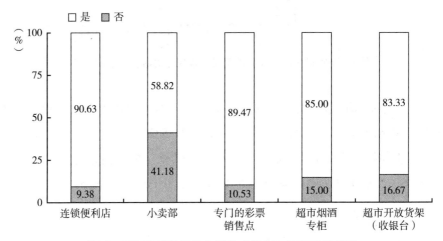

图6 不同类型的销售点相关"禁令"标识醒目情况

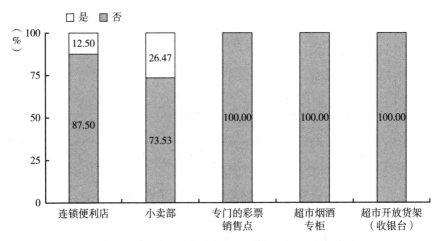

图7 不同类型的销售点相关"禁令"标识遮挡情况

三是小卖部口头表示不遵守"禁令"的占比最高。接近一半（46.67%）的小卖部表示遇到未成年人也会直接售卖，这一比例远高于其他类型销售点。超市开放货架（收银台）和专门的彩票销售点口头表示会遵守"禁令"的比例分别为85.71%和82.61%，而小卖部口头表示会遵守的比例仅为53.33%（见图8）。

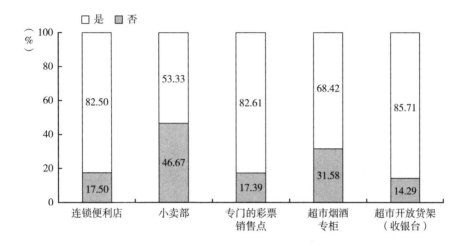

图8　不同类型的销售点口头表示遵守"禁令"情况对比

（三）不同位置的销售点中，需重点关注城中村和校园周边

此次调研对比了地处不同位置的销售点的《未保法》执行情况，相比而言，位于城中村的销售点执行"禁令"的情况最差，校园周边作为未成年人最集中的区域，尚未严格遵守法律规定，需要重点关注。

位于城中村的销售点中，有一半未张贴"禁令"标识，比例明显高于位于其他位置的销售点（见图9）。当口头询问是否遵守相关"禁令"时，城中村的销售点仅有一半表示会遵守，这一比例也远低于其他位置的销售点（见图10）。

在实际探访中，城中村中有55%的销售点会直接将烟、酒、彩票等卖给未成年人或为其兑奖，这一比例远高于其他位置的销售点，并且明显高于

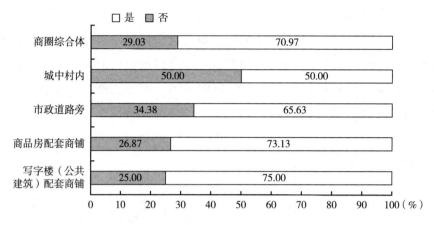

图9 不同地理位置的销售点张贴相关"禁令"标识情况对比

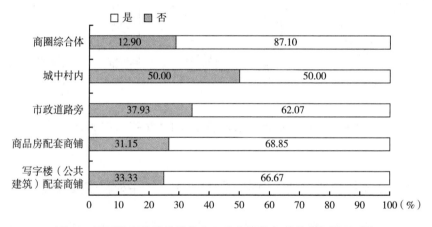

图10 不同地理位置的销售点口头表示遵守"禁令"情况对比

平均水平30.86%（见图11）。

尽管《深圳经济特区控制吸烟条例》实施已有十年之久，对校园等周边50米内无烟草售卖点有明确规定，但调查显示，仍有超过1/4（28%）的销售点位于学校、幼儿园等出入口50米内（见图12）。进一步交叉分析发现，学校等周边的销售点主要位于商品房配套商铺及市政道路旁，例如学校同一条道路的斜对面有销售点，商品房配套的幼儿园与商铺位置接近，该商铺有烟、酒、彩票售卖等（见图13）。

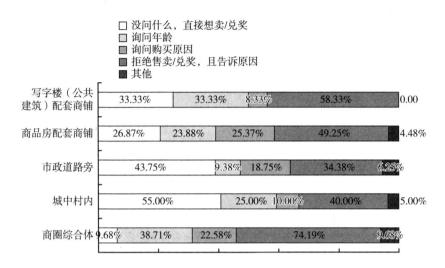

图 11 不同地理位置的销售点面对"未成年人购买/兑奖请求"的反应对比

注：此图对应问题为多选，即被询问者会有多种反应。

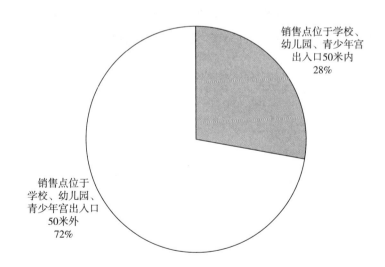

**图 12 销售点与学校、幼儿园、青少年宫出入口等未成年人
较聚集场所的距离情况**

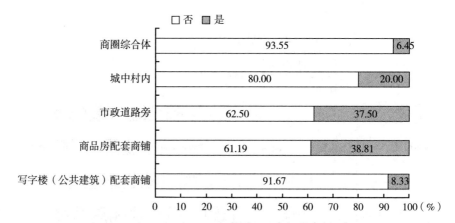

**图 13　不同地理位置的相关商铺与是否位于学校、幼儿园、
青少年宫出入宫 50 米内交叉分析**

位于学校等周边（即距离学校、幼儿园、青少年宫出入口 50 米以内）的
销售点确实更有可能遇到未成年人前来购买的情况。调查显示，位于学校周
边的销售点中，85% 遇到过未成年人购买的情况，而不在学校周边的销售点，
67.35% 遇到过未成年人购买的情况，两者相差近 18 个百分点（见图 14）。因
此，要加大对学校周边销售点的检查力度，确保没有烟、酒、彩票销售。

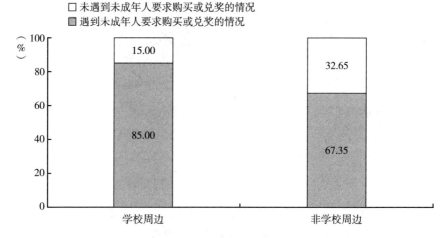

**图 14　是否位于学校周边与是否遇到过未成年人要求
购买或兑奖的情况交叉分析**

（四）不同商品销售点执行力度有差异，彩票较优而酒类最差

彩票销售点对《未保法》的执行情况相对较好，主要表现在以下几个方面。

一是彩票专卖店对"禁令"知晓度相对较高。调研显示，彩票专卖店张贴"禁令"的比例达到84%，远超烟酒专卖店（见图15）。探访的调查员也注意到，每张彩票的背后都标有"禁止向未成年人销售彩票"的相关字样，因此，相对来说彩票销售员对此项"禁令"是比较了解的。口头询问中，有八成的彩票专卖店销售人员表示会遵守不向未成年人销售彩票的规定。相比而言，烟酒销售人员口头表示遵守的比例约为六成（见图16）。

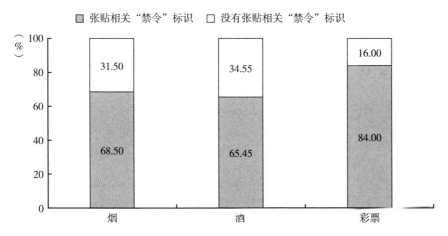

图15　销售不同商品与是否张贴相关"禁令"标识交叉分析

二是彩票专卖店实际拒绝未成年人购买/兑奖的比例最高。在未成年人的试探性购买/兑奖中，彩票专卖店直接拒绝的比例最高，为72%，远高于烟酒销售点不足50%的拒绝比例。相应地，12%的彩票专卖店没过多询问且打算直接售卖/兑奖，而烟和酒销售点有1/3左右会直接售卖/兑奖（见图17）。

三是彩票专卖店接受的普法宣传最到位。彩票专卖店全部接受过《未保法》的普法宣传，这一比例远高于其他类型的店铺。在具体询问中，调

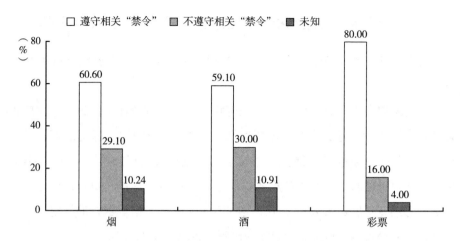

图16　销售不同商品与口头上是否遵守相关"禁令"交叉分析

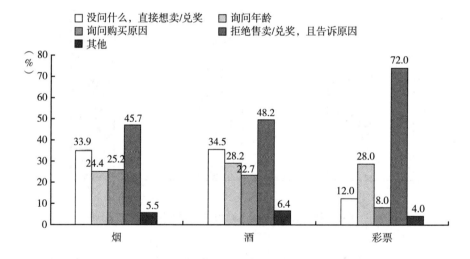

**图17　不同商品的销售点面对未成年人购买/兑奖
请求的反应差异**

注：图中对应问题为多选，即被询问者会有多种反应。

查员了解到彩票管理平台会在面向彩票专卖店店长的行业培训中开展有关《未保法》的培训，彩票销售员也会了解基本法律规定（见图18、图19）。

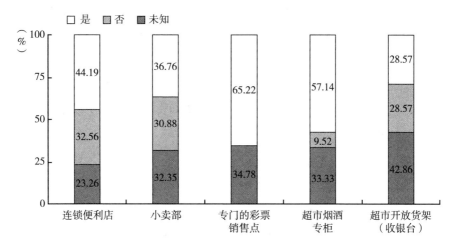

图 18 不同类型销售点与是否接受《未保法》培训的交叉分析

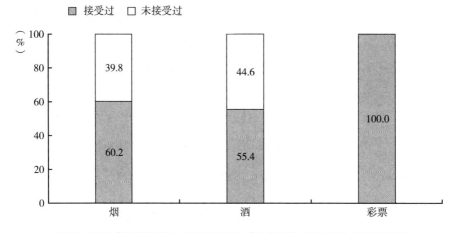

图 19 不同类型销售点在是否接受过《未保法》普法宣传方面的差异

相比于烟和彩票，酒类销售的法律法规比较模糊和滞后。彩票方面，《彩票管理条例》自 2009 年施行至今已有近 15 年，彩票从业人员对相关规定比较了解。烟草方面，深圳有明确的销售点与学校等场所的距离规定，而对酒类销售地点则无具体规定，且《酒类流通管理办法》废止后，再无专门法律法规。因此，酒类销售者在执行"禁令"方面，更为随意，执行难以到位。

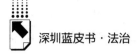

一是选址规定不一致，卖酒不卖烟。在学校、青少年宫、妇女儿童活动中心等青少年集中活动的区域附近，大多数店铺明确知道"地处学校等周边，不得销售烟草"，但依然会售卖酒类商品。

二是认知不一致。在询问时，部分销售人员明确表示不可以面向未成年人售卖香烟，但并不知道是否可以向未成年人销售酒，或是直接认为烟不可以卖，但酒是可以卖的。

三是"禁令"标识不一致。调研发现，部分店铺张贴了禁止向未成年人售烟的标识，而无禁售酒标识。

四是售卖理由不一致。调查员感受到，当未成年人提出买酒时，店员往往直接反应是给家人买酒，默认未成年人不会偷偷饮酒，特别是调研时间处于春节期间，这种想法就显得更为合理；而当未成年人，特别是中学男生提出买烟需求时，店员往往会相对警惕一点，进行提醒和询问。调研中，有38.1%的店铺没问什么，直接把酒卖给未成年人，高于直接卖烟的31.36%。

五是销售渠道不一致。主流线上销售平台，如京东、淘宝等均可销售酒类产品，但不售卖烟草类商品。这就意味着，未成年人可以通过线上销售渠道购买酒类产品，而较难在线上买烟。

因此，目前酒类商品销售方面的未成年人保护力度远远低于烟草类商品，需进一步关注如何在酒类商品销售中落实未成年人保护。

（五）接受培训、改变认知有助于遵守《未保法》

把是否接受过相关培训与面对未成年人购买/兑奖请求的反应进行交叉分析，会发现呈现 0.01 水平显著性（$chi = 26.673$，$p = 0.000 < 0.01$），接受过培训的店铺，拒绝向未成年人售卖/兑奖的比例达到 67.1%，远高于未接受过培训的 30.8%（见图 20）。

尽管存在口头拒绝与实际拒绝不一致之类"说一套、做一套"的问题，但调查发现，"说到"是"做到"的前提。口头表示遵守的 103 家店铺中，只有 11 家（占比 10.7%）会直接向未成年人售卖/兑奖，有 77 家（占比74.8%）则拒绝售卖/兑奖且告诉原因。反之，如果一个店铺口头都没有表

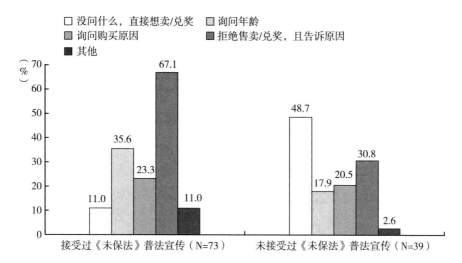

图20 是否接受过《未保法》普法宣传与面对未成年人购买/兑奖请求的反应的交叉分析

注：图中对应问题为多选，即被询问者会有多种反应。

示会遵守"禁令"，那么在行动中也不会拒绝售卖/兑奖，口头不遵守"禁令"的46家店铺中，有35家（占比76.1%）没问什么，直接向未成年人售卖/兑奖（见图21）。

因此，尽管"说到"与"做到"、"知法"与"守法"之间存在一定差距，但"说到"和"知法"是"做到"和"守法"的前提。有必要进一步加强培训，提高销售人员的认知水平，从思想上更加重视《未保法》和儿童权益。

（六）销售端执行中存在困难和挑战

首先，店铺销售人员在识别未成年人方面，主要依据经验，实际极少通过看身份证来识别。调研发现，如果是小学生购买，通常销售人员会一眼识别出，然后拒绝售卖/兑奖；如果未成年人身着校服，店铺明确知道是未成年人，拒绝的概率也比较高。当中学生特别是高中生，未穿校服时，仅靠目测很难判断年龄，店铺销售人员可能因购买者看起来较为成熟就会直接售卖/兑奖，也可能询问年龄，但只要购买者自称已经年满18岁，通常店铺也

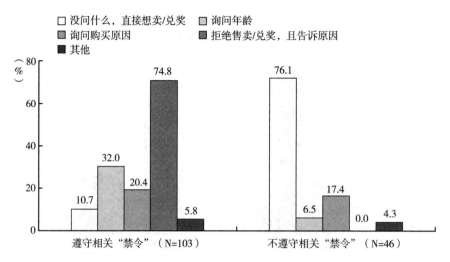

图21　口头表示是否遵守相关"禁令"与面对未成年人购买/
兑奖请求的反应的交叉分析

注：图中对应问题为多选，即被询问者会有多种反应。

会售卖/兑奖，一般不会要求出示身份证。店铺销售人员要求顾客出示身份证在实际操作中确实有一定困难，即便要求出示身份证，很多市民也不会随身携带身份证件。即便有摄像头监控，因为很难通过目测判断年龄，所以难以取证，难以对该店铺实施处罚。

其次，店铺销售人员会自行构建"帮家长购买"的说辞。调研发现，当未成年人购买相关商品时，很多销售人员会主动提出"一看就是帮大人买的""是家长让买的吧"，看似"询问"实则为自己和购买者找到"台阶"和"借口"，即便不是家长让买的，未成年人也可回答是，由此买卖双方达成共识，未成年人得以通过此借口购买成功。

再次，部分家长缺乏言传身教的意识。调研中，有多位店铺销售人员说，如果成年人带着孩子，让孩子买就可以卖出。也就是说，现实中，常有家长携带儿童买烟买酒，此类"言传身教"增加孩子接触烟酒的机会，不利于儿童成长。同时，之所以有上述销售人员自行建构相关说辞的现象，也与有的家长会让子女帮忙购买有关。

最后，自助及网络购买渠道存在监管真空。有调查员发现部分自助便利店，无论年龄大小，均可自由购买任何商品。线上网络销售中也是类似情况，目前没有识别未成年人信息的环节。

四　他山之石

（一）以公益诉讼整治违法行为[①]

北京市海淀区人民检察院调查发现，中小学周边有部分场所违法出售烟草制品。因此，海淀区人民检察院立案开展行政公益诉讼，通过出具检察建议书的方式，督促区烟草专卖局和市场监督管理局依法采取措施。区烟草专卖局和市场监督管理局高度重视，积极履职，采取整改措施，查处学校周边销售烟草制品的违法行为。办理具体案件的同时，海淀区人民检察院还推动相关行政部门建立健全长效机制，如对全区中小学、少年宫周边的商铺进行全面排查整治，开展控烟预防宣传活动。

湖北省检察院与湖北省烟草专卖局联合印发了《关于在检察公益诉讼中加强协作配合保护未成年人免受烟侵害的意见》，建立联席会议、公益诉讼诉前磋商、联合治理、情况通报、培训宣传等五项机制，推动检察监督、执法监督、社会监督形成合力，更好地阻断未成年人获取烟草制品的途径。

（二）以大数据监管整治相关销售点[②]

北京市人民检察院利用大数据，整治校园周边的娱乐场所、酒吧、网吧、烟酒彩票销售点等不适宜未成年人的活动场所，为未成年人健康成长营造良好环境。北京市检察院建立大数据模型，从工商注册信息和地图信息中

---

① 《第二十三批指导性案例》，最高检网站，2020 年 12 月 14 日，https：//www.spp.gov.cn/spp/jczdal/202012/t20201214_ 488891. shtml。

② 《大数据赋能未成年人检察监督典型案例》，最高检网站，2023 年 2 月 2 日，https：//www.spp.gov.cn/spp/xwfbh/wsfbt/202302/t20230202_ 599630. shtml#2。

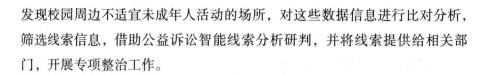

发现校园周边不适宜未成年人活动的场所，对这些数据信息进行比对分析，筛选线索信息，借助公益诉讼智能线索分析研判，并将线索提供给相关部门，开展专项整治工作。

（三）以政府办公厅名义发文制定专项行动方案

天津市人民政府办公厅于 2022 年印发《关于开展清理整顿向未成年人销售电子烟等违法商业行为专项行动工作方案》，确定各部门承担的相关责任。方案要求对校园周边网点分类清零。以 50 米和 200 米两个距离分类，以现存有无许可证为执法方式分类，以做到逐步清零。校园周边 50 米范围内，烟草零售户逐步清零；校园周边 200 米范围内销售电子烟、网吧坚决清零；校园周边 200 米范围内彩票专卖店，按许可期限逐步清零。

（四）开展特色专题倡导活动

北美和欧洲的许多国家和地区，很多人会把彩票作为礼物馈赠亲友。针对这一情形，美国全国问题博彩委员会与加拿大麦吉尔大学国际青少年问题博彩和高风险行为研究中心共同发起了"假日负责任礼物"（Holiday Lottery Campaign）倡导活动，提醒公众彩票不是儿童的游戏，不要将彩票作为生日或节日礼物送给未成年人。[①]"假日负责任礼物"倡导活动问世后，得到了世界各国政府部门、彩票业界的支持和肯定，世界彩票协会、欧洲彩票协会、北美省和州际彩票协会共同认可并参与了这一活动，使其在全球产生了巨大的影响力。截至 2019 年，美国和加拿大全部彩票机构以及众多国际彩票机构和组织都已加入该活动，以执行禁止向未成年人出售彩票产品的法律，并通过上述倡议，引导公众认识到青少年博彩与高风险行为之间的关联，减少未成年人接触博彩。

---

① 参见 https：//www.ncpgambling.org/news/gift-responsibly-campaign-becomes-the-new-name-for-the-holiday-lottery-campaign/。

五 建议与展望

第一，加强综合宣传监督执法检查。检察院牵头，联合烟草专卖、市场监管、民政、文体等部门建立联席会议制度，开展联合治理，加大对烟、酒、彩票销售主体的执法力度。建议市场监管部门统一制作烟、酒、彩票的"禁令"标识，并每年发放一次。建议加强对烟、酒、彩票售卖人员的持续培训和指导，提高他们的法律意识，传授疑似未成年人购买时如何识别、引导和拒绝的方法，并不定期进行监督检查。建议各街道未成年人保护工作站经常性地在辖区开展宣传，普及《未保法》，营造良好环境氛围。

第二，利用大数据，分类监管重点区域。借鉴北京市检察院的做法，通过大数据模型检索，重点关注小卖部类的销售点，重点清理城中村、校园周边违规设置的烟酒彩票售卖点以及其他不适宜未成年人活动的场所，实施动态化监督检查，以科技力量赋能未成年人保护。

第三，梳理深圳市已有法律法规中与《未保法》不一致的条款，适时进行修改，以适应上位法的变化。如《深圳经济特区实施〈中华人民共和国未成年人保护法〉办法》中有若干内容与最新的《未保法》不一致；再如《深圳经济特区控制吸烟条例》的相关罚则与《未保法》的尺度不一致。

第四，针对线上网络销售酒类产品的问题，建议增加购买时的信息登记工作，如购买酒类产品，需额外登记身份信息，确保未成年人无法擅自采购。

第五，建议加强对家长的宣传教育，敦促家长履行好"家庭保护"的职责，家长不仅要制止未成年人饮酒、吸烟、赌博等，而且要尽量减少未成年人接触这些产品的机会，不在携带儿童时购买烟、酒、彩票，更不能让儿童代为购买。

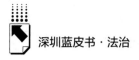

参考文献

王瑞山：《城市本地籍未成年人犯罪生成及遏制实证分析》，《华东师范大学学报》（哲学社会科学版）2019 年第 4 期。

赵军：《未成年人不良交往促成因素经验研究——对"不同交往理论"缺陷的弥补》，《中国刑事法杂志》2011 年第 2 期。

张晶、刘焱：《论新〈未成年人保护法〉的五大特点》，《青少年犯罪问题》2008 年第 1 期。

李晨赫：《未成年人保护法"长了牙齿"为中国控烟刻下里程碑》，《中国青年报》2020 年 11 月 3 日。

涉外法治篇 ▷

B.17

制度型开放背景下前海深港
国际法务区发展状况与建议*

赵 丹 李庭苇**

摘 要： 打造面向全球的法务区是服务国家涉外法治工作和推进高水平对外开放的重要环节。在前海着力推进法律事务合作与开放政策的支持下，前海深港国际法务区建设在完善国际商事争议解决机制、集聚法律服务资源、规则对接等方面已取得阶段性成效，与此同时面临境内外法律服务业发展的激烈竞争以及法律服务业数字化挑战。为提升前海深港国际法务区的竞争力和吸引力，应进一步联动香港、加强资源整合协调、强化市场导向和科技赋能。

关键词： 制度型开放 国际法务区 法律服务业 商事争议解决

---

* 本报告系 2024 年深圳市社会科学院专项科研课题"前海蛇口自由贸易试验片区对接国际高标准经贸规则路径研究"（项目编号：2024AB009）；2024 年深圳哲学社会科学规划课题"深圳对接国际高标准经贸规则先行先试策略与具体路径研究"（项目编号：SZ2024D017）阶段性研究成果。

** 赵丹，深圳市社会科学院政法研究所副研究员，主要研究方向为国际法；李庭苇，东莞第三人民法院书记员，主要研究方向为民事诉讼法。

党的十八大以来，以习近平同志为核心的党中央着力打造全面开放新格局，以制度型开放为牵引对标国际通行标准推进高水平对外开放。制度型开放作为中国全面对外开放的法治化表达，突出了法治的引领和保障作用，法治也成为推进高水平开放的关键内容。制度型开放是国际规则"国内化"与国内规则"国际化"的统一。推进国际法务区建设是发挥法治对高水平开放引领与保障作用的重要方式。2021年12月，司法部印发《全国公共法律服务体系建设规划（2021—2025年）》，明确指出要形成集法律服务、法治理论研究、合作交流、法治文化教育培训、智慧法务、涉外法务等功能于一体的法治创新聚集区。其中，涉外法务成为法务区建设的一个重要功能，这是由法务区建设的客观需求决定的。一方面，国际法务区建设有利于推进我国涉外法治发展，完善国际商事争议解决机制，提升法律服务业的开放水平；另一方面，国际法务区能够发挥对接国际高标准经贸规则的桥梁纽带作用，进一步提升货物贸易、服务贸易、投资、数字贸易等领域的便利化水平。

一 我国法务区建设发展状况及其特点

法务区的建设本质上是法律服务集聚区建设，是将法院、检察院、仲裁、司法鉴定、公证、律所、法律咨询、法律科技等多种类型的法律组织和法律业务类型，以及会计、税务、审计等法律服务关联产业都集中于一个核心承载区。借鉴中央商务区的概念，中央法务区的概念被提出来，如天府中央法务区、海丝中央法务区等。为突出法务区的国际化、智慧化等特色，部分法务区命名为国际法务区、智慧法务区，如前海深港国际法务区、长春智慧法务区（见表1）。

（一）我国法务区发展状况

自2020年以来，一批以中央法务区、国际法务区等命名的法务区如雨后春笋般出现。打造具有专业化、国际化特色的法律服务业聚集区成为西安、上海、深圳、厦门等地建设法治高地、优化营商环境和探索法治现代化的重要方式。

表 1 我国法务区建设情况

法务区	成立(启用)时间	所在地	目标定位	法律服务机构集聚情况
"一带一路"国际商事法律服务示范区	2020 年 12 月	西安	构建全功能、全生态链的国际商事法律服务保障体系,推动打造国际一流的营商环境和"一带一路"具有影响力的法律服务高地	
天府中央法务区	2021 年 2 月	成都	立足四川、辐射西部、影响全国、面向世界,打造世界一流法律服务高地	截至 2023 年 12 月,天府中央法务区已集聚法务、泛法务机构 300 余家
虹桥国际中央法务区	2021 年 9 月	上海	构建面向长三角、辐射全国、联通国际的服务枢纽	截至 2024 年 3 月,已落地 85 家法律和泛法律服务机构,包括 36 家律所、45 家法律科技等泛法律服务机构及三大功能性平台
海丝中央法务区	2021 年 9 月	福州、厦门(海丝中央法务区、海丝中央法务区自贸先行区)、泉州、平潭	立足福建、辐射两岸、影响全国、面向世界,打造一流现代化国际化法治高地	截至 2024 年 3 月,云平台共有 2030 家法律服务和泛法律服务机构、法律科技企业入驻
广州湾区中央法务区	2021 年底	广州(一中心三片区)	建立立足本地区、牵引广东全域、辐射粤港澳大湾区、面向世界的一流中央法务区	
前海深港国际法务区	2022 年 1 月	深圳前海(两中心一高地功能布局)	打造依托香港、服务内地、面向世界的一流国际法律服务高地	已集聚司法、仲裁、调解、法律服务等六大类 210 家法律服务机构
长春智慧法务区	2022 年 7 月	长春	面向全国、辐射东北亚,打造法律服务高地	

续表

法务区	成立(启用)时间	所在地	目标定位	法律服务机构集聚情况
苏州自贸片区法律服务中心	2023 年 4 月*	苏州	打造立足园区、覆盖苏州市、辐射长三角,在全国有影响的法律服务新高地,重点构建"一中心五基地",形成专业化、国际化、市场化的法律服务集聚区	
重庆中央法务区	2023 年 4 月	重庆	依托全市法务资源最富集、经济要素最集中的渝中区,着眼服务国家战略、赋能产业发展、催生发展动能等方面,打造高能级、专业化、创新型中央法务区	汇集法律服务机构 146 家,会计、审计、咨询等法务关联机构 8000 余家
西部金融中央法务区	2023 年 12 月	重庆	建设立足重庆、保障成渝、服务西部、影响全国、面向东盟、辐射"一带一路"的现代化国际化跨域型法治平台,打造符合西部大开发战略需求的国际一流金融法治中心	截至 2023 年 4 月,已入驻法律服务机构 20 多家
青岛中央法务区	2024 年 2 月	青岛	建设引领全省、辐射全国、面向世界的现代法务集聚区	
安徽(合肥)创新法务区	2024 年 5 月	合肥	提供高端法律服务、打造一流法律服务高地	

注:苏州自贸片区法律服务中心的建设在 2021 年就已启动。

资料来源:《香港律所纷纷入川 天府中央法务区打造律师业扩大开放示范区》,载微信公众号"天府中央法务区",2023 年 12 月 1 日;《"浓度"飙升! 虹桥国际中央法务区 3.7 平方公里区域,已汇聚 85 家法律服务机构……》,载微信公众号"上海市司法局",2024 年 3 月 13 日;《"数"说海丝这一年——2023》,载微信公众号"海丝中央法务区",2024 年 1 月 1 日;《重庆渝中发掘"母城"法治文化底蕴 全域建设重庆中央法务区》,载微信公众号"民主与法制时报",2023 年 11 月 23 日;《西部金融法律服务中心是个什么中心?》,载微信公众号"重庆政法",2024 年 4 月 7 日。

（二）我国法务区发展的特点

法律服务业作为现代服务业的重要组成部分，其集聚发展也符合一般产业集群发展的客观规律，即产业集群的形成首先是产业的高度发展。法律服务业的高度发展与经济社会的高速发展密不可分，尤其是金融、商贸服务业以及科技产业等对优质、专业法律服务的需求，是促进法律服务业成熟发展的直接动因。从全球来看，世界级的法律服务集聚区在空间形态上与高能级的商务区存在显著的伴生关系，法务区萌生自商务区，伦敦的法律服务集群位于伦敦金融城，纽约的位于曼哈顿 CBD 区域，新加坡的位于新加坡最繁华的滨海湾中央商务区。

与自发形成的法务区不同，目前我国推进建设的法务区基本属于自上而下的政府主导型法务区，主要通过一"硬"一"软"两种方式推进，即新建地标建筑等物理空间完善"硬件设施"和出台优惠政策释放红利引进法律服务机构落户，实现法律服务资源集聚，如前海国际仲裁大厦、青岛路 TOD 超高层建筑、虹桥国际中央法务区法务大厦。除此之外，法务区的建设还呈现以下四个特点。第一，从设立法务区的初衷来看，主要是服务"一带一路"倡议，解决与共建"一带一路"国家投资相关的争议。因此，服务开放需求是法务区建设的重要方面。第二，从区域分布来看，着力推进法务区建设的城市主要为经济比较发达的城市，并且这些城市在国家经济发展战略中都承担着重要功能，比如西安、福建为"一带一路"倡议的重要支点城市，广州、深圳为粤港澳大湾区的核心引擎城市。第三，从目标定位来看，各法务区的目标定位较为趋同，均强调法治建设、服务开放、优化营商环境三重功能。第四，从法务区设立选址来看，自贸试验区成为法务区选址的重要区域。一方面，自贸试验区具备深化改革、扩大开放先行先试的功能，为法务区建设提供了良好的政策环境；另一方面，法务区的建设有利于推进自贸试验区探索制度型开放。

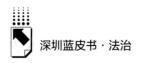

二　前海深港国际法务区建设进展

2022 年 1 月，前海深港国际法务区正式启用，在前海已有的法治发展基础上，继续强化法律事务对外开放与合作。目前，前海深港国际法务区已集聚司法、仲裁、调解、法律服务等六大类 210 家法律服务机构①，司法服务保障水平和法律服务业开放水平进一步提升。

（一）前海深港国际法务区的目标定位与具体路径

前海深港国际法务区立足前海开放政策优势，将打造依托香港、服务内地、面向世界的一流国际法律服务高地作为目标定位，以构建"两中心一高地"的功能布局为具体路径。

1. 立足前海开放政策优势打造前海深港国际法务区

前海作为国家批复的中国特色社会主义法治建设示范区，始终将加强法律事务合作、推进法律服务业开放作为探索重点。法律服务业作为现代服务业的重要组成部分，被称为"服务业中的服务业"。2010 年 8 月，国务院批复《前海深港现代服务业合作区总体发展规划（2010—2020 年）》，明确提出推动前海在全面推进香港与内地服务业合作中发挥先导作用，为法律服务业开放提供了政策支持。2012 年 6 月，国务院发布《国务院关于支持深圳前海深港现代服务业合作区开发开放有关政策的批复》，明确提出"加强法律事务合作"，具体包括探索完善两地律师事务所联营方式等措施，深化落实对香港的各项开放措施。已有的法律合作与开放成果为国际法务区建设奠定了良好的基础。2015 年 4 月，国务院发布《中国（广东）自由贸易试验区总体方案》，将前海合作区作为深圳前海蛇口片区的重要组成部分，探索货物贸易、服务贸易等开放对国际化法律服务提出了现实需求。2019 年 2

---

① 《聚焦前海深港国际法务区建设，这一推介活动在北京举行》，载微信公众号"深圳前海"，2024 年 3 月 27 日。

月，《粤港澳大湾区发展规划纲要》发布，将"加强法律事务合作"列为前海三大新定位之一。2022年，中共中央、国务院印发的《全面深化前海深港现代服务业合作区改革开放方案》提出，要"在前海合作区内建设国际法律服务中心和国际商事争议解决中心，探索不同法系、跨境法律规则衔接"，"建设诉讼、调解、仲裁既相互独立又衔接配合的国际区际商事争议争端解决平台"。2023年12月，国家发展改革委印发的《前海深港现代服务业合作区总体发展规划》提出，要"高标准建设前海深港国际法务区"，具体举措包括推动跨境法律规则衔接、建设国际法律服务中心和建设国际商事争议解决中心三个方面。

2. 联动香港打造国际法务区

毗邻香港这一全球知名国际法律服务中心是前海打造国际法律服务中心的一个重要地域优势。2021年5月，《关于支持深圳建设中国特色社会主义法治先行示范城市的意见》出台，提出深圳要"率先健全涉外涉港澳法治交流合作机制"，"高标准建设前海深港国际法务区，打造依托香港服务内地面向世界的一流国际法律服务高地"。深圳和香港商事争议解决机制各具特色，能更好满足市场主体的需求，两地联动建设国际商事争议解决中心，将进一步彰显制度多元的独特优势。近年来，深圳不断推进深港商事争议解决机制合作，在试点与香港跨境破产程序协助、引入港籍陪审员、成立仲裁调解联盟、吸引香港律师执业、促进港澳联营律所落地等方面先行示范，效果明显。香港借助普通法制度，率先实现区际判决流通、仲裁保全、跨境破产和调查取证协助。深港商事争议解决机制合作充分彰显了"一国两制"的优势，具有独特示范效应。

3. 以构建"两中心一高地"的功能布局推进前海深港国际法务区建设

商事争议解决机制的完善是提高争议解决能力的重要基础，也是发挥法治保障能力的重要前提，尤其是各类跨境争议的解决。因此，前海在推进国际法务区建设的过程中着力建设国际商事争议解决中心，不断完善司法审判、国际仲裁、商事调解相互衔接的争议解决机制，服务企业"引进来"和"走出去"，打造国际商事争议解决的优选地。同时，不断提升相应的法律服务业配套，促进港澳及国际知名律师事务所、公证、司法鉴定、法律查明等全链条法律服务机构等法律服务资源集聚，打造国际法律服务中心。2022年，《深圳市前海深港现代服务业合作区管理局关于支持前海深港国际法务区高端法律服务业集聚的实施办法（试行）》出台，进一步提升前海对境内外法律服务机构等资源的吸引力，强化集聚效应。知识产权保护高地则着力构建以严保护、快保护、大保护为特色的国际知识产权保护新高地。

（二）国际商事争议解决中心建设成效显著

司法服务和保障能力是国际商事争议解决中心建设的基础。近年来，深圳法院通过搭建国际化平台，引入香港专业人士参与诉讼争议解决，依托信息化技术不断提升争议解决效率，开展多元化调解，丰富争议解决方式，全面打造诉讼、调解、仲裁既相互独立又衔接配合的国际区际商事争议争端解决平台，为国际区际商事纠纷的公正、便捷、高效解决提供了有效路径。

1.涉外审判专业化水平不断提升

创新国际商事纠纷多元解决机制，打造国际商事争议解决新范式。前海法院持续完善国际商事纠纷多元解决机制，以成立ADR国际商事争议解决中心为载体，以"平台合作+人才引入+规则对接"为路径，率先与港澳地区调解组织开展合作、率先引入高层次专业人士、率先推进跨境调解规则衔接、率先将域外法适用节点向诉前调解延伸、率先拓宽全路径ADR解纷程序、率先建立市场化调解服务机制，基本形成了"一个体系+三维互补+六个率先"的国际商事纠纷多元解决体系，打造国际商事争议解决中心新模式。国际商事争议解决"前海模式"相关成果入选最高人民法院司法改革案例选编，获评"人民法院涉港澳司法合作优秀成果"，入选广东自贸试验区第六批制度创新案例，获评深圳市营商环境改革十大优秀案例。

2015年1月28日，前海合作区人民法院正式成立。经最高人民法院批复，深圳前海合作区人民法院（以下简称"前海法院"）集中管辖第一审涉外涉港澳台商事案件，实现了基层法院涉外涉港澳台民商事审判由"全面"到"专业"、由"分散"到"统一"的转变。截至2023年12月31日，前海法院适用《蒙特利尔公约》等国际条约、国际商事惯例、国际通行规则审理案件 59 件，适用其他国家或地区法律审理案件 146 件，其中适用香港特区法律（简称"香港法"）审理案件 131 件，是全国适用香港法裁判案件数量最多的法院。① 前海法院立足集中管辖深圳市第一审涉外涉港澳台商事案件的实际，探索在符合条件的涉外涉港澳台商事案件中适用普通程序独任审理，科学精准配置审判资源，提升涉外涉港澳台商事案件审判效率。

强化纠纷解决资源整合，成立 ADR 国际商事争议解决中心，建立国际商事纠纷多元解决体系。充分利用前海深港国际法务区建设契机，全面整合粤港澳大湾区调解及各类法律服务资源，加强与专业机构合作、完善商事调解工作机制，在原有的诉调对接中心、"一带一路"国际商事诉调对接中心的基础上成立 ADR 国际商事争议解决中心，打造公正、便捷、高效的国际商事纠纷多元化解新平台。2023 年，该平台受理案件 10899 件，成功调解案件 5128 件，调解成功率为 47%。② 探索国际商事纠纷多元解决机制完善路径，以"平台合作+人才引入+规则对接"三维打造国际商事争议解决优选地和首选地。前海法院依托 ADR 国际商事争议解决中心，吸纳域内外专业调解机构参与调解，建设诉讼调解既相互独立又衔接配合的国际商事争议解决平台；设立决策咨询理事会，引入涉港澳争议解决专员、涉外争议纠纷化解专员，构建高层次国际化商事争议解决队伍；创新借鉴中立公众评议、第三方评估等国际通行促进调解方式，拓宽国际商事案件解纷路径。

围绕国际商事纠纷多元解决机制完善，首创"六个率先"打造国际商事争议解决新范式。率先与港澳地区调解组织开展合作。在最高人民法院的支持下，在全国首次试点聘任香港调解会、香港和解中心、内地香港联合调解中心为前海法院特邀调解组织，全面参与前海法院跨境商事案件的调解工作。率先引入高层次专业人士。聘任涉港澳争议解决专员，其中包括 49 名

---

① 《前海 2023，高光时刻！+1+1+1+1+1+1+1+1》，载微信公众号"前海合作区人民法院"，2024 年 1 月 12 日。

② 《前海 2023，高光时刻！+1+1+1+1+1+1+1+1》，载微信公众号"前海合作区人民法院"，2024 年 1 月 12 日。

港澳台地区及外籍调解员、35 名大湾区律师，截至 2023 年 12 月，调解案件 2547 件。聘任涉外争议的纠纷化解专员，包括 21 名具有域外律师资格的调解员，涉及美、英、澳等 10 多个国家或地区。建立多语种调解员队伍，可提供 8 种外语服务。设立决策咨询理事会，聘任香港特区政府律政司前司长袁国强等 7 位港澳地区法律专家，为提高国际商事争议解决竞争力提供多视角的决策咨询支持。① 率先推进跨境调解规则衔接。以跨境商事案件调解为突破口，充分比较香港促进式调解方式与内地评估式调解方式的异同，探索促进式调解与评估式调解的融合发展。实践联合调解新模式，包括"域外调解员+内地调解员或调解法官"在线联调模式，增强不同法域、不同语种当事人对纠纷化解的认同感。率先将域外法适用节点向诉前调解延伸。成功委派香港地区调解员适用香港法开展诉前调解，首次在法院司法确认程序中适用香港法对跨境商事纠纷调解协议开展合法性审查。截至 2023 年 12 月，已办理适用香港法司法确认案件 3 件。② 率先拓宽全路径 ADR 解纷程序。成功探索公众评议、中立第三方评估、微法庭等纠纷解决程序。在审理某文化公司"盲盒"案件时，委托深圳前海公证处全程监督，在动漫展上开展公众评议，通过目标受众的评议，为当事人的纠纷解决提供心理预期。率先建立市场化调解服务机制。鼓励并支持商事调解专业化、市场化、职业化发展，截至 2023 年 12 月，调解组织、调解员与当事人协商收取调解费用304 余万元，其中最高个案收费为 24.4 万元。③ 前海法院社会化市场化调解机制等举措被深圳市人大制定的《深圳经济特区矛盾纠纷多元化解条例》吸收并向全市推广。

2. 仲裁国际化水平不断提升

仲裁作为一项具有终局性的争议解决方式，在国际商事争议解决方面发

① 《前海 2023，高光时刻！+1+1+1+1+1+1+1+1》，载微信公众号"前海合作区人民法院"，2024 年 1 月 12 日。
② 《前海 2023，高光时刻！+1+1+1+1+1+1+1+1》，载微信公众号"前海合作区人民法院"，2024 年 1 月 12 日。
③ 《前海 2023，高光时刻！+1+1+1+1+1+1+1+1》，载微信公众号"前海合作区人民法院"，2024 年 1 月 12 日。

挥着十分重要的作用。在世界银行发布的 BEE 指标体系中，仲裁和调解作为重要的替代性争议解决方式体现在"商事纠纷解决"的指标中。2022 年7 月，中央全面依法治国委员会印发了有关国际商事仲裁中心建设的文件。北京、上海等地相继提出建设国际中心的目标及具体措施。打造面向全球的国际仲裁中心是建立国际商事争议解决中心的重要组成部分，是服务涉外法治工作和推进高水平对外开放的重要环节。在国家大力推进仲裁服务业发展的背景下，中国仲裁机构发展迅速（见表2），深圳国际仲裁院在专业化和国际化探索实践中不断完善，取得了显著的成效，成为中国仲裁机构的典型。

表 2　2023 年中国部分仲裁机构仲裁案件受理情况

仲裁机构	案件数（件）	争议金额（亿元）	增长情况（%）	案均争议金额（万元）
中国国际经济贸易仲裁委员会	5237	1510.23	19.01	2883.77
深圳国际仲裁院	12004	1383.10	8.60	1152.20
北京仲裁委员会（北京国际仲裁中心）	12222	1248.26	28.64	1021.32
上海国际经济贸易仲裁委员会（上海国际仲裁中心）	4869	708.07	12.60	1451.24
广州仲裁委员会	33670	705.00	10.20	209.39
上海仲裁委员会	7348	442.78	4.00	601.59
香港国际仲裁中心	500	827.00（928 亿港币）		

资料来源：《北京仲裁委员会/北京国际仲裁中心 2023 年度工作报告》，载微信公众号"北京仲裁委员会"，2024 年 2 月 8 日；《上海国际仲裁中心 2023 年度仲裁业务报告》，载微信公众号"上海国际仲裁中心"，2024 年 1 月 8 日；《贸仲委 2023 年工作报告（图文版）》，载微信公众号"中国国际经济贸易仲裁委员会"，2024 年 1 月 27 日；《HKIAC 发布 2023 年数据》，载微信公众号"香港国际仲裁中心 HKIAC"，2024 年 3 月 6 日。

仲裁案件总量与涉外仲裁案件数量稳步增长。2023 年，深圳国际仲裁院业务规模发展再创新高。新受理案件12004 件，同比增长45.0%；争议金额为 1383.10 亿元，同比增长 8.7%（见图1）。[①]

---

① 《深圳国际仲裁院 2023 年数据概览》，深圳国际仲裁院网站，2024 年 2 月 3 日，https://www.scia.com.cn/home/index/newsdetail/id/3390.html。

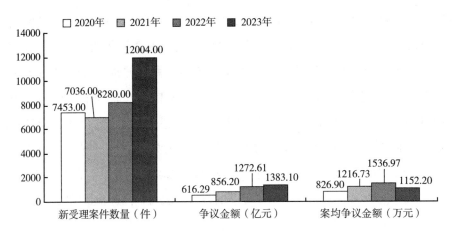

图1 2020~2023年深圳国际仲裁院受理案件情况

资料来源：《深圳国际仲裁院2023年数据概览》，深圳国际仲裁院网站，2024年2月3日，https：//www.scia.com.cn/home/index/newsdetail/id/3390.html。

2023年，深圳国际仲裁院受理涉外案件数量稳步增长。新受理涉外案件414件，同比增长7.8%。涉外案件争议金额为593.26亿元，同比增长41.3%。案均争议金额为14329.05万元，同比增长31.0%（见图2）。个案最高金额超250亿元。

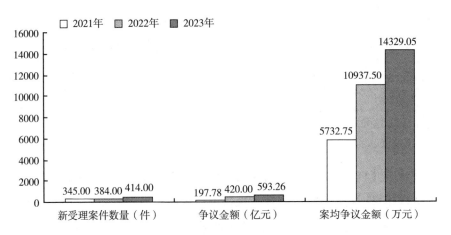

图2 2021~2023年深圳国际仲裁院受理涉外案件情况

资料来源：《深圳国际仲裁院2023年数据概览》，深圳国际仲裁院网站，2024年2月3日，https：//www.scia.com.cn/home/index/newsdetail/id/3390.html。

受理案件类型多元，地区分布广。仲裁案件当事人的地理分布涉及 44 个国家和地区，截至 2023 年底，累计达到 140 个；涉及我国 31 个省、自治区、直辖市。仲裁案件的行业分布广泛，金融和资本市场类案件占比接近 50%。

深圳国际仲裁院秉承"双城两院，联动港澳，共建亚洲国际仲裁高地"的发展战略，大力提升华南（香港）国际仲裁院在国际仲裁方面的影响力。2023 年，华南（香港）国际仲裁院被香港特别行政区政府列为"为来港参与仲裁程序的人士提供便利先导计划"下可为在香港举行的临时仲裁出具证明书的 2 个国际仲裁机构之一，累计办理案件 38 件，其中机构仲裁 35 件、临时仲裁 2 件、商事调解 1 件，覆盖 9 个国家和地区。

积极探索仲裁前争议预防化解机制。2023 年，中国各仲裁机构继续积极探索仲裁前的争议预防化解机制，通过多元争端解决机制的融合，使得解决争议更具效率与效果。以北京仲裁委员会为例，2023 年，对涉及自然人标的较小且法律关系简单的案件进行仲裁前调解、劝解和疏导，在仲裁前纾解小额争议 1662 件。同时，完成受案审查 15138 件，出具缴费通知后，继续促进当事人和解、调解，正式受理前化解常规争议 2193 件。深圳国际仲裁院通过商事调解与谈判促进，成功运用多元争端化解机制解决争议。2023 年，深圳国际仲裁院调解中心、深圳国际仲裁院谈判促进中心新受理案件争议金额为 153.36 亿元，粤港澳仲裁调解联盟成员机构达到 18 家，以调解结案的案件达到 1190 件。

3. 商事调解组织探索发展

2022 年 3 月，《深圳经济特区矛盾纠纷多元化解条例》审议通过。该条例虽然不是一部关于商事调解的专门法规，但是在全国首次对"商事调解"作出规定，为商事调解的发展提供了法律依据。该条例明确推动在"贸易、投资、金融、运输、房地产、知识产权、技术转让、工程建设等商事领域发生的矛盾纠纷"选择商事调解方式解决。

2020 年 8 月，前海国际商事调解中心成立，面向国内外企业、机构等商事主体提供法律咨询、法律查明、争议解决顾问、法律专业培训等市场化商事纠纷调解服务，截至 2023 年 9 月，中心已聘任 523 名调解员，其中的

175 名调解员来自全球 30 多个国家和地区，占比近 33%。[①]

2019 年 10 月，蓝海中心在域外法律查明平台的基础上，增加"商事调解"职能，在全国率先探索"商事调解+法律查明"调解新模式，2023 年，中心处理商事调解案件 3860 件，涉及知识产权、金融、房地产、国际贸易、商事海事、公司股权等领域。

（三）律师服务业对外开放水平不断提升

2014 年 8 月 4 日，广东省司法厅印发《广东省司法厅关于香港特别行政区和澳门特别行政区律师事务所与内地律师事务所在广东省实行合伙联营的试行办法》，决定在广州南沙、深圳前海、珠海横琴三地试点粤港澳合伙联营律师事务所。截至 2024 年 1 月，内地与港澳联营律师事务所（含分所）共计 34 家[②]，其中 13 家（含 2 家分所）落户深圳，入驻前海的联营律师事务所为 10 家，分别是华商林李黎（前海）联营律师事务所、国匠麦家荣（前海）联营律师事务所、中伦文德胡百全（前海）联营律师事务所、锦天城史蒂文生黄（前海）联营律师事务所、诚公冯黄伍林（前海）联营律师事务所[③]、德和衡前海联营律师事务所[④]、中银-力图-方氏联营律师事务所、京师浩然（前海）联营律师事务所、梦海谢伟俊（前海）联营律师事务所、炜衡沛雄（前海）联营律师事务所。

2023 年 2 月 13 日，广东省司法厅印发《广东省司法厅关于印发在前海深港现代服务业合作区开展中外律师事务所联营试点实施办法的通知》，深

---

① 《深圳前海探索跨境法治规则衔接》，载微信公众号"广东司法行政"，2023 年 9 月 27 日。

② 据全国律师执业诚信信息公示平台的数据统计，https://credit.acla.org.cn/credit/lawFirm?picCaptchaVerification=&keyWords=%E8%81%94%E8%90%A5%E5%BE%8B%E5%B8%88%E4%BA%8B%E5%8A%A1%E6%89%80&refer__1711=WqUx0DgD9GiQDtGODlOI%3DbLEGD8QPeDRYD&alichlgref=https%3A%2F%2Fcredit.acla.org.cn%2F，最后访问日期：2024 年 2 月 5 日。

③ 2020 年，名称由诚公顾叶（前海）联营律师事务所更名为诚公冯黄伍林（前海）联营律师事务所。

④ 2022 年，名称由德和衡简家聪永本金月（前海）联营律师事务所变更为德和衡（前海）联营律师事务所。

圳前海获准开展中外律师事务所联营试点。

2023年6月，美国摩根路易斯律师事务所驻深圳代表处、英国夏礼文律师事务所驻深圳代表处获批设立。其中，英国夏礼文律师事务所驻深圳代表处落户前海。

三　进一步推进前海深港国际法务区建设的建议

打造面向全球的国际商事仲裁中心是服务国家涉外法治工作和推进高水平对外开放的重要环节。前海深港国际法务区是深圳探索制度型开放、优化营商环境、提升城市竞争力的重要平台，应当进一步联动香港建设国际商事争议解决中心，加强内部协调联动，构建前海深港国际法务区建设的先行开放政策与福田区律师服务资源互补、多园区专业服务平台互动的合作机制，强化市场导向和科技赋能。

（一）进一步联动香港建设国际商事争议解决中心

以深港联动建设国际商事争议解决中心为目标，立足香港建设亚太地区国际商事争议解决中心、深圳建设涉外涉港澳商事争议解决中心的不同定位，贯通国际商事争议解决和涉外涉港澳商事争议解决两个市场，实现制度合作与良性竞争。充分利用前海先行先试政策优势，进一步探索深圳仲裁服务市场向香港全面开放，更充分发挥香港仲裁法对深港仲裁机制合作的支持效用，将自由贸易试验区的创新经验推广至整个大湾区。试点引入《联合国国际贸易法委员会国际商事调解示范法》，共商共建《商事调解规则》《商事调解员行为规范》或者通过示范规则的方式引导粤港澳大湾区商事调解机构衔接商事调解规则、商事调解员规范，推进大湾区商事调解制度完善。

（二）加强内部协调联动，构建前海深港国际法务区建设的先行开放政策，与福田区律师服务资源互补、多园区专业服务平台互动的合作机制

深圳法律服务集聚发展的目标是打造优质、便捷、高效的法律服务生

态，强调辐射全域和增强整体服务能力、竞争力、影响力的生态系统建设。因此，应在市级层面进行统筹协调，处理好资源布局相对集聚与分散、市场需求与政策引导以及集聚区间合作与竞争之间的关系，确定各自具体的发展定位，突出优势叠加、功能互补。具体来说，深圳法律服务集聚区可以按照以下思路发展：兼顾市场需求与制度创新，以福田律师服务集聚为行业基础，前海深港国际法务区为核心动力，其他园区法律服务为特色平台和服务渠道，多区域联动，错位、融合发展，合作共赢。

将前海深港国际法务区作为深圳全域法律服务生态中的核心动力，继续强化法律服务业对外开放与合作探索功能，积极争取国家开放政策支持。聚焦涉外法律服务、涉外涉港澳商事争议解决机制及包括人员出入境便利化措施在内的配套制度的完善等方面进行更加精细化的制度创新，重点开展国际法律服务机构和组织落户引进、论坛等形式的国际法律服务合作交往工作。将福田区定位为深圳打造全域法律服务生态的示范区、前海深港国际法务区的协同区，侧重进一步发展律师服务业，聚焦律师队伍培育和行业发展。从政策支持方面进一步巩固和提升其律师服务集聚区的地位，并通过与前海深港国际法务区和园区专业法律服务集聚区的联动合作，不断提高深圳律师专业法律服务能力和质量及律师事务所的国际影响力。鼓励和支持园区公共法律服务中心建设，将其定位为特色专业法律服务集聚区，作为法律服务资源下沉的平台和途径，进一步强化服务企业的需求导向。

（三）强化市场需求导向与科技赋能

目前，从各地法务区建设的路径来看，基本上还是借鉴了CBD或者产业园区的建设经验，通过新建地标大厦或者园区，规划律师、公证、鉴定、仲裁、调解等不同功能区域，运用优惠政策引进专业法律服务机构，打造一站式、全链条服务平台，从而实现法律服务业集聚。该模式以空间集聚为基础，强调实体机构集聚的数量、种类和规模，在一定程度上可能会引起过度整合和资源浪费，甚至出现与市场现有需求不一致的情况。因此，前海深港国际法务区建设在强调物理空间集聚的同时应当探索法律服务协同区、联动带、飞地建设等多种资源链接模式，以市场需求为导向，基于深圳已有发展资源，进行必要而不过度的整合。

加强科技赋能，突出互联网等数字技术在链接服务要素资源和提供法律服务过程中的应用，是时代发展的要求，也是前海在法律服务高地建设竞争中的优势所在。通过上线前海深港国际法务区专区，运用数字技术实现法律服务"云集聚"，实现用户进一个端口获得深圳全市法律服务资源。具体设计可在现有"i 深圳"App 公共法律服务专区增加相关服务功能区设置，或者借鉴海丝中央法务区云平台，设置前海深港国际法务区微信小程序，将律师、公证、仲裁、调解、鉴定、域外法查明、中立评估、知识产权、合规管理、司法审判等核心服务功能纳入其中。同时，上线专业法律图书馆、法律人才培训、智库机构等资源。探索域外法律服务机构上线，提高法律服务国际化程度；拓展云平台域外个人或者企业用户，尤其是港人、港企，提高国内法律服务机构的国际影响力。

参考文献

刘晓红：《推进高水平对外开放的法治维度》，《政治与法律》2023 年第 4 期。

张晨蕾、毛艳华、卓乘风：《CEPA 与现代服务业开放：基于制度距离视角的分析》，《云南财经大学学报》2022 年第 2 期。

裴长洪、倪江飞：《我国制度型开放与自由贸易试验区（港）实践创新》，《国际贸易问题》2024 年第 3 期。

柯静嘉：《"一带一路"国际商事争端多元化纠纷解决机制的构建——以粤港澳大湾区为试点》，《港澳研究》2023 年第 1 期。

朱最新：《粤港澳大湾区法律服务集聚发展研究》，《特区实践与理论》2022 年第 1 期。

莫然、李峥：《粤港澳大湾区法律服务的聚合与发展》，《探求》2019 年第 2 期。

车春鹏、高汝熹、吴晓隽：《纽约与上海市法律服务业集群比较研究》，《上海交通大学学报》（哲学社会科学版）2010 年第 1 期。

刘思达：《中国涉外法律服务市场的全球化》，《交大法学》2011 年第 1 期。

石东坡、谢进、陈国飞：《海丝中央法务区的现状问题、比较借鉴与发展举措》，

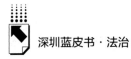

《厦门特区党校学报》2022年第3期。

陈公照、王燕军、杨璐嘉：《论中央法务区内法院公共法律服务功能的抽绎和建构——以审判中心主义为基本路径》，载杨凯主编《中国公共法律服务》第1辑，人民法院出版社，2023。

赵丹、张炳南：《新时代深圳涉外法治发展报告》，载罗思主编《深圳法治发展报告（2023）》，社会科学文献出版社，2023。

张淑钿、赵丹：《深港联动打造国际商事争议解决中心研究》，《深圳法治评论》2023年第1期。

B.18

深圳涉外司法鉴定模式探索

朱晋峰　魏　虹*

摘　要：　涉外司法鉴定是司法鉴定在涉外法律领域的具体应用。深圳作为中国特色社会主义先行示范区，在建设法治先行示范城市过程中，不断探索完善涉外司法鉴定服务体系，形成极具特色的深圳模式。本报告拟从深圳涉外司法鉴定发展总体状况出发，剖析当前深圳涉外司法鉴定面临的主要困境及其成因，并在此基础上提出通过加强顶层设计、制定行业标准、建立互认体系、培养专业人才、构建协同格局等措施，推动深圳涉外司法鉴定健康有序发展，为深圳打造国际一流营商环境、建设法治先行示范城市提供有力的司法保障。

关键词：　涉外司法鉴定　法律服务　深圳

作为改革开放的窗口和首个中国特色社会主义先行示范区，深圳涉外经济活动历来频繁并日趋增加，由此衍生的涉外法律事务也快速增长。涉外司法鉴定作为化解涉外法律纠纷、维护司法公平正义的重要手段，业已成为深圳构建高水平对外开放格局、打造国际一流营商环境的关键一环。近年来，深圳借助其改革开放的先行优势以及毗邻港澳的区位优势，持续推进涉外司法鉴定发展，为国内涉外司法鉴定发展提供了深圳样本。

---

* 朱晋峰，博士，华东政法大学副教授，硕士研究生导师，主要研究方向为司法鉴定制度；魏虹，华东政法大学硕士研究生。

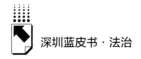

一 深圳涉外司法鉴定的总体状况

深圳在推进法治建设和深化司法改革方面走在全国前列，尤其在涉外司法鉴定领域，展现出不凡的发展动力。本报告将通过法治政策、特殊区位、营商环境以及涉外法治实践四个维度来探讨深圳涉外司法鉴定的现状。

（一）政策组合拳为深圳涉外司法鉴定发展提供坚实的依托

在推进公共法律服务体系建设的政策层面，2021 年，深圳发布了《关于加快推进公共法律服务体系建设的行动方案》，制定了《深圳市基本公共法律服务实施标准（2021—2022 年）》和《深圳市公共法律服务发展指标（2021—2022 年）》，明确了公共法律服务领域的 32 项具体任务和措施，将加强涉外司法鉴定工作列为公共法律服务领域的 32 项具体任务和措施之一。[1] 2023 年 7 月，深圳发布《深圳市公共法律服务体系建设规划（2023—2025 年）》（以下简称《规划》），[2]《规划》的亮点包括优化公共法律服务资源配置和布局，加强涉外法治人才培养，要求深圳涉外司法鉴定机构主动融入深圳公共法律服务体系。

在推进法治保障高质量发展的政策层面，2024 年 3 月，深圳市司法局出台的《深圳市司法局关于高水平法治保障深圳高质量发展的若干措施》（以下简称《若干措施》），[3] 为深圳涉外司法鉴定机构服务企业、助力民营经济发展指明了方向，要求深圳涉外司法鉴定机构主动对接企业需求，为企业提供高质量、专业化的涉外司法鉴定服务。《若干措施》提出要综合运用普法、涉外司法鉴定、调解和公证等手段，为高新技术企业提供事前预

---

[1] 《深圳市司法局印发〈深圳市公共法律服务体系建设规划（2023—2025 年）〉》，载微信公众号"深圳司法"，2023 年 7 月 11 日。

[2] 《深圳市司法局印发〈深圳市公共法律服务体系建设规划（2023—2025 年）〉》，载微信公众号"深圳司法"，2023 年 7 月 11 日。

[3] 《法治保障再升级 深圳推出 16 条措施助力高质量发展》，载微信公众号"广东司法行政"，2024 年 3 月 13 日。

防、事中保护、事后救济等知识产权全链条保护。

在推进深港澳融合发展的政策层面，2021 年 9 月，《全面深化前海深港现代服务业合作区改革开放方案》（以下简称《前海方案》）发布，要求建设国际法律服务中心和国际商事争议解决中心。2024 年，深圳出台的《若干措施》提出要加快修订《深圳经济特区前海深港现代服务业合作区条例》，推动出台河套深港科技创新合作区深圳园区相关法治保障措施，加快培育国际商事调解组织，引进港澳台及外籍调解员，推动国际商事争议解决中心建设等。这些政策是深圳涉外司法鉴定发展的政策依托，同时要求深圳涉外司法鉴定机构主动融入深圳高水平对外开放大局，加强与港澳的交流合作，积极参与粤港澳大湾区法治建设，为推进深港澳融合发展提供有力支撑。

（二）特殊区位对深圳涉外司法鉴定发展提出更高要求

深圳是改革开放的排头兵、先行地、试验区，在推进涉外法治建设、深化司法领域改革方面肩负着重要使命。深圳是国际商业活动中心，涉外经济活动活跃，为了确保经济活动的正常进行，针对这些涉外经济活动的法律文件、涉外证据的鉴定与涉外认证需求大幅上升。在该背景下，深圳涉外司法鉴定服务必须跟进，以适应新的市场需求。与此同时，在深跨国公司和外资企业众多，在外企的经营过程中，不可避免地会涉及涉外合同、知识产权、商标权、专利权等方面的争议。争议的解决，离不开专业、高效的涉外司法鉴定，以涉外知识产权纠纷案件为例，其通常涉及复杂的技术细节和法律问题，需要专业人士的介入。涉外司法鉴定人凭借其专业的知识和丰富的实践，能够对案件中的技术问题进行深入分析，为法官提供专业、客观、公正的意见。且涉外司法鉴定意见作为一种独立的证据形式，能够有效补强其他证据，协助法官准确判定案件事实，提高裁判的公信力。涉外鉴定意见的及时提供，能尽早明确争议焦点，提高诉讼效率，节约司法资源。由此可见，频繁的涉外商贸往来活动对深圳涉外司法鉴定的发展提出了更高的要求。

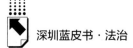

同时，深圳居民的婚姻家庭中出现涉外元素的情况较为普遍，涉外家事领域的司法鉴定，如在境外的结婚证、出生证明、死亡证明等鉴定也已成为深圳涉外司法鉴定工作的重要内容，迫切要求深圳进一步加快提供优质便捷的涉外司法服务。

前海深港现代服务业合作区是深圳对接香港、服务内地的重要平台。随着合作区发展的不断深入，深港之间的合作将更紧密。深圳涉外司法鉴定机构需要通过深化深港合作，学习香港在涉外司法鉴定领域的先进技术和经验，与香港共同探索建立跨境涉外司法鉴定机制，促进司法资源的共享和涉外司法鉴定的互认，共同打造区域内具有国际竞争力的涉外司法鉴定服务体系。

（三）优质营商环境为深圳涉外司法鉴定规范化科学化发展奠定基础

一方面，深圳极具创新力的营商环境，吸引了大量外资企业和跨国公司入驻。2023年，深圳全年新设外企超8000家，位居一线城市之首。① 随着外企的入驻，涉及知识产权、商标权、专利权等方面的涉外司法鉴定需求也不断增加，对相关法律文件和证据进行专业、精准的涉外鉴定与认证的需求也大幅上升，深圳涉外司法鉴定机构经过在涉外领域的长期实践，不断提高自身服务的专业性和精准性。另一方面，深圳着力打造一流法治化营商环境，推进域内外规则衔接和机制对接，探索推动建立粤港澳大湾区法治化营商环境建设协同机制，平等保障跨境商事主体合法权益。法治化营商环境的建设有助于增强市场主体的法治意识和维权意识，增加了对涉外司法鉴定的需求，也对深圳涉外司法鉴定提出了更高的要求。并且，在推进域内外规则衔接和机制对接的过程中，深圳涉外司法鉴定致力于与国际通行规则相衔接，遵循公正、公开、中立的原则，确保鉴定程序规范化和鉴定结论科学化。

---

① 《外资巨头们纷纷出手，看中深圳什么？》，载微信公众号"深圳发布"，2024年3月15日。

（四）涉外法治实践为涉外司法鉴定发展提供广阔的平台

深圳福田区成立的深圳市涉外涉港澳商事一站式多元解纷中心（以下简称"解纷中心"），在全国首次推出了"府院联动"模式，实现了从调解、仲裁、诉讼到公证的法律服务全流程。[①] 首先，这一创新举措，为深圳涉外司法鉴定的发展提供了广阔的实践平台。通过集成多元法律服务，解纷中心提升了涉外司法鉴定在实操中的应用频次和重要性，使之成为解决商事纠纷的关键环节。同时，解纷中心形成的多方参与、多元管理、多点连接的新模式，为深圳涉外司法鉴定的发展提供了有益借鉴和参考。通过实施"府院联动"模式，创新性地整合了法律服务的全流程，这种全方位、多角度的服务为国内外商事实体提供了一站式解决方案，使涉外司法鉴定服务成为该领域发展的重要推动力。其次，该解纷中心形成了开放、高效、互动的服务模式，促进了涉外司法鉴定服务与其他法律服务的深度融合，还促进了涉外司法鉴定领域的创新和发展。解纷中心的成功实践，需要涉外司法鉴定服务朝专业化、国际化的方向发展，如此才能进一步提高深圳在全球法律服务市场中的竞争力。

深圳国际仲裁院是粤港澳地区的第一家仲裁机构，2023年深圳国际仲裁院全年化解商事纠纷金额超过1400亿元，保持全球前列。[②] 深圳国际仲裁案件的增多，尤其是知识产权、金融、贸易投资、工程建设等专业领域的案件增多，迫切需要涉外司法鉴定朝国际化、专业化方向发展。深圳涉外司法鉴定机构必须紧跟仲裁的步伐，为仲裁案件提供高质量的司法鉴定服务，助力深圳国际仲裁事业发展。

深圳前海公证处在外籍居民最集中的南山区蛇口街道设立涉外公共法律服务平台，截至2022年底，共开展各项服务910件次，服务外籍居民1939

---

① 《深圳司法走基层｜"一站式"多元解纷！深圳福田这个地方能做到》，载微信公众号"深圳司法"，2024年2月2日。
② 《深国仲：发挥"双城两院"优势，打造"深圳+香港"国际仲裁优选地》，载微信公众号"深圳前海"，2024年2月20日。

人次，其中，法律咨询和服务298件次、涉外纠纷调解15件次、公证服务597件次，为在深外籍居民提供与国际接轨的公共法律服务。① 前海公证处的成功运作，为进一步加强和完善涉外司法鉴定的国际化布局奠定了坚实基础，推动了深圳涉外司法鉴定服务能力的整体提升，为深圳打造开放型经济新体制中的法律服务提供了强有力的支撑，显著提升了深圳在国际法律服务领域的竞争力和影响力。

综上所述，深圳涉外司法鉴定的发展不仅是深圳法治建设成果的体现，也是推动深圳法治高质量发展的必然选择。在全球化的大背景下，深圳通过不断优化其法治政策，利用区位优势，营造良好的营商环境，并且积极参与涉外法治实践，以促进涉外司法鉴定的持续发展。

二 深圳涉外司法鉴定的困境及其成因

深圳在涉外司法鉴定的探索中积累了经验，形成了极具深圳特色的发展模式。然而，深圳涉外司法鉴定还存在实践时间较短、理论和实务界对涉外司法鉴定的理解还不够全面深入、部分领域存在的问题还需要进一步厘清等问题。其困境主要表现在以下几个方面。

（一）深圳涉外司法鉴定体制建设的顶层设计与实际需求不匹配

深圳作为我国首个经济特区，市场经济发达、对外开放程度高，涉外司法鉴定工作在服务对外交往、维护社会公平正义中发挥着重要作用。然而，由于涉外司法鉴定在深圳乃至我国的实践时间都较短，社会对其的认识有待深化，相关制度体系等有待完善。目前，深圳在涉外司法鉴定领域缺乏顶层制度设计。深圳尚未就涉外司法鉴定出台专门的地方性法规，统筹全市涉外司法鉴定的机制亟待建立。此外，在粤港澳大湾区一体化发展背景下，深圳

---

① 《近5年办理20.88万件！"起承转合"写好深圳涉外公证业务新篇章》，载微信公众号"深圳司法"2023年2月14日。

与香港、澳门在涉外司法鉴定互认等方面的衔接配套措施也有待完善。顶层制度设计的缺位导致深圳涉外司法鉴定工作中多个主体的权责边界模糊，相关监管体系不健全，可能会影响深圳涉外司法鉴定事业的有序发展，难以有效满足深圳各方主体日益增长的涉外司法鉴定需求。

（二）深圳涉外司法鉴定缺乏国际标准

当前，深圳涉外法律服务需求日益增长，涉外司法鉴定领域更是供不应求。但当前深圳在这方面还存在一些短板。涉外司法鉴定国际标准亟待完善。由于各国法律体系存在差异，司法鉴定标准也不尽相同。而构建一套统一、权威的国际司法鉴定规则需要各方共同努力。同时，随着科技进步，人工智能、区块链等新技术在司法领域的应用也带来新的法律问题，司法鉴定国际标准必须与时俱进。此外，涉外司法鉴定标准的制定未与涉外司法鉴定互认实践紧密结合，涉外司法鉴定标准的科学性、适用性和可操作性没能得到很好的保证。并且深圳涉外司法鉴定在境外的影响力还较小，未能在制定涉外司法鉴定国际标准的过程中掌握话语权。

（三）深圳与港澳地区以及其他国家和地区缺乏完善的司法鉴定互认体系

与京津冀、长三角等区域不同，大湾区内部存在"一国两制三法域"的复杂格局，[①] 深圳在发展涉外司法鉴定工作时也面临该挑战。

当前，港澳与内地的融合发展进入新阶段，深化规则衔接、加强机制对接的重要性不言而喻。深圳在构建涉外司法鉴定制度体系时，面临诸多挑战，其中最为突出的是缺乏完善的司法鉴定互认机制，尤其是在刑事司法领域。深港澳三地在社会制度和法律体系方面存在差异，短期内难以在刑事司法领域中就某些事项达成全面共识。比如，深港澳三地在法定证据种类、证

---

① 江国华、谢海生：《粤港澳大湾区法治深度协同的构想与进路》，《地方立法研究》2022 年第 7 期。

明力、证据资格、证明对象与责任分配以及非法证据排除等问题上的相关规定都有待梳理和衔接。① 这些问题亟须深圳在推进涉外司法鉴定互认工作中予以重点关注和解决。

（四）专业化、国际化的涉外司法鉴定人才较为缺乏

当前，我国涉外司法鉴定领域正处于重要发展阶段，亟须培养一批专业化、高水平的涉外司法鉴定人才，尤其在涉外司法鉴定、涉外公证、涉外仲裁、涉外调解等领域。深圳在涉外司法鉴定人才方面存在一些短板和不足。一方面，复合型涉外司法鉴定人才相对匮乏，不仅表现为精通小语种的涉外司法鉴定人才紧缺，也体现为精通法律英语的涉外司法鉴定人才不足。另一方面，涉外司法鉴定等涉外法律服务机构与高校联合培养涉外司法鉴定人才的机制有待健全，高校提供的实践机会不足、高校与涉外司法鉴定机构的合作不足以及涉外司法鉴定机构对外交流合作相对不足等，导致涉外司法鉴定人才的实践能力难以满足实际涉外鉴定工作需要。

（五）涉外司法鉴定大协同格局尚未形成

在统筹推进涉外法治的大框架下，涉外司法鉴定的推进工作应当具备全局意识和大局观念。深圳在推进涉外司法鉴定的过程中，在构建大协同格局方面存在一些不足。比如，涉外司法鉴定工作统筹协调机制有待健全。目前，深圳涉外司法鉴定服务体系涉及外事、司法、商务、金融等多个部门，但各部门之间缺乏有效的沟通协调机制，信息共享不足，难以形成合力。同时，区域协同发展的涉外司法鉴定合作有待进一步深化。目前深圳与港澳在涉外司法鉴定领域的合作还不够深入，在与大湾区其他城市共建涉外司法鉴定工作协同机制方面还有待加强。

综上所述，不难看出深圳涉外司法鉴定的发展走在全国前列，但难免有

---

① 莫然：《粤港澳大湾区刑事司法规则衔接的实践检视与路径探索》，《法律适用》2023第 10 期。

不足。这些情况是多种因素相互作用的结果。为进一步促进深圳涉外司法鉴定发展，有必要针对上述问题，制定行之有效的策略。

三 多措并举推动深圳涉外司法鉴定健康有序发展

完善涉外司法鉴定服务体系建设，切实发挥深圳涉外司法鉴定的质效，应从以下几个方面着手。

（一）加强深圳涉外司法鉴定顶层设计

深圳在涉外司法鉴定和涉外公共法律服务方面有巨大的需求和发展潜力，为了进一步推动深圳在这一领域的发展，加强顶层设计至关重要。首先，应当根据深圳的实际，制定专门的涉外司法鉴定地方性法规，全面、系统地规范涉外司法鉴定的实体和程序，明确相关主体的权利与义务，优化工作流程，提高工作效率。同时，还应当为深圳涉外司法鉴定的发展提供制度保障，推动形成多元化、专业化、国际化的涉外司法鉴定服务体系。其次，可以借鉴江苏经验，制定长远规划，分阶段推进涉外司法鉴定发展。参考江苏 2023 年 12 月发布的《关于建设涉外法律服务高质量发展先导区的实施方案》，围绕 2025 年、2030 年、2035 年等重要时间节点，提出明确的发展目标和路线图。[①] 例如，到 2025 年，形成立足深圳、服务全国、辐射共建"一带一路"主要国家和地区的涉外司法鉴定服务网络，在涉外司法鉴定服务平台机构建设、高层次人才培养、服务领域拓展和服务能力提升等方面取得一批示范性、标志性成果；到 2030 年，深圳涉外司法鉴定服务体系建设取得全面突破，形成与广东省经济发展和开放水平相适应的涉外司法鉴定服务体系；到 2035 年，涉外司法鉴定服务综合实力大幅提升，对深圳在推进中国式现代化中"走在前、做示范"形成更坚实有力的支撑。

---

① 《出台 | 〈关于建设涉外法律服务高质量发展先导区的实施方案〉》，载微信公众号"江苏司法行政在线"，2023 年 12 月 25 日。

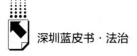

（二）制定深圳涉外司法鉴定的行业标准

在涉外司法鉴定标准化管理方面，国内的有关经验和模式较少，在建立和完善深圳涉外司法鉴定标准化管理模式的过程中，借鉴国外先进经验具有重要意义。澳大利亚在司法鉴定标准化领域的实践，为深圳提供了宝贵参考。

澳大利亚采取由政府授权唯一非政府机构统一管理的模式，实现了司法鉴定的规范化运作。在标准化运作方面，澳大利亚重视多机构的紧密合作，勇于创新，发布了统筹各学科专业的核心标准。① 在标准制定程序方面，澳大利亚充分贯彻基于"协商一致"的思想，广泛吸收各方意见，凝聚共识。结合澳大利亚的经验，在完善深圳涉外司法鉴定标准化管理的过程中，应当着重把握以下几点。第一，要高度重视标准化建设，以此为抓手，不断提升涉外司法鉴定的质量和公信力。第二，要立足深圳实际，选择适合自身发展的标准化模式，避免生搬硬套。第三，要将涉外司法鉴定标准的制定、认证、认可与涉外司法实践紧密结合，确保涉外司法鉴定标准的科学性、适用性和可操作性。第四，要勇于创新，积极吸收借鉴先进经验，努力参与国际涉外司法鉴定的标准制定，不断提高我国涉外司法鉴定的国际竞争力和话语权。

（三）建立和完善涉外司法鉴定互认体系

随着大湾区建设的不断推进，粤港澳三地在司法合作方面的规则衔接和机制对接显得尤为重要。2021 年，中共中央、国务院印发了《横琴粤澳深度合作区建设总体方案》（简称《横琴方案》）和《全面深化前海深港现代服务业合作区改革开放方案》（简称《前海方案》），明确提出要推进与港澳的规则衔接、机制对接，通过制度的互学互鉴，构建一种具有包容性、引领性的制度体系，为建立和完善粤港澳的涉外司法鉴定互认体系提供了新的思路。

---

① 廖根为：《澳大利亚司法鉴定标准化特点与启示》，《中国司法鉴定》2023 年第 2 期。

在建立和完善粤港澳涉外司法鉴定互认体系的过程中，必须摒弃机械的"复制粘贴"思维，而应当在深入了解各地区涉外司法鉴定规则、程序、制度和文化的基础上，分析拟引入涉外司法鉴定规则与内地现有规则体系的关系及其融合可能，在"一国两制"框架内促进三地涉外司法鉴定理念的交融、协调和统一，稳步推进深圳涉外司法鉴定规则与港澳地区接轨。同时，还要充分认识这一过程是循序渐进、动态演变的，要在充分考量这一特征的基础上，有针对性地制定衔接策略。《前海方案》和《横琴方案》体现了中央在推动粤港澳大湾区法治融合方面的新理念和新思路，具有包容性强、合作方式灵活、合作内容渐进等特点，为破解当前深圳涉外司法鉴定互认、鉴定规则衔接等领域的困局提供了新的思路。同时，还可以考虑将深圳作为涉外司法鉴定互认先行先试的试验田，探索构建符合粤港澳大湾区发展实际需求的司法鉴定互认制度体系，为我国各地今后的涉外司法鉴定实践积累宝贵的经验。

（四）大力培养专业化和国际化的涉外司法鉴定人才

涉外司法鉴定人才培养是新时代发展涉外司法鉴定的基石。首先，熟练运用外语进行沟通交流，能够将外语作为工作语言是高水平涉外司法鉴定人才所应具备的一项基本功。即涉外司法鉴定人才需要具备扎实的鉴定专业素养积累和跨文化沟通、多语种技能。培养高水平的涉外法治人才，在深圳可以坚持司法鉴定专业和外语院校外语专业教学相互合作，以期提升涉外司法鉴定人才的复合能力。可借鉴中国人民大学与北外等高校的培养模式[1]，培养法律专业素质高、外语交流能力强的高层次涉外法治人才。[2] 其次，由高校提供的实践机会不足、高校与涉外司法鉴定机构的合作不足以及涉外司鉴机构对外交流合作相对不足导致的涉外司法鉴定人才的实践能力难以满足实

---

[1] 即中国人民大学依托其法学院，推进法学院和外语学院跨学院联合培养模式，并推进与北京外国语大学的合作，设计了"法律+外语+N"的课程体系、教学体系。

[2] 袁东维、张光：《新时代我国涉外法治人才培养的路径创新》，《陕西行政学院学报》2023年第4期。

际需要的问题，可通过中外高校交流合作、组织涉外司法鉴定讲座、组织涉外司法鉴定人才赴港澳专业实习等方式，培养锻炼涉外司法鉴定人才的实践能力，以此提升涉外司法鉴定人才的专业素养，拓宽其涉外视野。

（五）构建涉外司法鉴定大协同格局

当前，深圳应当以广东省涉外法治工作的先进经验为借鉴，进一步完善涉外司法鉴定工作的统筹协调机制，形成全市涉外司法鉴定工作的大协同格局，提升深圳涉外司法鉴定的服务质效。

首先，深圳市政府应当充分发挥党委总揽全局、协调各方的领导核心作用，加强对涉外法治工作的统一领导。可以考虑成立由市委牵头，相关部门参与的涉外司法鉴定工作领导小组，形成分工明确、协同高效的工作机制，统筹推进全市涉外司法鉴定服务体系建设。其次，应当完善涉外司法鉴定工作的统筹协调制度，制定出台涉外司法鉴定工作联席会议制度，明确各部门的职责分工，建立信息共享、会商协调、监督考核等工作机制。对于涉外司法鉴定工作中的重大问题，可通过定期召开联席会议来解决协调，推进重点任务落实。再次，深圳应当加强涉外司法鉴定工作领导人才队伍建设。涉外司法鉴定工作领导人才不仅要掌握专业知识和业务技能，还要具备统筹协调、团队管理的能力，要增强其全局意识和大局观念，以及统筹谋划、协调各方的能力。最后，深圳应当努力营造良好的涉外司法鉴定服务体系建设环境，加大涉外司法鉴定宣传力度，提高全社会对涉外司法鉴定重要性的认识。

综上所述，深圳在探索涉外司法鉴定模式的过程中以其法治政策、地理位置、营商氛围以及涉外法治实践，为涉外司法鉴定的发展奠定了基础。对于顶层设计与需求不匹配、国际标准缺失、互认体系不完善以及专业人才短缺等问题，深圳可以通过加强顶层设计、制定行业标准、完善互认体系和培养专业化国际化人才来解决，并以此推动涉外司法鉴定大协同格局的形成，为深圳乃至全国的涉外司法鉴定领域的发展提供样本。

参考文献

朱晋峰：《深圳公共法律服务体系建设与完善》，载罗思主编《深圳法治发展报告（2022）》，社会科学文献出版社，2022。

法治前沿篇

B.19

新质生产力背景下蓝碳产权保护法律
实现的深圳探索[*]

许瀛彪　刘铭鑫[**]

摘　要： 作为国家改革开放的前沿阵地，深圳长期以来在国家经济发展和制度创新方面发挥排头兵作用。作为全球首个"国际红树林中心"，深圳探索蓝色碳汇交易制度，旨在搭架全民所有海洋自然资源生态产品价值实现的桥梁，先行示范将自然资源优势转化为新质生产力优势。纵观深圳蓝碳交易制度历程，深圳在蓝碳领域开展了卓有成效的探索实践。当前，要将新质生产力作为蓝碳交易制度建构的内在价值引领，不断丰富和优化蓝碳交易制度的外在规则体系。要围绕蓝碳产权的归属、利用和保护，建设一套归属清晰、高效利用、严格保护的蓝色碳汇产权制度和法律框架。要厘清蓝色碳汇的特殊用益物权属性，构

---

* 本报告系中国法学会民法学研究会青年学者研究项目"国有自然资源损害的民法救济研究"（项目编号：2021MFXH002）的阶段性研究成果。

** 许瀛彪，法学博士，中国法学会法治研究所与中国社会科学院法学研究所联合培养博士后研究人员，主要研究方向为民商法学、自然资源法学；刘铭鑫，西南政法大学经济法学院博士研究生，主要研究方向为环境与资源保护法学。

建多层次的蓝碳交易市场体系，形成蓝碳交易规则的类型序列，确立公正合理的纠纷解决规则以化解交易纠纷，为我国探索蓝色碳汇法治保障贡献深圳智慧。

关键词： 蓝色碳汇　海洋碳汇　海洋自然资源　新质生产力

习近平总书记指出，"绿色发展是高质量发展的底色，新质生产力本身就是绿色生产力"。[①] 深圳市是我国碳排放权交易最为活跃的地区，2011年10月，深圳作为碳排放权交易的7个试点地方之一正式启动碳排放权交易。深圳市历来重视蓝色碳汇产权保护的制度探索。2021年7月，深圳市成为自然资源领域生态产品价值实现机制试点城市，同年深圳首次完成了对广东内伶仃福田国家级自然保护区福田红树林登记单元的自然资源确权登记。[②] 2022年，深圳市四部门聚焦蓝色经济的创新发展，发布《深圳银行业保险业推动蓝色金融发展的指导意见》。2023年9月6日，全球首个"国际红树林中心"正式落户深圳。2023年9月26日，全国首单红树林保护碳汇以全国碳汇市场的最高单价成交，此次交易所得上缴财政用于红树林保护与修复工作。从这一历程可以看出，深圳作为改革开放的排头兵，在贯彻中央政策进行高质量发展的经济转型和制度创新方面扮演了重要角色，在新质生产力理论指导下对蓝碳交易制度的探索取得了一定的成果。蓝色碳汇交易既是碳市场交易中的重要类型，也是包括红树林在内的海洋自然资源生态产品价值实现的重要方式。蓝色碳汇以红树林等自然资源为物质载体，其价值实现亦是全民所有自然资源资产所有者权益实现的重要形式。深圳市开展蓝色碳汇交易为探索和培育新质生产力、助力国家高质量发展和"双碳"目标实现、提

---

① 《习近平在中共中央政治局第十一次集体学习时强调　加快发展新质生产力　扎实推进高质量发展》，新华网，2024年2月1日，http://www.news.cn/politics/leaders/20240201/ad7e90874ca140be8e4b7b9c3526976b/c.html。

② 《国土空间提质增效，综合改革整体推进：深圳加快推动城市治理体系和治理能力现代化》，《深圳特区报》2021年7月1日。

升国家应对气候变化的能力、实现全民所有自然资源资产所有者权益等各个方面提供了深圳经验和深圳方案。

目前，无论是从蓝色碳汇交易的数据指标、蓝色碳汇交易的交易量来看，还是从蓝色碳汇的交易规则和规范性文件来看，深圳市蓝碳交易尚处于发展探索阶段。首先，从蓝色碳汇的核算标准及其方法学来看，2020 年 6 月，深圳市生态环境局才发布碳汇核算基础性指导标准《海洋碳汇核算指南》。其次，从蓝色碳汇的交易来看，深圳市碳排放权交易早在 2013 年即开始试点，但深圳市的蓝色碳汇交易却刚刚起步，2023 年才进行首单红树林保护碳汇拍卖交易，深圳市历时 10 年从碳排放权交易发展到蓝色碳汇交易。最后，从蓝色碳汇的交易规则和规范性文件来看，深圳市目前有关碳汇或蓝色碳汇交易的内容散见于《深圳碳普惠体系建设工作方案》《深圳市碳排放权交易管理办法》《深圳市碳交易支持碳达峰碳中和实施方案》《深圳市人民政府关于印发深圳市碳达峰实施方案的通知》《红树林保护项目碳汇方法学（试行）》等文件中。上述文件具有十分重要的创新性并填补了有关领域的空白，但大多属于鼓励蓝色碳汇发展的政策性表达，而对于蓝色碳汇的权利属性、蓝色碳汇的交易平台、蓝色碳汇的交易规则、蓝色碳汇交易监管和纠纷化解机制都较少关注。由此可知，深圳市目前并未形成标准统一、框架清晰、交易规范、流转流畅、监管适当、保护严格的海洋蓝碳产权权益实现的法律制度体系。因而，开展本研究具有十分重要的理论价值与实践意义。有鉴于此，本报告立足于国家宏观政策指引、深圳实践案例和现实基础，开展蓝色碳汇产权保护研究，为深圳市蓝色碳汇产权价值实现厘清关键性问题并提供解决方案，希冀引发探讨指正。

一 面向产权归属的探索：作为特殊用益物权的蓝色碳汇

产权的初次分配即确定产权归属及其权利义务内容。① 蓝色碳汇产权全

---

① 石佳友：《健全以公平为原则的产权保护论纲》，《中国政法大学学报》2021 年第 3 期。

链条保障的首要一环在于明晰产权归属。权利的归属不仅源于权利的种类，更需要聚焦权利的属性和内容。蓝色碳汇，即海洋碳汇，指利用全民所有海洋自然资源吸收大气中的二氧化碳，并将其固定在海洋中的过程、活动和机制。蓝色碳汇与碳排放相比是对大气环境容量的扩大，并同样被法律拟制为一种可以交易的财产权，其权利归属可以从权利属性、权利内容两个方面阐述。[1]

（一）蓝色碳汇的权利属性

市场经济是法治经济，市场经济的交易实质是权利在不同市场主体之间的交割和流转。蓝色碳汇交易之所以可行，是因为其满足市场经济交易的要件。首先，蓝色碳汇具有市场稀缺性。其次，这一稀缺性具有交换价值并且可以通过货币体现。最后，这种可货币化的价值具有法律上的利益因而得以通过法律权利化。换言之，蓝色碳汇是可以交易的"可流通物"。蓝色碳汇的权利属性就源于上述三层递进式的证成。

第一，蓝色碳汇符合新质生产力理念的本质要求，蕴含了新质生产力下高质量发展的价值意蕴，在此背景下其具有较高的市场稀缺性。经济学界一般认为市场稀缺性源于资源有限前提下资本集聚、科技发展、市场垄断、要素跨境流动等，即市场稀缺性不仅可以是自发的市场行动，也可以是自觉的形塑过程。一般而言，如化石能源等不可再生自然资源天然存在稀缺性，[2]但蓝色碳汇并不是不可再生资源，其稀缺性不来自自然资源的稀缺性。蓝色碳汇可以降低大气中温室气体的浓度，因而也是对自然资源的一种使用。同时，蓝色碳汇需要以特定的自然资源作为载体而存在。蓝色碳汇的稀缺性符合新质生产力的理论内容和高质量发展的低碳要求。新质生产力的形成是生产力代际革命和生产力跃迁的体现，其以科技创新为根本驱动、以绿色发

---

[1]　《一"碳"究竟丨什么是蓝色碳汇》，科普中国网，2022 年 10 月 25 日，https：//www. kepuchina. cn/article/articleinfo？ business_ type＝100&classify＝0&ar_ id＝373952。

[2]　何明、杨明月：《文化、国界与收益：商品国际贸易稀缺性的阐释——中缅翡翠贸易的人类学研究》，《贵州民族研究》2022 年第 3 期。

展为基本方向、以新兴产业为主要载体。① 因此，新质生产力背景下，我国经济发展的绿色低碳转型促使政府加强对企业绿色低碳的指标性要求，其中就包括增加碳汇的核证自愿减排项目的指标性要求。政府的指标性要求带来了企业碳汇购买和碳汇项目的市场需求，同时政府的碳汇方法学和核算体系则把产生碳汇的自然资源与碳汇的碳吸收结果分别嵌入两个体系，企业需要通过市场竞争和权益交割满足政府的减碳指标。总之，新质生产力本质上要求充分实现自然资源的生态价值，由此蓝色碳汇的稀缺性高度表征。

第二，蓝色碳汇交易并非受禁限的交易，其交易后果还会惠及全民所有自然资源资产的所有者权益，并可以丰富红树林等自然资源的价值实现方式。海洋经济与蓝色经济在一般意义上是内涵与外延大致相当的概念。我国海洋的资产价值约为 54 万亿元。② 这一数据仅仅是根据现有海洋经济产业核算的，未计算蓝色碳汇所能产生的资产价值。根据中国科学院的计算，中国的海岸带蓝碳生态系统总面积为 144 万公顷，碳储量高达 118 Tg。③ 作为国际红树林中心的海滨城市，深圳市具有面积广阔的碳库和碳汇基础，3.5万公顷的湿地以及 296.18 公顷的红树林使深圳市具有发展蓝色碳汇的广阔空间。深圳市发展蓝色碳汇交易可以实现上述自然资源的资产价值，从而进一步巩固蓝色经济在深圳实现高质量发展中的重要地位。同时，深圳市对海洋自然资源的确权明确了深圳市海洋自然资源的全民所有属性，在此基础上，深圳市政府作为全民所有自然资源资产所有权的代理主体而代理履行所有者职责、维护所有者权益。监测、核算进而开发与利用蓝色碳汇就成为深

---

① 彭绪庶：《新质生产力的形成逻辑、发展路径与关键着力点》，《经济纵横》2024 年第 3 期；许恒兵：《新质生产力：科学内涵、战略考量与理论贡献》，《南京社会科学》2024 年第 3 期。

② 《中国蓝色经济报告 2022》，世界自然基金会网站，2022 年 11 月 18 日，https：//www.wwfchina.org/news-detail？id=2163&type=3。

③ 其中，红树林总碳储量约为 6.9 Tg；海草床生态系统总碳储量约为 1.4 Tg，远低于总碳储量约为 25 Tg 的盐沼湿地。此外，我国未被植被覆盖的滨海滩涂面积广大，总碳储量高达 27～85 Tg。除了碳储量，这些海岸带蓝碳生态系统的碳埋藏能力也值得关注。中国红树林总碳埋藏量约为 0.05 Tg/yr，海草床总碳埋藏量为 0.01～0.02 Tg/yr，盐沼湿地总碳埋藏量为 0.50 Tg/yr；我国无植被覆盖的滨海滩涂总碳埋藏量为 0.28～1.5 Tg/yr。参见朱汉斌《海岸带蓝碳系统助力中国实现碳中和》，《中国科学报》2023 年 9 月 6 日，第 3 版。

圳市政府履行所有者职责、维护所有者权益的必然要求，并且蓝色碳汇的产权化配置、利用与保护将会具体化海洋自然资源权益，这是深圳市实现全民所有自然资源资产所有者权益的重要方式。

第三，蓝色碳汇作为扩大大气环境容量的重要碳汇类型，具有"物"的属性，其属于全民所有海洋自然资源的特殊用益物权形式。蓝色碳汇的作用机理是通过红树林、盐沼、海草床等自然资源吸收和固定大气中的温室气体。由此可知，与碳排放相比，蓝色碳汇扩大了大气环境对温室气体的容纳量。碳排放与蓝色碳汇都是对大气环境容量的一种利用，只不过两者作用方式和作用效果相反。即使学界对碳排放权的属性存在许可权、物权、新型财产权、数据权等多种认定，[①] 大气环境容量属于物权的客体，[②] 碳排放权是对大气环境容量的占有、使用以及收益的权利。蓝色碳汇亦是对大气环境容量的占有、使用和收益，惟此种占有是出于保护目的的使用进而收益。因此，蓝色碳汇具有权利属性。法治社会是市民社会的法律表现形态，而市民社会的核心机制是市场机制。[③] 市场经济是法治经济，市场交易是权利交割，市场交易的激励即合法性的确权激励。因此，法律界定蓝色碳汇的权利属性及其归属就具有应然性。市场配置是初始产权的二次扩展，法律赋予蓝色碳汇权利市场配置的合法性就具有了必然性。

（二）蓝色碳汇的权利内容

派生于海洋自然资源国家所有权，蓝色碳汇与碳排放权一并形成了温室气体大气环境容量占有、使用、收益的不同权利。惟蓝色碳汇与碳排放功能相反、行为模式相左，因而其具体内涵、外延、权属都不尽相同。

第一，从蓝色碳汇的权源基础、权利体系来看，蓝色碳汇可被视为一种特殊用益物权，其具有派生性。蓝色碳汇的权源基础是明确为全民所有的自

---

① 刘铭鑫、徐以祥：《论我国碳市场跨期交易的法律规制》，《南方金融》2023 年第 8 期。

② 倪受彬：《碳排放权权利属性论——兼谈中国碳市场交易规则的完善》，《政治与法律》2022 年第 2 期。

③ 胡平仁：《法治理论与实践的新格局》，《法治研究》2019 年第 5 期。

然资源及生态空间。大气环境容量是否为自然资源确实存在争议，但与碳排放权不同，蓝色碳汇与自然资源之间的关系更为密切。即使不将大气环境容量视为"物"，蓝色碳汇依附于自然资源并是自然资源内在的一种多重"价值"，其当然也可以从自然资源处获得权源基础。有学者认为蓝色碳汇具有独立性、可支配性和价值性，但核证减排量本身所具有的公法性质难以解释。① 诚然，蓝色碳汇具有无形性并由行政机关经许可等公法程序而产生，但这并不可否认蓝色碳汇的物权属性。无形之物亦可以成为物权客体，同时不可以蓝色碳汇在核算、核准与签发等方面的公权介入否定蓝色碳汇一经确立而特定化之后的私权属性。从多阶段行为来看，自然资源国家所有权具有公私交融性质，② 同样，蓝色碳汇明显具有二阶属性，初始阶段的公权色彩与权利配置的物权属性不可混淆。因此，蓝色碳汇与碳排放权一并组成了源于大气环境容量的大气环境容量用益物权权利束。

第二，从蓝色碳汇的权能与权益的角度来看，蓝色碳汇作为一种特殊用益物权，主要是对经核证之后的温室气体吸收量的占有、使用、收益，亦可涵摄具有碳汇功能的自然资源。蓝色碳汇虽然与碳排放权具有同样的权源基础，但是蓝色碳汇与碳排放权在权能方面存在显著差异。与碳排放权有且仅为对大气环境容量的利用不同，蓝色碳汇高度依附具有碳汇功能的自然资源。在实践中，无论是行政机关对于蓝色碳汇的开发、利用、保护，还是司法机关对于碳汇修复和赔偿的判决执行，都直接指向自然资源本身而间接达到碳汇保护的目的，如前述深圳市红树林的自然资源确权登记。蓝色碳汇的权能除了对蓝色碳汇所产生的温室气体核证减排量的支配之外，也囊括对自然资源的间接性支配。如此，可以正面回应蓝色碳汇非用益物权的理论质疑。在深圳的实践中，通过促成福田红树林湿地被列入国际重要湿地名录及红树林碳汇指数保险等举措来保护蓝色碳汇。

第三，从蓝色碳汇与绿色碳汇的差别来看，绿色碳汇一般指森林、草原

---

① 李海棠：《海岸带蓝色碳汇权利客体及其法律属性探析》，《中国地质大学学报》（社会科学版）2020 年第 1 期。

② 许瀛彪：《公私交融：自然资源国家所有权性质的新阐释》，《社会科学家》2023 年第 1 期。

等陆地植被所产生的碳汇，森林碳储量与草地碳储量名列全球陆地碳储量占比前两位。[①] 蓝色碳汇与绿色碳汇具有诸多共性，譬如两者都符合新质生产力理念，两者的权利基础相同，两者都具有公益性与社会性。区别于绿色碳汇，蓝色碳汇的开发潜能更大、保护要求更高。绿色碳汇因森林、草原使用权等确权而具有开发和利用方面的限制，但是海洋海域、海底草床、红树林等蓝色碳汇往往远离人类社会环境，一般也很少为私主体所承包。此外，蓝色碳汇的市场交易发生较晚，蓝色碳汇的探索空间更大。

二 面向产权利用的探索：蓝色碳汇价值实现的产权交易规则

市场机制完善的重点是产权制度和要素市场化配置机制。[②] 蓝色碳汇作为一种特殊用益物权，其产权利用的主要方式是市场化配置机制。目前，蓝色碳汇交易面临交易类型杂糅、交易规则不清晰等问题。蓝色碳汇的产权利用需要厘清上述问题。

（一）构建多层次的蓝碳交易市场体系

目前，我国碳汇交易市场是从属于碳排放权交易的市场，全国范围的碳汇交易平台仍在筹建中。从深圳市来看，深圳市碳排放权交易机构是深圳排放权交易所有限公司，企业可以通过深圳碳排放现货交易系统[③]进行交易，但碳汇交易从属于碳排放权交易仅因具有减碳后果的关联性，而非两种市场交易标的的一致性。因此，蓝色碳汇交易需要有专门且独立的交易体系和规则。所谓的多层次蓝碳交易，一方面是指蓝色碳汇交易需要与碳排放权交易保持联动，构建涵盖强制减排义务下的蓝色碳汇项目交易、自愿核证减排量

---

① 张一然等：《中国草地碳汇功能提升的挑战和行动对策》，《草地学报》2024 年第 4 期。
② 洪银兴：《完善产权制度和要素市场化配置机制研究》，《中国工业经济》2018 年第 6 期。
③ 需要注意的是，深圳碳排放交易系统是进行碳排放权交易的平台，同时涵盖了可再生能源等其他种类的交易。

下的蓝色碳汇市场以及基于碳普惠的蓝色碳汇市场。另一方面是指蓝色碳汇交易需要建立沟通国家与地方的市场体系，在全国专门、统一蓝色碳汇交易市场尚未建立之时，深圳市可以探索建立立足于本市的蓝色碳汇交易平台。

第一，构建多层次蓝色碳汇交易市场。碳汇项目可以创造大量的核证减排量，蓝色碳汇作为前景广阔的碳汇项目，可通过蓝色碳汇所创造的核证减排量而进入核证减排交易市场。蓝色碳汇的这一交易市场也是目前最有潜力的市场。核证减排交易市场可以分为核证自愿减排交易市场以及从属于碳排放权履约机制的交易市场。未来，我国应当构建以核证自愿减排交易市场为核心的蓝色碳汇交易市场，对此，深圳的先行先试大有可为。近年来，随着低碳科技的发展，创新性减排量逐步增长，碳普惠交易成为可能。例如，深圳市大力发展碳普惠机制。深圳市生态环境局 2022 年 8 月印发的《深圳市碳普惠管理办法》即规范碳普惠交易的重要文件。碳普惠交易与碳排放权交易、核证自愿减排交易就此统合为广义上的碳市场。蓝色碳汇同样可以通过个人、企业的低碳积分而进入碳普惠交易。事实上，深圳市打造红树林碳普惠的方法学也正在为蓝色碳汇的交易打造更广阔的前景，并且广东省层面也出台了相关的方法学。①

第二，构建国家与地方纵向划分的蓝色碳汇交易市场。当前，需要从中央和地方两个层面来发展蓝色碳汇交易。深圳市拥有丰富的蓝碳资源，综观全国，蓝碳资源广泛分布在我国海南、福建、台湾等地。蓝色碳汇的跨省域交易需要通过全国性的碳汇交易平台进行。同时，区域性的碳汇交易平台十分重要，尤其是以个体、中小企业为主体的小规模碳普惠项目更宜在区域碳汇交易平台中进行交易。在全国性的碳汇交易平台和碳汇交易规则尚未建立之时，深圳市尤应先行先试探索构建专门的碳汇交易中心以交易蓝色碳汇。

---

① 广东省生态环境厅印发《广东省红树林碳普惠方法学（2023 年版）》，规定了广东省（不含深圳市）红树林生态修复过程中实施增汇行为产生的碳普惠核证减排量的核算流程和方法。

（二）形成蓝碳交易规则的类型序列

蓝色碳汇是一种特殊用益物权，作为一种依附自然资源而产生减排量并扩大大气环境容量的"物"，蓝色碳汇同时具有生态属性、财产属性和社会属性。蓝色碳汇的生态属性是指其可以产生吸收二氧化碳的功能，这也是蓝色碳汇稀缺性和价值性的来源。基于这一生态属性而衍生的交易使得蓝色碳汇产生了财产属性，尤其需要注意的是，蓝色碳汇的财产属性并非只包括蓝色碳汇交易中作为交易标的的交换价值，还包括金融属性。蓝色碳汇的社会属性主要是指蓝色碳汇在吸收温室气体的同时，所附带的社会效益。[①] 蓝色碳汇交易还需要基于蓝色碳汇不同的属性而设计不同的交易规则，即使是同一交易标的，蓝色碳汇属性的差异也会带来不同的交易目的，这就要求蓝色碳汇交易在多类型交易中形成具有针对性的交易规则序列。

首先，立基于蓝色碳汇生态属性的交易应是蓝色碳汇的基础性交易。蓝色碳汇交易之所以为国家所重视，是因为其有助于"双碳"目标的实现。深圳市发展蓝色碳汇，也是因为蓝色碳汇在绿色低碳经济转型中的重要作用。蓝色碳汇交易不能偏离碳汇基础功能。蓝色碳汇核算方法、交易合约、标的流转登记等规则都应当便于表征蓝碳的生态属性和实现蓝碳的生态价值。其次，立基于蓝色碳汇财产属性尤其是金融属性的交易应是蓝色碳汇的支撑性交易。蓝色碳汇交易的扩展需要提升蓝色碳汇的交易价值和流动性。深圳市在蓝色碳汇金融方面做了很多探索，前述深圳市红树林碳汇指数保险就是一例。此外，深圳发布蓝色金融新政，海洋蓝色碳汇质押贷款、蓝色碳汇基金也是蓝色碳汇金融属性的表现和市场模式。然而，金融市场是高风险市场，金融市场的内生性风险包括"信用风险""道德风险""高利率风险""操作性风险""流动风险"。[②] 深圳市在探索蓝色碳汇金融化时，需要

[①] 王法明等：《中国滨海湿地的蓝色碳汇功能及碳中和对策》，《中国科学院院刊》2021 年第 3 期。

[②] 刘希章、李富有、孙梅艳：《民间金融风险引发因素、生成机理及性态演变》，《东岳论丛》2020 年第 8 期。

注重蓝色碳汇金融的风险规避，有针对性地制定与蓝色碳汇基础性交易有所差异的交易规则。最后，立基于蓝色碳汇社会属性的交易应是蓝色碳汇的辅助性交易。个体和中小市场主体通过设立碳汇项目或从其他已经设立碳汇项目的主体处认购足够的蓝色碳汇，这种交易可以更广泛地激励更多民事主体参与蓝色碳汇发展与保护，有效培养民事主体绿色生产、绿色消费、绿色生活观念，引领推动全社会形成绿色生产、绿色消费、绿色生活方式。目前，此类交易往往受到交易对象、交易次数和交易方式的限制。例如，深圳市规定个人所获得的碳积分只能通过统一管理平台核算和注销，同时该类积分不得转让、交易。未来可以探索进一步放宽有关限制，激励更多主体参与蓝色碳汇的开发、利用、保护。

三　面向产权保护的探索：蓝色碳汇法治保障的产权救济制度

有权利必有救济，产权救济是产权配置的自然延伸，也是产权归属、利用、保护链条中的重要环节。要想实现蓝色碳汇权利归属与配置的预设目标，就必须建立健全蓝色碳汇产权救济制度。

（一）蓝碳交易监管的原则和体系

中国特色社会主义市场经济是良好处理政府与市场关系的经济模式。市场经济有效运行取决于参与者的理性程度。[1] 理性的市场则需要国家温和干预，政府监管的公权介入具有必要性。在蓝色碳汇交易中存在多层次市场与多类型交易，因此可能发生多种市场失范行为。并且，不同交易标的所遵循的交易监管原则也不尽相同。例如，在蓝色碳汇的金融类交易中，可能存在行为监管、审慎监管，同时基于不同的蓝色碳汇金融产品还可以分为分业监管、混业监管等。因此，分门别类的监管原则和规则至关重要。然而，目前

---

① 林民书：《中国特色社会主义市场经济中理性人问题研究》，《东南学术》2024 年第 1 期。

深圳市并没有制定专门的、成体系的、有针对性的蓝色碳汇交易监管规则。未来，蓝色碳汇交易的发展必须建立在良好的监管规则构建上。

针对蓝色碳汇交易的多层次市场和多类型交易可以构建阶梯式的分层监管模式。在明确以深圳市生态环境局为主管部门的基础上，可纳入深圳市负责金融、市场监管等工作的行政主管部门，共同构建蓝色碳汇交易的监管机制。在监管方式方面，需要注重激励与约束并重的包容审慎监管。同时，需要协调综合混业监管与专业监管、层级监管之间的关系。例如，蓝色碳汇交易中的重大事件可能需要综合监管，而某一领域的交易违规行为可能需要专业监管。此外，层次性监管还需要理顺监管主体之间的权责，蓝色碳汇涉及众多行政部门，不同部门由于专业限制、事权划分必然在蓝色碳汇交易的监管中有所不足。例如，目前深圳市红树林碳汇所产生的收益全部上缴财政从事红树林生态修复工作，在这一过程中深圳市财政行政主管部门的监管不可缺少。深圳作为中国特色社会主义先行示范区，在构建蓝色碳汇保护的协同体系时，可以依据蓝色碳汇交易监管的需要适度地调整政府职能部门的职权边界。当前，要以发展绿色生产力为价值引领，从激励技术创新的法律工具和制度创新的法治化两个维度，积极研究蓝色碳汇交易监管的路径选择。从根本上而言，政府应以自然资源"国家所有，即全民所有"为规范要旨与价值指引，确保以各种有效路径实现蓝色碳汇发展成果最终由全民共享。[①]

（二）蓝碳交易纠纷的类型与处理

蓝色碳汇具有物权属性。民法典在法律体系中具有基础性地位，是宪法实施的重要部门法，其为蓝色碳汇产权归属、利用、保护提供规则指引。蓝色碳汇的产权保护需要系统的私法救济体系，这一体系根据是否涉及私人利益可以分为公益类救济和私益类救济。

从私益类救济来看，私益类纠纷主要涉及蓝色碳汇产权流转过程中民事

---

① 许瀛彪：《迈向共同富裕：自然资源国家所有权权利行使的公益性面向》，《西北民族大学学报》（哲学社会科学版）2022年第6期。

主体之间的产权纠纷。在蓝色碳汇交易中可能涉及交易双方间的合同纠纷，交易主体与交易平台之间因信息登记、注销所产生的权利纠纷，交易主体与第三方公司之间就蓝色碳汇质押、蓝色碳汇保险等产生的纠纷。上述纠纷解决的实质是作为基础性法律的民法典如何在蓝色碳汇交易这一新型交易中有效适用。深圳市可以基于建设中国特色社会主义法治先行示范城市的独特优势，积极在个案中总结蓝色碳汇案件的裁判规则与司法规律，推动制定相关工作指引，充分发挥司法在蓝色碳汇开发和保护中的重要作用。

从公益类救济来看，蓝色碳汇高度依附自然资源，在现有自然资源统一确权登记与省级、市级政府代理行使自然资源资产所有权的制度配套下，深圳市政府作为代理行使自然资源资产所有权的主体对国有自然资源经济损害与生态损害可以提起民事诉讼，为自然资源国家所有权的民事保护铺平道路。① 此外，深圳市需要适度发挥司法能动性，探索蓝色碳汇诉讼的司法专门化，探索在案件管辖、审理团队、审判程序、案件判项等方面与蓝色碳汇产权保护相适应的规则。深圳司法机关可与有关行政机关、社会组织协同建立蓝色碳汇司法修复基地，为蓝色碳汇司法案件生态修复执行工作提供保障，亦可有效促进蓝色碳汇宣传教育、生物多样性保护等工作。

结　论

作为全球首个"国际红树林中心"和基于建设中国特色社会主义法治先行示范城市的独特优势，深圳探索蓝色碳汇交易制度，旨在搭架全民所有海洋自然资源生态产品价值实现的桥梁，先行示范将自然资源优势转化为新质生产力优势。新质生产力背景下蓝碳产权保护法律实现路径的深圳探索，应以自然资源"国家所有，即全民所有"为规范要旨与价值指引，确保以各种有效路径实现蓝色碳汇发展成果最终由全民共享。要以新质生产力作为

---

① 许瀛彪：《全民所有自然资源资产产权制度中民法的基础性法律地位》，《中国国土资源经济》2023 年第 3 期。

蓝碳交易制度建构的内在价值引领，不断丰富和优化蓝碳交易制度的外在规则体系。要围绕蓝碳产权的归属、利用和保护，建设一套归属清晰、高效利用、严格保护的蓝色碳汇产权制度和法律框架。要厘清蓝色碳汇的特殊用益物权属性，构建多层次的蓝碳交易市场体系，形成蓝碳交易规则的类型序列，确立公正合理的纠纷解决规则以化解交易纠纷，为我国探索蓝色碳汇法治保障贡献深圳智慧。

参考文献

李海棠：《碳中和背景下海岸带蓝色碳汇交易法律问题研究》，上海社会科学院出版社，2022。

梁慧星：《民法总论》（第六版），法律出版社，2021。

安然：《海洋经济高质量发展理论与实践》，中国经济出版社，2022。

陈惠珍：《中国碳排放权交易监管法律制度研究》，社会科学文献出版社，2017。

董恒宇、岩锦凤、王国钟主编《碳汇概要》，科学出版社，2012。

B.20
生成式人工智能（AIGC）的知识产权风险防范研究

孟海　杜金秋*

摘　要：　生成式人工智能（AIGC）的快速发展对相关知识产权侵权风险防范工作提出了新挑战。审视国内外 AIGC 服务的立法现状，AIGC 企业与服务使用者均面临一定的知识产权侵权风险。AIGC 企业在训练数据获取和内容生成过程中可能遭遇知识产权侵权风险，通过剖析《纽约时报》起诉 OpenAI 和微软等典型案例，可以窥见司法实践对 AIGC 知识产权问题的倾向性态度。AIGC 服务使用者也需警惕知识产权侵权风险，AIGC 生成作品的定性逻辑是决定其知识产权合法性的关键因素。针对前述风险，AIGC 企业和使用者均应在具体环节上注意知识产权风险防范。深圳作为我国人工智能产业发展较快的城市，当前的立法及政策环境同样面临知识产权风险防范难题与挑战，需要采取相应的应对策略，为 AIGC 技术的健康有序发展及知识产权的有效保护提供保障。

关键词：　生成式人工智能　AIGC 服务　知识产权　风险防范

2023 年以来，以 ChatGPT 为代表的生成式人工智能（AIGC）进入快速发展的新阶段，在全世界范围内广泛掀起了一股人工智能大模型的竞赛热潮，国内外厂商也纷纷发布各自的模型和应用，涵盖文字、图片、音频、视频等

---

* 孟海，北京市中闻（深圳）律师事务所高级合伙人，AI 与娱乐法研究中心主任，主要研究方向为知识产权法；杜金秋，北京市中闻（深圳）律师事务所律师，主要研究方向为知识产权法。

多种生成式的人工智能应用，展现了这一领域的广阔前景。2024 年初，OpenAI 发布的 Sora 被誉为"宇宙模拟器"，通过简单的提示词可以对复杂的客观世界进行模拟，预示着生成式人工智能将在未来发挥更加重要的作用，为各行各业带来前所未有的机遇。然而，生成式人工智能的深入发展和广泛应用，给各行各业带来诸多挑战，如由于生成式人工智能在训练阶段学习人类作品和数据，AIGC 模型在应用过程中可能涉及对人类作品的不当使用，从而引发侵权问题。此外，输出的作品是否受《著作权法》的保护、作者的确认等问题亟待解决。这些问题不仅关系知识产权的侵权风险防范，也直接影响 AIGC 技术的可持续发展。探索模型在训练阶段和用户使用阶段的知识产权保护路径，能为 AIGC 技术的健康发展提供法律保障。

一　深圳人工智能产业发展情况及面临的立法和政策环境

（一）深圳人工智能产业发展情况

深圳作为中国的科技创新之都，近年来在生成式人工智能领域取得了显著的进展，其发展历程可概括为三个阶段：技术研发、应用落地、产业集聚。深圳依托其雄厚的科研实力和人才资源，在自然语言处理、图像识别、语音合成等领域取得了具有国际影响力的成果。随着技术的成熟，深圳的生成式人工智能技术已广泛应用于智能客服、教育、医疗等领域，极大地提升了效率并改善了用户体验。同时，深圳已形成较为完整的生成式人工智能产业链，包括硬件制造、软件开发、应用推广、数据服务支持等环节，并涌现出一批具有竞争力的企业。据统计，截至 2023 年底，深圳人工智能相关企业有 1646 家，仅次于北京、上海，位居全国第三；在产值方面，深圳人工智能核心产业规模在 2023 年达到了 387 亿元。① 企业数

---

① 深圳市人工智能行业协会、深圳市易行网数字科技有限公司：《2024 人工智能发展白皮书》，2024 年 4 月。

量相较于往年有了显著的增长且产值增速高于全国平均水平，体现了深圳在人工智能领域的深厚底蕴和强劲活力，为深圳乃至全国的人工智能产业发展提供了坚实的支撑。

（二）AIGC 发展面临的法律和政策环境

AIGC 是全新的领域，有关法律制度正处于建立完善过程中。目前，国外的人工智能立法工作，以《欧盟人工智能法》最为系统，该法已于 2024 年 3 月发布，旨在通过建立统一的法律框架，在平衡促进人工智能技术发展和创新的同时保护公共利益和基本权利。该法强调了对高风险人工智能系统的严格监管，同时为低风险或有益于社会的人工智能应用提供更为宽松和灵活的发展环境，鼓励创新和技术进步，以充分发挥人工智能技术在社会经济发展中的积极作用。

我国在 AIGC 服务领域已经构建了一套相对完善的法律法规体系，从不同方面规范行业发展，保障各方权益，促进 AIGC 产业的健康、有序发展。其中，《著作权法》主要保护创作者的著作权，防止作品被非法复制、传播和使用；《网络安全法》关注网络空间的安全，防范网络攻击、数据泄露等安全风险；《数据安全法》则对数据的安全处理、跨境传输等方面提出了明确要求；《个人信息保护法》则致力于保护个人信息不被非法收集、使用和泄露。针对生成式人工智能服务的特殊性，还出台了《生成式人工智能服务暂行管理办法》和《互联网信息服务算法推荐管理规定》等专项规范性文件。这些文件对 AIGC 服务提供者的行为准则、数据使用、内容生成等方面进行了详细规定，要求服务提供者遵守法律法规，尊重知识产权，保护用户隐私，并明确了违法行为的处罚措施。《生成式人工智能服务暂行管理办法》[①] 特别强调："生成式人工智能服务提供者应当依法开展预训练、优化训练等训练数据处理活动，遵守以下规定：（一）使用具有合法来源的数据和基础模型；（二）涉及知识产权的，不得侵害他人依法享有的知识产权；

---

① 《生成式人工智能服务暂行管理办法》第七条。

（三）涉及个人信息的，应当取得个人同意或者符合法律、行政法规规定的其他情形；（四）采取有效措施提高训练数据质量，增强训练数据的真实性、准确性、客观性、多样性。"综上，国内在 AIGC 服务领域的立法工作已经取得了显著进展，为行业的健康发展提供了有力保障。然而，随着人工智能技术的不断发展，立法工作仍需继续深入，以适应新的技术挑战和社会需求。

在推动生成式人工智能产业发展的过程中，深圳市政府高度重视知识产权的保护和侵权风险防范，制定了一系列相关的法律法规政策文件。在知识产权立法方面不断完善，深圳出台了一系列法律法规，如《深圳经济特区知识产权保护条例》等，明确了知识产权的保护范围、侵权行为和法律责任，为生成式人工智能产业的知识产权保护提供了法律保障。深圳市政府还制定了一系列针对人工智能产业的政策文件，如《深圳市新一代人工智能发展行动计划（2019—2023 年）》等，明确提出了加强知识产权保护的具体措施和目标。这些政策文件强调了对原创性技术的保护，鼓励企业加强自主研发和创新，同时要求企业在使用他人知识产权时遵守相关法律法规，避免侵权行为的发生。深圳还设立了专门的知识产权保护机构，加大对知识产权侵权行为的打击力度。这些机构通过加强监管和执法，为生成式人工智能产业的知识产权保护提供了有力支持。

（三）AIGC 发展面临的知识产权风险

生成式人工智能技术的复杂性和创新性使得知识产权的界定和评估变得困难。由于技术涉及多个领域和层面，如何准确判断某项技术是否侵犯了他人的知识产权，成为一个亟待解决的问题。随着技术的不断发展和应用场景的不断拓展，新的知识产权问题也不断涌现。例如，在数据使用、算法优化等方面可能存在潜在的知识产权风险，需要企业和政府共同关注和应对。此外，一些企业或个人可能出于利益驱动或技术竞争的需要，采取不当手段侵犯他人的知识产权。这不仅损害了原创者的利益，也影响了整个产业的健康发展。

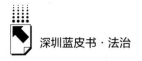

二 AIGC 企业面临的知识产权侵权风险

（一）AIGC 企业面临的知识产权风险类型

1. 训练数据、基础模型著作权风险

AIGC 企业在获取训练数据和构建基础模型时，面临一系列著作权侵权风险挑战。这些挑战源自数据的多源性质，包括网络爬取的公开数据、自行收集的数据、开源平台提供的数据以及商业采购的数据。在自行收集数据时，若数据源自受著作权保护的作品，可能会侵犯作品的复制权。此外，即使使用知识共享许可协议（CC 协议）下的作品进行模型训练，也可能构成侵权，因为 CC 协议主要允许人类的学习和分享，而不是在服务器中复制作品。同时，AIGC 企业通常依赖开源网站上的代码进行学习，但如果大量复制开源代码进行训练，可能违反开源社区的许可证规则，从而面临诉讼风险。在商业采购数据的情形下，如果版权链审核不严格或许可范围约定不当，同样存在侵权风险。此外，如果 AIGC 应用企业接入的大模型的基础架构软件违反开源许可证规则，或者基础模型本身的训练数据存在侵权，应用层的企业也将面临风险。

2. 内容生成阶段的知识产权风险

在内容生成阶段，AIGC 企业需要警惕多种知识产权法律风险。首先，若训练数据中未经充分匿名化处理的个人隐私信息被用于内容生成，可能触犯数据保护法规，引发数据隐私风险。其次，AI 生成的文本、图像或音乐可能会在无意中侵犯他人的商标权、专利权等知识产权，导致知识产权纠纷。此外，AI 生成的内容可能包含误导性信息或虚假内容，违反《广告法》等相关法规，带来误导性和虚假内容的风险。同时，AI 可能生成带有歧视性、仇恨言论的内容或其他不当内容，违反公共秩序和社会道德规范，引发不当内容风险。最后，AI 生成的内容可能引发伦理争议，如生成逼真的虚假新闻、深度伪造内容等，带来技术伦理问题。因此，AIGC 企业在内容生成阶段需要全面考虑和应对这些法律风险。

（二）如何认定是否属于合理使用受保护作品成为问题的关键

在探讨 AIGC 企业面临的法律风险时，AIGC 企业利用受保护作品进行预训练模型是否属于合理使用成为问题的关键。这需要我们审视现有的法律框架和司法实践。

我国《著作权法》对作品的合理使用采用了穷尽式的列举，但最高人民法院发布的司法政策允许法院在特定情况下突破这一限制，考虑作品使用行为的性质、目的、被使用作品的性质、使用部分的数量和质量以及对作品潜在市场或价值的影响等因素。在促进技术创新和商业发展确有必要的特殊情形下，如果该使用行为既不与作品的正常使用相冲突，也不至于不合理地损害作者的正当利益，可以认定为合理使用。

美国法官皮埃尔提出的"转换性使用"概念，为评估合理使用提供了重要的判断标准。转换性使用超越了简单复制或再现原作品的原有价值，而是通过融入新的美学元素、视角和理念，为原作品注入了新的价值、功能和性质，从而实现对原作品的创新性利用。这种使用行为不仅改变了原作品的使用方式，更在深层次上转变了其原有的功能或目的。因此，在促进技术创新和商业发展确有必要的特殊情形下，利用受保护的作品进行预训练的行为，如果符合转换性使用的特征，即非单纯复制或再现、赋予独创性价值、转变功能或目的，那么在司法实践中，这种使用行为被认定为合理使用的可能性是值得探讨的。这种探讨不仅有助于推动技术创新，也有助于平衡知识产权保护与创新发展的需求。

2023 年 12 月 27 日，《纽约时报》在纽约曼哈顿联邦地区法院起诉 OpenAI 和微软，指控它们未经授权，使用其数百万篇文章来训练 ChatGPT 等人工智能聊天机器人。作为首家维权的美国大型媒体，《纽约时报》在诉状中明确要求 OpenAI 和微软为"非法复制和使用其独特且有价值的作品"承担法律责任，并赔偿由此产生的"价值数十亿美元的法定和实际损失"。《纽约时报》进一步主张，被告的行为不仅涉及作品的非法复制，还构成了不正当竞争。具体而言，被告采用《纽约时报》的文章进行训练后，读者会对 AI 的回答感到满意，不再访问《纽约时报》网站，从而减少能够转化为广告和订阅收入的网站流量；原告还认为 AI 幻觉问题导致被告 AI 反馈内容中会有虚假的编造内容，扭曲新闻真相，可能会对媒体的品牌声誉造成潜在伤害。截至 2024 年 6 月，该案在进一步审理中，案件的审理结果或许能为 AIGC 企业利用受保护作品预训练模型是否属于合理使用提供有益参考和借鉴。

三 AIGC 服务使用者的知识产权风险防范

（一）AIGC 服务使用者的知识产权侵权风险

使用者出现的风险情形通常包括使用 AIGC 服务生成与他人受版权保护的作品实质相似的内容；直接输入他人受版权保护的作品，让 AIGC 产品进行修改、改编或润色；使用盗版 AIGC 产品或者通过非官方授权账号、API 接口使用 AIGC 产品；使用 AIGC 产品时未遵守其使用条款（Terms of Use，ToU）或开源许可证，或者超出其授权范围使用。将通过上述方式获得的作品进行商用，公开发布或将其作为产品的一个组成部分，在产品进入市场流通的情形下，对于使用者而言难以召回，对于权利人而言特别容易发现侵权行为和取证，使用者将面临巨大的诉讼风险，也将对企业和品牌形象造成不可估量的损失。使用者的风险还包括由输入不当信息造成的公司商业秘密、商业数据泄露风险；由生成并不当使用虚假内容造成的虚假商业宣传风险；由生成并不当使用他人知名商品包装、装潢造成的不正当竞争风险；由生成并不当使用含他人商标的内容造成的商标侵权风险。

（二）AIGC 生成作品的知识产权争议

AIGC 生成作品在知识产权领域引发了显著争议，焦点在于作品版权认定的法律标准。关于作品是否构成"创作"、创作者身份及版权归属等问题，法律界存在不同的观点。因此，需深入研究相关法律规定，平衡创作者权益与技术创新。

1. 我国 AIGC 生成作品"文生图侵权第一案"

2023 年 2 月 24 日，原告通过 AI 软件 Stable Diffusion，输入特定的提示词，成功生成了一张名为《春风送来了温柔》的 AI 图片。随后，在 2 月 26 日，原告将该图片发布至小红书平台，并标注了"AI 插画"等相关标签。然而，就在不到两周后的 3 月 2 日，被告在百家号平台上发布了一首原创诗歌，未经原告许可，擅自使用了这张 AI 图片作为配图，并去除了原告在小红书平台上的署名水印。这一行为引发了原告的不满，于是原告在 2023 年 5 月 25 日向北京互联网法院提起诉讼，指控被告侵犯了其作品的署名权和信息网络传播权，法院正式立案受理此案。2023 年 8 月 24 日，法院公开开庭审理此案，并对庭审过程进行了直播，引起业内广泛关注。2023 年 11 月 27 日，法院一审判决认定被告构成侵权，判令被告赔礼道歉并赔偿原告经济损失 500 元。

法院在审理此案时，认为原告方在创作过程中投入了大量的智力劳动，这些操作并非简单的机械重复，而是需要创作者具备相应的审美判断和艺术构思。在创作过程中，原告通过对提示词的运用，巧妙地设计了人物及其呈现方式等画面元素，使得整个画面呈现独特的视觉效果。通过调整技术参数，对画面布局和构图进行了精细的设置，体现了原告个性化的艺术追求和审美选择。在获得初步的图片后，通过不断的调整修正，才最终完成涉案图片的创作。这一过程中，原告充分发挥了自己的审美判断和个性选择，使得涉案图片在保持原创性的同时，更加符合其艺术追求和创作意图。人们利用人工智能模型生成图片时，本质上仍然是人利用工具进行创作，即整个创作过程中进行智力投入的是人类而非人工智能模型，只要能体现人类的独创性智力投入，就应当被认定为法律意义上的作品，受到著作权法的保护。

2. AIGC 生成作品国外典型案例

《通向天堂之近路》版权登记案。2022 年，美国人泰勒声称名为"创造机器"的人工智能在没有任何人类智力贡献的情况下自主创作了美术作品

《通向天堂之近路》，并向美国版权局申请登记该作品，美国版权局版权复审委员会经审核后认为，版权法仅保护那些源于人类心智与创造力的劳动成果。因此，对于完全由机器或机械过程生成、缺乏人类创造性投入的内容，美国版权局将不予登记。简言之，机器自主创作的作品无法在美国获得版权保护。《美国版权局实务手册》载明，"一直将人类创作定为作品登记的前提"。泰勒不服该决定，向美国哥伦比特区联邦地区法院提起诉讼，法院驳回了其请求，并认为美国版权法中的专有权利是通过刺激个人从事创作和创造而促进公共利益。人的创造行为，以及如何以最佳的方式鼓励个人从事此种创造行为，是美国版权法自诞生之时起的核心。对非人类并不需要以承认和赋予美国法中专有权利的方式进行刺激，因此版权法并不适用于它们。

《黎明的查莉娅》（*Zarya of the Dawn*）的漫画书版权登记案。克里斯蒂娜·卡什塔诺娃（Kristina Kashtanova）曾作为漫画《黎明的查莉娅》的权利人在美国版权局办理版权登记手续，在登记时并未说明其中的漫画部分由人工智能生成，后来美国版权局发现其中的漫画由人工智能绘画程序Midjourney生成，于是2023年2月21日，美国版权局决定撤销原登记证书，重新发出登记证书，范围仅限于卡什塔诺娃创作的文字及汇编成果，排除了Midjourney生成的漫画部分的登记。

3. AIGC 生成作品的定性逻辑

从上述案例可以看出，中美两国对 AIGC 生成作品知识产权的确认，均聚焦于创作过程中人类的独创性智力投入。然而，两国在具体法律适用和解释上存在一定的差异。在中国，北京互联网法院在审理《春风送来了温柔》AI 图片知识产权争议时，采用了较为宽泛的认定标准。法院认为，只要在整个创作过程中能够体现出人类的独创性智力投入，该作品就应被认定为法律意义上的作品，并受到《著作权法》的保护。而在美国，版权局则采取了更为严格的立场。根据美国相关法律的规定，版权仅保护那些源于人类心智与创造力的劳动成果，对于 AIGC 生成作品，如果它们完全由机器或机械过程生成，将不予登记。即使在这些作品中存在人类独创性智力成果的投入，版权局也仅对人类独创性智力投入部分给予登记。

人工智能生成作品的定性不能违背著作权的底层逻辑①，对此华东政法大学王迁教授进行了系统论述。他认为从著作权制度诞生的那一天起，包括《安娜女王法》、我国《著作权法》都是对人的激励，通过规定专有权利激励创作者，他人原则上需经过许可和付费才可利用作品使作者获得经济回报，产生继续创作的动力，为有创作潜质的其他人树立榜样。根据《著作权法实施条例》第三条，"著作权法所称创作，是指直接产生文学、艺术和科学作品的智力活动"，所谓创作行为是"直接产生"某一作品的行为，而不是"间接影响"作品产生过程的行为。"直接产生"是指人基于自我意识直接决定作品的表达性要素内容的过程。对思想的智力劳动的投入和表达性要素的智力劳动的投入是有区别的。AIGC 用户提示词的指令不能直接决定生成的作品，用户无法预测结果，只能间接影响生成的作品，作品由 AI 程序基于算法随机选择决定；应该区分智力劳动的投入是对表达性要素的投入还是对影响表达性要素的思想的投入。

四　对 AIGC 的知识产权风险防范的建议和思考

（一）对 AIGC 企业知识产权风险防范的建议

在预训练阶段，优先使用已进入公共领域不受《著作权法》保护的作品和数据，包括非著作权法意义上的作品、已过了保护期的作品、作者声明永久放弃版权的作品等。通过第三方采购训练数据，并通过协议等方式要求供应商对训练数据的知识产权提供无瑕疵担保或者不侵权保证，约定侵权责任转移条款。谨慎使用强版权性的作品和数据，如确需使用，建议提前获取权利人的合法有效授权，并在授权范围内使用。可以使用开源模型、开源代码、开源数据集以及 CC 协议下的作品，但应尽量选择宽松型的开源许可证以及友好型的 CC 协议，并遵守许可协议条款。规范使用爬虫、Open API 等

---

① 王迁：《再论人工智能生成的内容在著作权法中的定性》，《政法论坛》2023 年第 4 期。

技术手段获取训练数据，重点评估爬虫行为的合法性以及抓取数据行为是否破坏了网站的技术防护措施等。构建有效的"作品退出机制"（opt-outs），在技术上为作品版权人提供便利的作品查询与检索机制，并允许版权人自由选择是否从训练数据库中将其版权作品删除。

在内容生成阶段，利用版权过滤技术、图像相似度检测技术等技术手段对 AI 生成的高风险内容进行识别、比对、过滤以及重新生成。建立后台敏感词库，将可能导致高侵权风险的提示词（prompt）列入该库，并据此采取技术措施对用户输入的高风险内容进行识别、审核以及屏蔽。建立内容侵权投诉反馈渠道，对于确定的侵权内容及时采取断开链接、删除、通知使用用户等措施。在服务协议、用户协议等有关文件中增加针对生成内容的权利归属约定、侵权责任承担、使用限制等条款。

（二）对 AIGC 服务使用者的知识产权侵权风险防范的建议

AIGC 生成疑似侵权内容后可进行 AI 微调，即通过调整提示词、参数等重新生成内容，或直接对生成内容进行人工调整及修改。为避免员工直接输入他人版权作品或利用提示词在 AIGC 产品上输出他人版权作品，企业可以通过制定并执行严格的内部规章制度来约束员工的创作行为。注册 AIGC 产品应通过官方渠道或合法渠道获取 AIGC 产品和账号。使用 AIGC 时严格遵守其服务协议或者其适用的开源许可证，不超出其授权使用的范围和用途。建议 AIGC 使用企业，对员工的 AIGC 产品使用行为制定相应的管理制度、规范或指引，禁止员工不当使用行为；在有条件的情况下采取特定技术措施阻止员工在 AIGC 产品中输入商业秘密、商业数据、个人信息等不当信息；在有条件的情况下采取不当内容过滤措施，对 AIGC 生成的不当内容进行及时过滤及屏蔽，避免不当使用；公司法务或知识产权部门在 AIGC 生成内容投入商用前做好审核，避免将风险内容用作商业宣传。

（三）AIGC 内容生成的知识产权风险防范的思考

当前，AIGC 生成内容的使用方式和目的通常与传统作品相似，旨在体现作品的原有价值和功能，而未创造新的价值或美感。然而，在内容生成阶段，如果新作品侵犯了他人的知识产权，可能会影响原作品的正常使用，甚至可能替代原作品，从而损害原著作权人的合法权益。特别是在新闻、学术出版等领域，对生成内容的要求更为严格，因此，设计模型和算法时，应参照行业标准，确保生成内容符合这些标准。在评估 AIGC 生成内容的著作权侵权时，可以采用"接触+实质性相似"的原则。同时，不应将 AIGC 生成内容的使用视为一种合理使用情形，以规避侵权责任。对于 AIGC 服务提供者和使用者的侵权责任分配，建议优先考虑用户协议中的约定，并参考适用"避风港原则"。

（四）深圳应对知识产权侵权风险的建议

针对深圳生成式人工智能产业面临的知识产权侵权风险，提出以下建议与优化路径：进一步完善知识产权法律法规，明确界定生成式人工智能技术的知识产权范围和保护标准；加强企业和个人的知识产权意识教育，提高其对知识产权重要性的认识；建立完善的知识产权评估和管理体系，在技术创新和产品开发过程中为企业提供知识产权风险评估和指导；促进产学研合作，加强知识产权的共享和转化，实现技术创新的商业价值和社会价值；鼓励企业加强自主研发和创新，提高核心技术的自主可控能力。

综上，深圳生成式人工智能产业的发展面临知识产权风险挑战和发展机遇。完善法律法规、加强意识教育、建立评估和管理体系、促进产学研合作以及鼓励自主研发和创新等措施，可以有效应对这些挑战并推动产业的可持续发展。

参考文献

闻天吉：《驳人工智能"创作工具说"》，《知识产权》2024 年第 1 期。

臧志彭、丁悦琪：《中国 AIGC 著作权侵权法律规制的优化路径》，《出版广角》2023 年第 24 期。

B.21
电竞赛事联盟内部处罚权的效力及对
深圳建设国际电竞之都的建议

沈 澄 张释文*

摘 要： 电竞产业蓬勃发展，在缺乏针对性法律法规的情况下，如何有效规范电竞赛事的发展，证成电竞赛事联盟内部处罚权的合法性和规范处罚规则的设立与行使，是亟待解决的问题。一方面，电竞赛事联盟不属于行政机关或行业协会，其对赛事参与方施加处罚的权力正当性来源不明确，另一方面，其单方制定的处罚规则往往缺乏体系和规范性，规则逻辑亟待调整。在深圳市提出大力建设国际电竞之都之际，通过借助行业协会社团罚的概念，结合电竞业态的特点，以典型的赛事规则为例，建议将制定民主程序、明确罚则内容和逻辑结构、建立处罚公开的内容及程序规范、完善处罚权的外部救济路径作为解决上述问题的可选路径。

关键词： 电子竞技 赛事联盟 处罚权 社团罚

一 深圳市建设国际电竞之都的实践成果

为加快建设国际电竞之都，深圳市先后出台一系列扶持政策。2023年7月13日，深圳市文化广电旅游体育局发布《深圳市关于建设国际电竞之都的若干措施》（以下简称《若干措施》），强调使深圳"成为引领粤港澳大

---

* 沈澄，上海市汇业律师事务所合伙人，研究方向为合同法、反不正当竞争法；张释文，上海市汇业律师事务所合伙人，研究方向为娱乐法、体育法、知识产权法。上海社会科学院在读硕士研究生党宇晴同学对本报告亦有重要贡献。

湾区、辐射全国、面向世界的国际电竞之都"。事实上，在《若干措施》发布前，深圳市已在其出台的多项文件中强调本市电竞产业的发展，如《深圳市文体旅游发展"十四五"规划》《深圳市数字经济产业创新发展实施方案（2021—2023 年）》《深圳市培育数字创意产业集群行动计划（2022—2025 年）》等。

借助于强大的政策扶持，未来将有更多电竞俱乐部及相关产业落户深圳。[①] 落户深圳的头部游戏厂商腾讯公司主办了大量电竞赛事，比较知名的包括英雄联盟职业联赛（LPL）和王者荣耀职业联赛（KPL）。在中下游产业链中，2023 年 7 月 21 日，"绝地求生五冠王"电竞俱乐部 4AM 总部基地在深圳市南山区正式揭牌落地，成为《若干措施》发布后首个落地深圳的电竞俱乐部。

表 1　2021～2023 年部分深圳电竞产业相关政策

发布时间	政策文件
2023 年 12 月 20 日	《深圳市盐田区人民政府关于印发盐田区构建现代产业体系促进经济高质量发展扶持办法（2023 年修订）的通知》
2023 年 12 月 1 日	《龙岗区支持产业发展若干措施》
2023 年 7 月 10 日	《深圳市关于建设国际电竞之都的若干措施》
2023 年 6 月 5 日	《深圳市关于加快培育数字创意产业集群的若干措施》
2022 年 11 月 18 日	《南山区促进产业高质量发展专项资金管理办法》
2022 年 11 月 1 日	《市工业和信息化局关于征集"国家信息消费示范城市行（深圳站）暨信息消费体验周"活动参与场景和产品的通知》
2021 年 9 月 10 日	《深圳建设国家体育消费试点城市实施方案》

资料来源：深圳市人民政府办公厅网站，http://search.gd.gov.cn/search/file/755001？position=all&keywords=电竞，最后访问日期：2024 年 3 月 4 日。

深圳市政府出台的众多支持性政策培育了以腾讯电竞为代表的多家优秀电竞企业，其在电竞产业的规范和持续发展中发挥着中流砥柱的作

---

① 《4AM 电竞俱乐部总部落地南山》，《深圳商报》2023 年 7 月 24 日，第 A03 版。

用。例如，为打击电竞行业中的"假赛"不正之风，腾讯电竞专门机构开展例行的反假赛教育和调查工作。在 2021 年 5 月发起的腾讯电竞运动会反假赛调查中，腾讯电竞对查证属实的假赛人员施以扣除奖金、终身禁赛等不同程度的处罚，在相当程度上有效遏制了不良风气，发挥了引导作用。

目前，电竞行业已形成较为成熟的以赛事为中心的产业链运营模式，深圳电竞产业发展也较为完善。从上游的电竞游戏研发、内容制作与授权，到授权赛事之运营、举办及相关的赛事体系与主体管理（职业联盟、战队、俱乐部经营等），再到下游的电竞赛事传播（直播、解说、视频等），同时衍生出诸多电竞配套服务与产业，包括电竞赛事服务、电竞硬件设备、电竞教育、电竞场馆等（见图 1）。

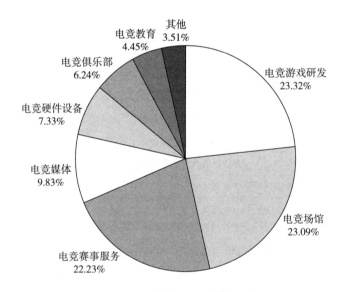

图 1　2022 年中国电竞企业主营业务分布

资料来源：中国音数协电竞工委（ESC）、伽马数据（CNG）。

但是同样可以看到，行业在蓬勃发展的过程中也存在值得关注的问题，如赛事联盟处罚权的行使一直伴随争议，电竞选手和普通游戏玩家对于赛事联盟作出的某些处罚并不能完全认同。例如，2021 年 2 月，某战队电竞选手周某向俱乐部坦白曾参与假赛，腾讯电竞同年 4 月发布公告，对相关的数十名选手和管理人员进行不同程度的处罚。其中，对于实际参与假赛的周某，腾讯电竞官方进行罚款并禁赛 4 个月。而根据《英雄联盟全球联赛处罚细则》，"不正当地影响或试图影响比赛结果（如贿赂、威胁、刻意放弃比赛等）"的最低禁赛时间为 10 个月。[①] 尽管腾讯电竞后解释称，该次处罚属于"自首从轻"，但仍有诸多声音认为该处罚过轻，并不合规范。[②]

有鉴于此，本报告尝试从新的角度解构与探讨电竞赛事联盟处罚权的合法性基础，进而提出处罚权设置与行使的具体建议，以构建市场营利主体的处罚规范。

二 电竞行业处罚权问题

（一）管理模式：从俱乐部联盟到赛事联盟

1. 俱乐部联盟管理模式（2011~2018年）

2011 年 11 月，由游戏玩家自行发起的多家公司制电竞俱乐部组建而成的中国电子竞技俱乐部联盟（Association of China E-sports，ACE 联盟）诞生，ACE 联盟颁布了《L.ACE 参赛选手个人行为规范》等规则。ACE 联盟曾多次依据其自行颁布的各类行为规范对参赛选手作出处罚，处罚形式多为财产罚，部分甚至会影响职业选手的参赛资格。

但其处罚颇受争议。一方面，联盟虽在《L.ACE 参赛选手个人行为规范》等规范文件中规定了各类违规行为的处罚规则，但从其行文用语表述

---

① 《英雄联全球联赛惩罚细则》，微博，2016 年 2 月 23 日 https：//weibo.com/p/10016 03945669437091198。

② 《LPL假赛风波告一段落，"从轻发落"引发争议》，腾讯网，2021 年 4 月 26 日，https：// new.qq.com/rain/a/20210426A00DWW00。

上看，并不具备处罚规则的词义限定性和明确性。例如，第2.2条要求电竞选手"不得在任何时间或地点公开发布、讨论、泄露对队员、俱乐部、联盟及比赛造成不良影响的言论"，但"不良影响"并无定义，缺乏客观可执行性。

更为关键的是，ACE联盟是民间自发组成的组织，并无任何行政官方背书，其颁布的行为规范文件缺乏法律行政法规等依据，其权力来源无从溯及、权力边界无从限定，其处罚权的合法性不断受到挑战。

2. 赛事联盟管理模式（2018年至今）

2018年后，ACE联盟关停，其主导的电竞赛事亦随之告结，但是电竞赛事统一管理的需求依然存在，各类电竞赛事转由大的游戏厂商主导建立，如腾讯公司设立的英雄联盟职业联赛和王者荣耀职业联赛，网易公司设立的"网易电竞X系列赛"（包括魔兽争霸、星际争霸、守望先锋、炉石传说）等。

一方面，游戏厂商往往是游戏的开发者或运营者，其出于提高游戏知名度与参与度的考虑，更有意愿投入成本打造电竞赛事品牌；另一方面，游戏厂商手握游戏版权，掌握着游戏版本的更迭与玩法的设计，在行业内具有权威性，形成广泛的赛事参与度与"群众基础"，进而得以持续运营。[①] 这也吸引了更多的俱乐部和电竞选手参加各大赛事以获得名誉和经济利益。反过来进而促使游戏厂商拥有至高的话语权，主导了更多数量、更大规模的电竞赛事，形成更强大的赛事管理能力。

当然，游戏厂商有时也不直接主办或承办电竞赛事，而是采取授权第三方公司的方式。例如，根据腾讯电竞官网公布的《腾讯电竞赛事授权名单公示（2023年第四季度）》，"百脑汇杯圣诞电竞挑战赛"由上海百脑汇电子产品市场经营管理公司主办。

但无论是在游戏厂商直接主办或承办的赛事中，还是在游戏厂商授权第三方公司运营的赛事中，游戏厂商往往实际控制着相关赛事的规则话语权。

---

① 于鸿贤：《我国电竞联盟纪律处罚的现实问题及完善路径》，《体育科研》2022年第6期。

相应地，以游戏厂商及其授权方为主导举办的赛事联盟也利用这样的话语权在本联盟内部建立起较为完备的赛事规则。"腾讯游戏-英雄联盟赛事官网"公布的《2024赛季英雄联盟职业联赛比赛规则》（以下简称"《LPL比赛规则》"）就是代表，本报告结合《LPL比赛规则》一窥电竞赛事联盟内部处罚权问题之真面目。

（二）处罚规则：从ACE规则到赛事联盟规则

随着从俱乐部联盟管理模式到赛事联盟管理模式的变迁，相应的处罚规则与措施也发生了变化。

俱乐部联盟管理时期，处罚规则与措施主要是针对参赛选手个人的赛事参与行为。例如，2013年4月15日，根据ACE联盟的赛后监督报告，PE队员朱某因赛后与观众在微博对骂，并被多家媒体转载，影响恶劣。根据《L. ACE参赛选手个人行为规范》2.2条，ACE联盟对朱某进行处罚，包括点名批评、公开道歉和2000元罚款。[①]

至赛事联盟管理时期，处罚规则与措施在规范参赛选手个人行为的基础上进一步完善了赛事活动、赛事队伍、场地、比赛规则方面的要求。以《LPL比赛规则》为例，除介绍赛制、赛程及线上赛规则外，其不仅规定了选手言行规范、选手的服装、设备要求，选手更替规则等，更明确了赛事队伍成员资格、场地要求、俱乐部的言行规范、处罚措施及相关流程。此外，《LPL比赛规则》明确该规则的解释决定权属于英雄联盟职业联赛（LPL）官方，若有异议可通过官方途径向LPL申诉，申诉决定即为最终决定，不得再上诉至其他机构。

（三）处罚权合法性基础和规则不成熟的问题仍然亟待解决

电竞行业发展出包含处罚措施在内的规则并非仅出于人为管理干预的目

---

① 《LOL职业选手被禁赛及处罚史（LPL&LCK）》，哔哩哔哩网站，2020年3月3日，https://www.bilibili.com/read/cv4938285/。

的，而是电竞作为一项竞技运动规模化、产业化发展的必然逻辑。最初，电竞处罚机制起源于电竞游戏内部的平台管理规则，如对违反游戏内部规则的玩家处以封号处罚等。

随着网络科技普及，电竞参与者数量增多，设有高额奖金的第三方电竞赛事出现。为保障赛事有序进行及奖金发放的公正性，第三方电竞赛事发展出相对具有独立性的赛事规则。这也是 ACE 联盟最初出现的基本动因，其职能包括国内职业电竞战队的注册、管理、转会、赛事监督等。从效果看，各类规则的应运而生在一定程度上有利于维护各俱乐部蓬勃发展之下的正常竞争秩序。而之后负责游戏开发、掌握游戏版权的大型游戏公司掌握电竞行业规则的话语权，也是电竞产业发展到一定规模、出现行业巨头时的必然结果。

但是纵观该类由游戏厂商主导的赛事规则，尽管随着行业与赛事的发展完善，在篇幅上已较为详尽，但逻辑结构和法理并不成熟，主要问题反映在处罚规则的建构上，核心原因在于处罚权合法性基础不足，处罚权的来源不明确或者说合法性基础不稳固，导致在处罚规则的制定、适用与执行上屡现争议。以比较健全的《LPL 比赛规则》为例，具体来说表现为以下两方面的问题。

1. 处罚结果的裁量空间过大

在罚则规定上，包括《LPL 比赛规则》在内的电竞赛事规则通常将行为模式和法律后果分离规定，《LPL 比赛规则》在第十二部分集中规定了各类行为标准并强调其可罚性，但并未规定相应的处罚种类、处罚力度范围，完全交由 LPL 官方进行自由裁量。哈耶克指出，法治政府在一切行动中都受制于事前规定并宣布的规则的约束，规则被"事前规定"是法治的重要因素。① 然而，《LPL 比赛规则》的处罚具有责罚不对等的不稳定性。

实际上，主导赛事联盟的游戏公司早已注意到了这一弊端。例如，2016年2月23日，LPL 于新浪微博发布了一篇名为《英雄联盟全球联赛惩罚细

① 〔英〕弗里德里希·奥古斯特·冯·哈耶克：《通往奴役之路》，王明毅、冯兴元等译，中国社会科学出版社，1997。

则》的文章，其中写道，"全球各个联赛中的罚款和禁赛都是视情况而定，处罚措施也都是仅针对个例……这种处理方式有很多缺点"，包括不一致性、不可预见性、决定的延迟。因此，LPL 在该文章中规定了几种常见违规行为的释义说明，并附注了最低、最高禁赛期限及处罚时效。[①] 但是其制定效果并不尽如人意。例如，《LPL 比赛规则》适用于赛事联盟下所有参与人员，既包括直接参加比赛的电竞选手，也包括各队伍所有者、经理、教练等各级管理人员。其中，经理、教练等管理人员扮演着帮助创建以及维护积极电子竞技生态系统方面的重要角色，其应当遵守更严格的行为标准，但《LPL 比赛规则》并未明确以何种尺量规则来酌定"更严格的行为标准"。这就导致实践中轻重失衡现象的出现，在"周某假赛案"中，经过对比同类违规行为的处罚（见表 2），在罚款数额等同的情况下，教练所受处罚甚至更轻。

表 2　两起处罚案例信息对比

处罚对象	处罚时间	违规行为	处罚结果
某选手	2020-06-18	对局中对手发表不当言论	罚款人民币 10000 元，并对选手处以禁赛 2 场
某教练	2020-07-17	违规打开对方战队休息室大门向对方战队发表干扰性言论	罚款人民币 10000 元，就该事件进行联盟通报批评

资料来源：《关于 OMD 选手 Mori 不当言论的初步调查及处理》，微博，2020 年 6 月 18 日，https：//www.weibo.com/5756404150/J7clowXTg；《关于 IG 教练 Chris 与 LNG 选手 Xx 的处罚公告》，微博，2020 年 7 月 17 日，https：//weibo.com/ttarticle/p/show? id=2309404527783471874237。

2. 缺乏透明度和外部救济

大多数电竞赛事规则缺乏足够的透明度，例如《LPL 比赛规则》13.4条款规定"官方有权利自行决定是否公开决定"，即 LPL 处罚的透明度有限，一般公众对权力的处罚行为行使的监督权受到来自权力本身的限制。相应地，该类规则亦并未明确处罚的流程，如是否要求进行事前申诉、听证

①　崔文俊：《行业协会社团处罚的司法救济问题探讨》，《政法学刊》2010 年第 1 期。

等。例如，《LPL 比赛规则》虽设置了申诉程序，但对于申诉的时限、受理申诉后作出决定的期限均未提及，申诉权利的实际落实难以保障。[①] 最终，也势必会导致赛事参与主体不能接受处罚结果时无法通过有效的途径获得外部救济。

三　解决方案与修正方向

（一）厘清两个逻辑起点：电竞赛事联盟的主体性质和其处罚权的性质

在产业高速发展的同时，如何避免前文提及的处罚规则问题对电竞产业的发展造成不良影响，需要厘清问题的根源。本报告认为这涉及两个逻辑起点问题，电竞赛事联盟的主体性质以及电竞赛事联盟处罚权的性质。

1. 主体性质：区分电竞赛事联盟与行业协会

有人认为电竞赛事联盟应作为单项体育项目的行业协会发挥职能。[②] 行业协会属于自治性民间社会组织，其主要目标之一在于通过行业规则进行自律管理。在体育竞技项目中，各体育行业协会在项目的发展与管理中发挥着重要作用，如中国篮球协会（CBA）为具有独立法人资格的全国性群众体育组织。而对于电竞行业，我国目前未出台明确的授权性文件规定腾讯电竞等各大赛事组织方有权管理我国电竞产业，因而电竞行业的协会自律管理实际处于缺位状态。

尽管电竞赛事联盟在行业的职能地位与其他行业或单项体育项目的行业协会颇为类似，但从本质看，电竞赛事联盟并不等同于行业协会。

（1）营利性和非公益性

一方面，主办或授权主办电竞赛事联盟的游戏厂商以营利为目标，不符合

[①] 《2024 赛季英雄联盟职业比赛规则（2024 年 1 月）》，英雄联盟网站，2024 年 1 月 20 日，https：//lol. qq. com/news/detail. shtml？type=1&docid=1316221630632471460。

[②] 于鸿贤：《我国电竞联盟纪律处罚的现实问题及完善路径》，《体育科研》2022 年第 6 期。

行业协会的非营利性属性。另一方面，行业协会设立的目的在于维护整个行业的持续健康发展，具有较强的公益特质。而电竞赛事联盟设立赛事规则的目的主要是促进自身设立的该项电竞赛事规范有序进行，实现长期盈利与自我利益。

（2）非民主协商

从产生程序的角度看，行业协会的规则是民主协商的结果。根据哈耶克对规则的分类，内部规则并非由外部给定，而是建立在多元博弈与均衡的基础之上，行业规则即为典例，即由行业内各主体通过对话的方式探索出适用于该行业的规则或约定。因此，行业规则的效力来源于多方意志的有效表达。而电竞行业在规则设立的过程中鲜见体现民主协商的程序。俱乐部联盟管理时期，《L. ACE 参赛选手个人行为规范》的制定并未遵循各方商议的流程。赛事联盟管理时期，以《LPL 比赛规则》为代表的电竞赛事联盟对电竞比赛的管理规则通常按照季度由官方直接更新公布于赛事官网，在官网中未搜寻到民主管理与协商程序的证据。

（3）缺乏公权力授权

从权力来源的角度看，行业协会制定行业内规则的权力多来自行业内主体部分权力的让渡，以形成管理公共事务时可支配整体的权力；部分权力来源于行政机关的委托授权。例如，中国篮球协会的一部分行政管理职能来自国家体育总局的授权。[①] 而电竞赛事联盟方的管理权来源于游戏厂商在行业内强大的市场影响力及话语权。

（4）管理维度单薄

从组织职能的角度看，根据《中华人民共和国体育法》第 66 条和第 67条规定，行业协会应当作为行业内经营者与行政管理部门之间的沟通机构。[②] 行业协会的职能体现为多维度，即作为行业协会的机构不仅要具有统

[①] 2017 年 3 月 31 日，国家体育总局发布《关于篮球改革试点有关事项的通知》，将国家体育总局篮球运动管理中心承担的业务职责自 4 月 1 日起移交中国篮球协会，并以中国篮球协会的名义开展工作。

[②] 《中华人民共和国体育法》第 66 条："单项体育协会应当依法维护会员的合法权益，积极向有关单位反映会员的意见和建议。"第 67 条："单项体育协会应当接受体育行政部门的指导和监管，健全内部治理机制，制定行业规则，加强行业自律。"

筹行业内各主体的组织力，还应遵守我国各规范性文件对行业协会的明确要求，如加强反垄断建设、维护正常的市场竞争秩序等。反观电竞赛事联盟目前所颁布的各类规则，在管理范围上仅针对单项赛事，并不涉及对整个行业的横向治理，更鲜少承担政府与市场沟通的桥梁角色。

2. 电竞赛事联盟处罚权的性质："社团罚"

一方面，如上文已论述，电竞赛事联盟不属于行业协会，其处罚权来源自然饱受质疑；另一方面，即便是行业协会所享有的处罚权性质，同样存在争议。例如，我国《体育法》仅赋予县级以上人民政府体育行政部门对违反《体育法》、违反体育道德和体育赛事规则的运动员、教练员、裁判员进行处罚的权力，处罚措施包括限制或禁止参赛、没收违法所得、罚款等，且仅限于"情节严重、社会影响恶劣"的情形下。[①] 而行业协会并不属于行政机关，其不具备行政处罚权。举重以明轻，目前电竞赛事联盟的处罚权性质是需要首先厘清的问题。

本报告认为，出路在于对"社团罚"概念的引入。"社团罚"并非我国法律法规现有概念，多认为从德国引入，其《基本法》《民法典》《工商会法》《社团法》均为"社团罚"提供了法律支持。[②] 社团罚主要包括名誉罚、财产罚、资格罚。名誉罚表现为警告、通报批评等；财产罚通常表现为罚款或剥夺其他财产性权益；资格罚则表现为剥夺成员的社团身份。德国司法实践长期认为，社团可以在章程中规定对社员施以处罚，如批评、罚款或禁止某些社团活动甚至开除其社员资格。[③]

"社团罚"并非完全照搬域外法概念，实际上，"社团罚"根植于"软法"理论，我国亦有相关法律实践。一般认为"软法"起源于强制实施力

[①] 《中华人民共和国体育法》第112条："运动员、教练员、裁判员违反本法规定，有违反体育道德和体育赛事规则，弄虚作假、营私舞弊等行为的，由体育组织按照有关规定给予处理；情节严重、社会影响恶劣的，由县级以上人民政府体育行政部门纳入限制、禁止参加竞技体育活动名单；有违法所得的，没收违法所得，并处一万元以上十万元以下的罚款。"

[②] 〔德〕迪特尔·梅迪库斯：《德国民法总论》，邵建东译，法律出版社，2013。

[③] 朱国华、樊新红：《行业协会社团罚：兼论反不正当竞争法的修改完善》，《政法论坛》2016年第2期。

较弱的国际法领域，如国际组织或国际会议所作出的宣言、决议等。我国在建设"一带一路"过程中即通过签署一系列《合作规划》《谅解备忘录》等具有"软法"性质的文件，以达到提高双方互信程度、扩大合作伙伴范围的目的。"软法"的出现有利于对社会经济快速发展的背景下层出不穷的各种新现象进行规范性管理，促进行业内部的自我民主管理。① 实践中，"社团罚"大量存在并在组织的运作管理中发挥着巨大作用，如《互联网终端软件服务行业自律公约》《中国煤炭行业自律公约》等。② 值得注意的是，根据《最高人民法院关于适用〈中华人民共和国反不正当竞争法〉若干问题的解释》，人民法院在认定经营者是否违反商业道德时，行业主管部门、行业协会或者自律组织制定的各类规范可作为参考依据。③ 由此可见，在一定情形下，"软法"甚至可以上升为司法裁判所依据的"硬法"。

由于历史原因，我国有大量社会团体实际上承担着一部分行政职能。随着社会主义市场经济中多元主体蓬勃涌现，以及简政放权、国家机构改革的推行（如2013年发布的《国务院机构改革和职能转变方案》强调"改革社会组织管理制度。加快形成政社分开、权责明确、依法自治的现代社会组织体制。逐步推进行业协会商会与行政机关脱钩，强化行业自律，使其真正成为提供服务、反映诉求、规范行为的主体"），未来，行业协会等社团法人与国家行政机关的脱钩已成为必然趋势。"社团罚"将成为与行政处罚二元分离的一种有效管理措施。

电竞赛事联盟所行使的处罚权与社会团体所实施的"社团罚"属性高

---

① 姜明安：《软法的兴起与软法之治》，《中国法学》2006年第2期。

② 《互联网终端软件服务行业自律公约》第二十八条规定："违反本公约并造成不良影响的，任何单位和个人均有权向本公约执行机构进行举报。本公约执行机构在查证核实或者组织测评后，视情况给予内部警告、公开谴责等处罚"。《中国煤炭行业自律公约》第十四条规定："对违反本公约，造成不良影响，经查证属实的成员单位，可根据有关规定采取批评警示、限期改正、内部通报、公开通报等自律处分措施，并适时进行行业谴责，记入企业不良信用信息库。"

③ 《最高人民法院关于适用〈中华人民共和国反不正当竞争法〉若干问题的解释》第三条规定："人民法院认定经营者是否违反商业道德时，可以参考行业主管部门、行业协会或者自律组织制定的从业规范、技术规范、自律公约等。"

度一致。一方面，权力形式上来自组织内各私主体的让渡，而非纯粹的公权力授予；另一方面，其规则明确程度与外部救济路径均不乐观。① 例如，在21世纪初长春某俱乐部诉中国足协一案中，北京市第二中级人民法院以不符合行政诉讼的受案范围裁定不予受理此案。

因此，在行业管理与行政权力日益脱钩的背景下，脱离行政法律法规的规制，以"社团罚"为依托，寻求其效力来源与规制边界可以在发挥管理作用的同时，保障相关赛事主体的应有权利。

至此，通过引入"社团罚"来解释电竞赛事联盟处罚权的属性，从来源上解决了其处罚设定不具合法性依据的"先天不足"的问题。

（二）处罚规则的完善与改进建议

对于前文述及的电竞赛事规则中处罚规则的具体问题，建议通过以下路径进行完善与改进。

1.保障电竞赛事规则制定的民主程序

电竞赛事规则中处罚权的"社团罚"属性使得规则制定过程中的民主程序格外重要，通过广泛吸纳不同水平、层次、职业的电竞行业从业者参与，以及充分保障处罚规则预设的主要规制对象的知情权、参与权以及建议权，引导不同意见的表达，最终制定出绝大多数从业者认同的处罚规则。

2.明确逻辑结构和罚则内容

首先，明确不同违规行为适用不同的处罚方式，并列明相应的处罚幅度。例如，《LPL比赛规则》罗列了各类处罚措施，但并未规定相应的处罚种类、处罚力度范围，完全交由LPL官方进行自由裁量。对于禁止性和示范性条款的罗列不能仅规定"勿为"与"应为"的行为模式，应当补齐"假定条件""行为模式""法律后果"三要素。尽量减少模糊性用语的使用，通过完善相关解释规则，如明确何为"更严格的行为标准"，其法律后果有何种情形、情形边界为何等一系列模糊用语的衍生问题，限制处罚中过

---

① 崔文俊：《行业协会社团处罚的司法救济问题探讨》，《政法学刊》2010年第1期。

大的自由裁量权。

其次，应当明确惩戒权的行使理念，如比例原则，即当存在多种处罚方式均可实现处罚目的时，应选择对相对人权利影响最小的措施。再如，必要性原则，即处罚措施只有确有必要时才可实施。此外，应区分行为的严重程度，对相对人的处罚秉持主客观相统一的理念，针对故意违规和过失违规的情形分别制定处罚措施。

3. 建立处罚公开的内容及程序规范

（1）告知义务

电竞处罚规则应当规定处罚主体在合理的时间内对相对人进行充分和准确的告知，告知的方式也不能限于目前实践中常用的官网公告。告知内容不应仅包括违规行为事实和处罚结果决定，还应包括决定处罚轻重的考量论证和相关规范依据。

（2）申诉和审查程序

应当细化申诉的具体程序，包括明确审查的期限、原则和方法，以及准许提交上诉的具体情形。在涉及重大处罚时应设置听证程序，由利益不相关的独立机构或个人主持。同时为保证听证的程序价值，还应当在规则中规定启动程序的时机、听证的形式以及相关人员回避等规则。[①]

4. 完善处罚权的外部救济路径

在没有外部司法干预的情况下，电竞赛事联盟实际上集"立法"、"司法"和"行政"于一体，通过罚款和禁令等惩罚措施剥夺电竞选手的财产和劳动权利。此外，联盟作出的惩罚决定具有事实既判力，违背了"没有法院判决，任何人都不能被定罪"的现代法治精神。但引入外部救济不可盲目直接将法院作为纠纷解决的最终途径，仍要考虑电竞运动本身独特的性质及其规则的复杂性和专业性，要求纪律处罚纠纷的裁判人员具有专业的背景知识，而普通民商事仲裁院的仲裁员并非体育运动方面或电竞领域的专

---

① 刘福元：《权益保障、违规处罚与申诉救济——电竞职业选手的三维规则体系建构》，《上海体育学院学报》2022年第2期。

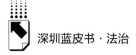

家，容易忽视电竞特殊性，不利于电竞运动的开展。①

可考虑引入以仲裁为主的外部救济方式。《中华人民共和国体育法》于第九章集中规定了体育仲裁，其中第 96 条规定，"对体育社会组织、运动员管理单位、体育赛事活动组织者的处理决定或者内部纠纷解决机制处理结果不服的，当事人自收到处理决定或者纠纷处理结果之日起二十一日内申请体育仲裁"。体育行业的行政管理力量介入联盟赛事规则，禁止赛事联盟借助其优势地位不当排除电竞选手寻求外部救济的权利。电竞赛事联盟可以通过集体谈判，约定将相关纠纷提交体育仲裁机构审理，允许当事人穷尽内部救济后，将那些处罚幅度大、争议性强的纪律处罚纠纷提交至仲裁机构，仲裁员从独立的外部视角审视纪律处罚纠纷的合理性与合法性，以便发现可能存在的瑕疵。

结　语

《中华人民共和国体育法》第 65 条规定："全国性单项体育协会负责相应项目的普及与提高，制定相应项目技术规范、竞赛规则、团体标准，规范体育赛事活动。"在电竞领域，赛事联盟在很大程度上扮演着制定规范规则的角色。尽管电竞联盟的规则并不规范，但在日常运营中对于各类违法乱纪行为仍有较强的遏制力。此外，电竞作为互联网新兴产业，相关知识具有一定的特殊性，迭代更新速度较快。赛事联盟规则的出台更贴近行业具体实际操作要求，弥补了立法因其不易更改性和滞后性而难以介入规制该领域的空白。

电竞赛事联盟处罚权的产生有其发展的内生逻辑，若凭电竞赛事联盟规则既不属于行政规范性文件又不属于行业协会制定的自律公约而否认其存在的价值和应用效力，又无法证成管理权限的合法性，最终会对行业发展产生不利影响。

本报告从厘清电竞赛事联盟的主体性质和其处罚权的"社团罚"属性

---

① 于鸿贤：《我国电竞联盟纪律处罚的现实问题及完善路径》，《体育科研》2022 年第 6 期。

出发，对电竞赛事联盟的处罚规则的效力及规制进行分析，以促进其规范化、民主化。

    建议深圳市在建设国际电竞之都的过程中有效引导和促使属地内的电竞赛事联盟制定民主程序、明确罚则内容和逻辑结构、建立处罚公开的内容及程序规范、完善处罚权的外部救济路径，建立起符合法学基本理念、符合法律法规的"软法"规则体系，促进电竞产业快速健康发展，提升深圳电竞产业发展能级和集聚度。

附录一
2023年深圳法治大要事

宋志新*

1. 深圳市个人破产管理人人选确认首次引入公证摇号

2023年1月6日，深圳市破产事务管理署在确定个人破产管理人人选时首次引入公证摇号。深圳公证处根据市破产事务管理署申请指派公证摇号团队办理个人破产管理人人选摇号公证，从《深圳市个人破产管理人名册》中摇出相应个人破产案件首选管理人、备选管理人各3家，并通过视频公众号（深圳公证处）进行全程直播，向《深圳市个人破产管理人名册》内的机构管理人和社会公众展示摇号全过程。

2. 龙华区聚法治合力打造涉外涉港澳台家事纠纷多元化解示范基地

2023年2月10日，深圳市首个涉外涉港澳台家事纠纷人民调解委员会在龙华区揭牌成立。该委员会旨在通过集聚社会优质资源，形成家事调解整体合力，最大限度地预防化解涉外涉港澳台居民家庭矛盾纠纷。2月20日，龙华区人民法院举行深圳涉外涉港澳台家事审判中心域外法查明平台项目启动仪式，与深圳理工大学（筹）合作建设平台，集中收录婚姻家事领域港澳台和部分国家的法律规范，破解审判实践中域外法查明难的"瓶颈"问题，不断提升深圳跨境家事审判质效，推动实现深圳涉外法治的高质量发展。

3. 港深联合发布《关于协同打造前海深港知识产权创新高地的十六条措施》

2023年2月23日，深圳市前海管理局和香港特别行政区政府商务及经

---

* 宋志新，深圳市公安局南山分局法制大队三级警长。

济发展局共同制定的《关于协同打造前海深港知识产权创新高地的十六条措施》正式发布实施。这是深港首次携手推动知识产权领域的规则衔接、机制对接，支持香港知识产权在前海转化运用，打造跨境服务体系，助力香港巩固区域知识产权贸易中心地位。《十六条措施》具有鲜明的深港合作特色，紧密围绕深港知识产权合作需求，建立深港知识产权长效合作机制。

4. 龙岗法院创新"法院+商会"民营经济纠纷多元化解模式

2023年2月，龙岗法院积极探索"法院+商会"民营经济纠纷多元化解模式，实现龙岗区11个街道商会调解指导中心全覆盖，将商会调解逐步建设成为化解民营经济领域矛盾纠纷、维护社会和谐稳定的前沿阵地，为民营企业高质量发展保驾护航。建立分拨对接机制、在线联调机制，健全司法保障机制，拓宽调解员选任渠道。选派22名法官、律师组成"线上智库"，为各街道商会无偿提供专业调解指导、司法确认、诉调对接等服务，提高调解效率和成功率。

5. 河套构建"三大中心"协同联动的国际化法律服务新格局

2023年3月8日，深圳市涉外涉港澳商事一站式多元解纷中心在河套深港科技创新合作区正式揭牌，有效整合政府、法院、社会等多方力量，推动"府院联动、整合资源、形成合力"，积极促进粤港澳法律规则衔接。该中心的成立标志着河套已构建"三大中心"（涉外涉港澳商事一站式多元解纷中心、国际商事调解中心、深圳市福田区矛盾纠纷专业调解分拨中心）协同联动的国际化法律服务新格局，形成了咨询、调解、仲裁、诉讼、公证"一站式"国际化法律服务的新体系。

6. 前海试点中外联营律师事务所

2023年3月14日，广东省司法厅制定的《关于在前海深港现代服务业合作区开展中外律师事务所联营试点实施办法》正式实施，深圳前海成为目前广东获准开展中国律师事务所与外国律师事务所联营试点的唯一地区，这是在内地所与港澳所联营经验基础上的联营律师事务所的再扩围。《实施办法》分为六部分，共29条，明确了联营条件、联营程序、联营规则以及监督管理等。

7. 深圳都市圈律所管理与发展论坛举行

2023 年 4 月 8 日，由深圳市律师协会主办，深圳市律师协会律师事务所管理与合作促进工作委员会承办，东莞市律师协会、惠州市律师协会、中山市律师协会联合主办的首届深圳都市圈律所管理与发展论坛在深圳成功举办。论坛旨在加快推动深圳都市圈融合互动发展，以深圳都市圈律师行业高质量发展引领广东省律师行业高质量发展。来自深圳都市圈四市的 100 余名律师代表现场参加，论坛同步线上直播。

8. 坪山区打造与生态景观相融合的全区首个国家安全主题公园

2023 年 4 月 13 日，坪山区国家安全主题公园揭牌仪式举行。国家安全主题公园正式揭牌，打造学习国家安全知识、增强安全防范意识的科普阵地。主题公园充分结合大山陂公园原有的风景资源，在环湖绿道、泰和塔、湖心亭等景观位置设立多个特色宣传牌及宣传景观小品，全面展示总体国家安全观精神内涵，将总体国家安全观知识的"书香"与公园的"鸟语花香"有机结合，自然融入公园整体环境，将主题公园打造成集休闲娱乐、宣传教育于一体的综合性国家安全宣传教育基地，全面增强市民群众的国家安全意识。

9. 深港签署政府间《法律合作安排》

2023 年 4 月 19 日，深圳市人民政府与香港特区政府律政司在深圳签署五年期《法律合作安排》，巩固深港政府间法律合作机制，为两地政府部门及法律界人士提供高层次交流平台，促进两地政府法律事务及相关法治建设合作交流。在《法律合作安排》框架下，市司法局与香港律政司共建《深度思维·大湾区法智汇客厅》节目，为双方政府工作人员、法律专家提供高水平专业对话平台，共同探索深港法律交流合作新方向。

10. 深圳知识产权法庭光明科学城巡回审判点揭牌

2023 年 4 月 20 日，深圳知识产权法庭在光明科学城设立全市首个巡回审判点，知识产权纠纷可以在属地法院化解，在属地进行二审，基本形成司法程序闭环，初步实现知识产权纠纷不出光明区的目标，在更高层次、更高质量、更高水平上强化司法保护效果，为支持光明建设一流科学城，加快深圳建设知识产权保护标杆城市，建成具有全球影响力的科技和产业创新高地，提供更加有力的服务和保障。

11. 南山法院在全省法院中率先成立律师执业权益保障服务站

2023年4月28日，南山法院与深圳市南山区司法局、深圳市律师协会共同签署《关于进一步推动法律职业共同体建设的合作备忘录》，围绕诚信诉讼、便利履职纠纷化解、畅通沟通等多方面进行创新合作，在全省法院中率先成立律师执业权益保障服务站。专人专岗接办律师诉求764件，办结率为100%。

12. 龙华区刑事简案快办中心实现案件"一站式"办理

2023年5月6日，深圳市龙华区刑事简案快办中心正式揭牌成立。该中心在原区检察院与公安分局于2022年联合设立的侦查监督与协作配合办公室的基础上提档升级，并增设讯问室、律师值班室、刑事审判法庭等办公设施，通过公安法制部门对案件进行预审查、检察院对案件进行繁简分流、公检法司合址就地办理简案三大功能，实现刑事案件"一站式"流转，在严把案件质量、严守法定程序的前提下，加速案件流转、缩短办案期限。

13. 坪山首创公证资产处置化解债务纠纷模式

2023年6月20日，深圳市坪山公证处联合淘宝（中国）软件有限公司、深圳市东方振邦科技有限公司，就"多元解纷公证资产自行处置合作项目"在深圳正式签约，开创了全国首个"公证资产自行处置"的新模式。公证资产处置服务，是在传统证明服务的基础上，充分发挥公证机构"沟通、协调、证明、监督"的作用，公证机构以中立第三方身份，在债权人、债务人协商一致的基础上，协助权利人发布资产处置信息、通过竞价或协商达成交易、监管交易资金、协助交易双方办理赎楼过户或带押过户、协助缴纳税款、进行资金划转并优先清偿抵押担保债权等综合性服务。公证资产处置服务为债权债务的解决提供了一种可选择的、快捷、安全的途径，加速了矛盾纠纷的化解。

14. 深圳女律师突破万人

2023年7月13日，深圳市司法局举行深圳市第10000名女律师颁证仪式。近年来，深圳女律师人数快速增长，深圳律师队伍"男多女少"的结构正在改变。截至2023年6月30日，深圳执业律师人数为23011人，其中女律师占全市律师总人数的 44.57%，半边天的态势已经呈现，女律师已成为深圳律师行业中不可替代的中坚力量。截至 2023 年，深圳 108 名律师"两代表一委员"中，女律师有 40 人，她们积极投身于全面依法治国伟大实践，在围绕中心、服务大局、推动经济社会高质量发展中积极发挥专业优势和职能作用。

15. 优化营商环境三个方案文件出台

2023 年 8 月，《深圳市优化市场化营商环境工作方案（2023—2025 年）》《深圳市优化法治化营商环境工作方案（2023—2025）》《深圳市优化国际化营商环境工作方案（2023—2025）》出台，深圳营商环境改革迈入 6.0 版本。三个方案坚持对标全球最优最好，聚焦市场主体发展的问题和难点，注重企业和居民个人体会和感受，进一步激发活力和发展动力，推动高质量发展，加快打造更具全球影响力的经济中心城市和现代化国际大都市。

16. 深圳市首次发布行政复议与行政应诉工作白皮书

2023 年 8 月 31 日，深圳市司法局（市政府行政复议办公室）发布 2022 年深圳市行政复议和行政应诉工作白皮书，这是深圳市首次以白皮书的形式发布全市行政复议和行政应诉工作情况报告，全面客观地介绍了深圳市行政复议和行政应诉案件的基本情况，以及行政复议应诉工作在化解行政争议、监督依法行政等方面取得的主要成效。

17. 深圳公安在全市推广"一键报警"

2023 年 9 月，深圳市公安局创新拓展 110 报警模式，在全市推广"一键报警"便民服务。"一键报警"装置具有可视化接听、位置锁定和自动留痕等功能，群众按下报警按钮后，可与接警员进行可视化对话，同时装置会自动推送报警人使用的装置的位置信息，便于第一时间调度警力到场处置，提升民警到场速度，尤其便利了无手机电话、不清楚所处地址、不熟悉报警程序人员的报警和警情处理。截至 2023 年 12 月，深圳公安已在全市口岸、车站、夜间经济带、繁华商业区和治安防控点等重点区域布设 1198 个"一键报警"设备，并根据不同的区域特点和应用场景，设计了挂壁式、立柱式、岗亭式和机器人式四种装置样式。

18. 深圳首个生态环境公共法律服务中心揭牌成立

2023年9月22日，由深圳市福田区司法局、深圳市生态环境局福田管理局、深圳排放权交易所联合共建的全市首个生态环境公共法律服务中心正式揭牌。福田区生态环境公共法律服务中心汇聚生态环境领域专业力量，吸纳企业技术顾问、法学教授、资深律师等力量，组建第一批专家顾问团，为福田辖区企业提供"一企一策"专项服务、碳排放权交易服务、绿色金融项目法律服务、环红树林生态缓冲带企业准入服务等"一站式"生态环境综合法律专业服务，帮助企业提升生态环境管理能力。

19. 深圳检察机关牵头构建海洋综合保护合作框架

2023年9月26日，首届深圳海洋检察论坛召开，会上发布了《守护蓝色海洋共建美丽湾区》检察倡议书，粤、桂、琼十地检察机关共同签署《红树林湿地保护检察联盟共建协议》。深圳检察机关在深圳西部海域推进环珠江口"黄金内湾"检察协作，东部海域加强"大鹏湾—大亚湾"区域协调保护，牵头建立"检察+行政+社会"三位一体的海洋保护共同体，"以合作备忘录形式加强与环境保护组织的协作"机制创新项目获得推广。

20. 深圳国际仲裁院喀什分院揭牌

2023年9月19日，深圳国际仲裁院喀什分院在新疆喀什市揭牌。10月29日，喀什分院作为"一带一路"国际合作平台正式启用。喀什分院是在深圳国际仲裁院喀什庭审中心的基础上，按照中共中央办公厅、国务院办公厅《关于完善仲裁制度提高仲裁公信力的若干意见》要求，经深圳市人民政府和喀什地区行政公署共同批准设立、经新疆维吾尔自治区司法厅登记备案的深圳国际仲裁院分支机构，将借助深圳国际仲裁院的国际公信力和高端法律资源，建成联通"丝绸之路经济带"与"21世纪海上丝绸之路"的国际合作平台。

21. 龙华区成立全国首家区级综合调解院

2023年10月17日，在深圳市委政法委、市中级人民法院、市司法局等单位指导下，由龙华区委政法委、区人民法院、区司法局、区平安建设中心共建的全国首家区级综合调解院——深圳市龙华区调解院正式成立。龙华区调解院的成立，标志着龙华区正式构建起以区级调解院为核心，街道、社区平安建设中心力量为触角，"多调联动"智慧系统为支撑，"统筹调解资源、智慧运行流转、联调重点个案、专业赋能指导"为功能定位，各类调解高效衔接、有序流转、全量汇聚的大调解格局。

22. "中国渔政44002"交付深圳，助力提升海洋综合执法装备能力

2023年11月8日，中国船舶集团旗下中船黄埔文冲船舶有限公司承建的深圳3000吨级海洋维权执法船"中国渔政44002"在广州正式移交深圳市海洋综合执法支队。"中国渔政44002"是国内公务船领域首次申请"智能船舶"符号的船舶，也是深圳建市以来排水吨位最大、科技最先进的3000吨级海洋维权执法船。"中国渔政44002"作为深圳海洋综合执法的新"王牌"、国内公务执法船在智能航行和节能减排方面的新标杆，将助力提升深圳海洋综合执法装备能力。

23. 深圳市出台涉外法治人才培养实施方案

2023年11月9日，深圳市委办公厅、市人民政府办公厅印发《深圳市新时代法治人才培养实施方案》，围绕法治先行示范城市建设的人才所需，在完善协同育人机制、加强涉外法治人才培养、创新完善法治人才培养机制等方面提出74项工作举措，为深圳培养一批德才兼备的高素质法治人才和后备力量。

24. 深赣两地打造全国首个跨省市社区矫正"智慧化"平台

2023年11月15日，深圳市司法局、赣州市司法局举行《社区矫正跨区域执法协作协议》签署仪式暨深赣社区矫正执法协作平台启动仪式。深赣社区矫正执法协作平台是国内第一个跨市、跨省横向联通的社区矫正执法协作平台，是深圳赣州两地推进社区矫正业务办理和跨区域信息化平台建设等工作的创新试点。平台突破了技术壁垒、打破了区域局限，安全穿透多个网络环境实现社区矫正执法的同步协同，为社区矫正跨区域协作提供"示范样本"和"实践经验"。

25. 七部门发文推广个人破产"深圳模式"

2023年11月16日，国家发展改革委、司法部等七部门发布《国家发展改革委等部门关于再次推广借鉴深圳综合改革试点创新举措和典型经验的通知》，其中，"破产制度突破创新"作为22条创新举措和典型经验之一，

被全国推广。《通知》提到，深圳市构建起府院联动在线"一网通办"通道，便利法院与公安、工商、税务、不动产登记、中国人民银行及破产管理协会等共享数据；建设全国首个全面整合企业和个人破产信息、实现破产事务"一站式"办理的综合服务平台。

26. 罗湖区设立全国先进人民调解员调解工作室

2023年11月，深圳市罗湖区东门街道司法所扎实践行新时代"枫桥经验"，创新化解矛盾纠纷的新举措，结合辖区实际，以全国先进人民调解员、深圳市劳动模范杨道兵命名建立"老杨（劳模）人民调解工作室"。通过邀请思想品德高、社会威望高、人脉关系广的代表加入工作室调解队伍，以人民调解的方式，及时、便捷、专业、高效地将矛盾纠纷化解在萌芽状态，力求达到"难事不出街道、大事不出社区、小事不出网格"的调解模式，实现矛盾就地化解，最大限度地消除不稳定因素，维护社会和谐稳定。

27. 深圳市中级人民法院在全国首次推出"微信止付"线上查控模式

2023年11月，深圳市中级人民法院创新全流程在线办理"微信止付"查控模式，在全国首次实现微信账户查询和控制措施线上办理，有效提高执行案件当事人失联修复率，破解小标的民生案件执行难题。借助"微信止付"司法协查小程序，可同步查询被执行人微信号和手机号，提高被执行人失联修复比率。在失联修复找到当事人后，法院还及时引进专业的调解组织引导执行和解，进一步提高和解成功率。

28. 深圳连续4年获评"全国营商环境最佳口碑城市"

2023年12月27日，全国工商联发布2023年度万家民营企业评营商环境主要调查结论，深圳获评"全国营商环境最佳口碑城市"。这也是深圳连续4年获此项殊荣。近年来，深圳坚持把优化营商环境作为"一号改革工程"，先后密集出台了《深圳市人民政府关于加快培育壮大市场主体的实施意见》、促进企业高质量发展23条措施、扶持个体工商户高质量发展33条措施、《深圳市优化市场化法治化国际化营商环境工作方案（2023—2025年）》、促进民营经济做大做优做强20条措施等一系列政策文件，营造稳定公平透明可预期的营商环境，激发经营主体活力。

附录二
2023年深圳新法规规章述要

宋志新*

一 2023年深圳制定、修改和废止的法规

1. 修订《深圳市人民代表大会议事规则》

2023年2月16日，深圳市第七届人民代表大会第四次会议修订通过《深圳市人民代表大会议事规则》，自公布之日起施行。此次修订涵盖深圳市人民代表大会议事的全过程。《规则》修订有利于不断发展和完善全过程人民民主，更好保证人民当家作主，凝聚起推动高质量发展的强大合力。

2. 废止《深圳经济特区社会建设促进条例》

2023年2月16日，深圳市第七届人民代表大会第四次会议通过《深圳市人民代表大会关于废止〈深圳经济特区社会建设促进条例〉的决定》，自公布之日起生效。此前，已制定《深圳经济特区社会建设条例》替代该条例，故废止。

3. 制定《深圳经济特区光明科学城发展促进条例》

2023年4月26日，深圳市第七届人民代表大会常务委员会第十七次会议通过《深圳经济特区光明科学城发展促进条例》，自2023年6月1日起施行。这是国内首部针对科学城建设的专项立法。《条例》立足于光明科学城

---

* 宋志新，深圳市公安局南山分局法制大队三级警长。

建设的实际需要，对科学城建设的治理结构和运营机制、国土规划和用地管理、科技创新和成果转化、人才环境和金融支撑等方面，提出一系列创新制度与指导。

4. 制定《深圳经济特区成品油监督管理条例》

2023年4月26日，深圳市第七届人民代表大会常务委员会第十七次会议通过《深圳经济特区成品油监督管理条例》，自2023年9月1日起施行。《条例》重点针对深圳市成品油经营使用环节监督管理工作中存在的问题，建立智慧化监管模式，规范成品油经营使用行为，构建协调统一、科学高效的成品油监管体制，填补了国内成品油监管领域的立法空白。

5. 修订《深圳经济特区市容和环境卫生管理条例》

2023年4月26日，深圳市第七届人民代表大会常务委员会第十七次会议修订通过《深圳经济特区市容和环境卫生管理条例》，自2023年9月1日起施行。《条例》修订的主要内容包括：推动构建共治共享格局，将本市市容和环境卫生工作的有益经验进行总结固化；改变了原《条例》中的辖区责任制度，规定了市容和环境卫生主体责任制度，强调按照场所划分和确定责任主体；细化市容管理具体规定；进一步完善环境卫生管理制度；限制行政强制措施的使用。

6. 修订《深圳经济特区统计条例》

2023年6月29日，深圳市第七届人民代表大会常务委员会第十八次会议修订通过《深圳经济特区统计条例》，自2023年8月1日起施行。《条例》通过强化统计监督职能，提升统计保障水平，严管政府统计项目，规范民间统计活动，鼓励统计标准创新，破解阻碍深圳统计高质量发展的难题，构建协调统一、科学高效的统计工作新体制。

7. 修订《深圳经济特区消防条例》

2023年7月27日，深圳市第七届人民代表大会常务委员会第十九次会议修订通过《深圳经济特区消防条例》，自2023年11月1日起施行。《条例》将行之有效、比较成熟的经验做法上升为法规制度予以固化，为大力提升深圳市消防治理体系和治理能力现代化水平提供法治支撑。修订的主要内容包括构建消防监管工作新格局、压实消防安全主体责任、加强火灾预防管理和强化消防救援队伍建设四个方面。

8. 修改《深圳经济特区前海蛇口自由贸易试验片区条例》

2023年9月1日，深圳市第七届人民代表大会常务委员会第二十次会议通过《深圳市人民代表大会常务委员会关于修改〈深圳经济特区前海蛇口自由贸易试验片区条例〉的决定》，自公布之日起施行。此次修改仅涉及一项关于执法主体的条款，以与2022年广东省委编办印发的《关于调整中国（广东）自由贸易试验区深圳前海蛇口片区综合行政执法体制的批复》保持一致。

9. 修订《深圳经济特区海域污染防治条例》

2023年9月1日，深圳市第七届人民代表大会常务委员会第二十次会议修订通过《深圳经济特区海域污染防治条例》，自2024年1月1日起施行。《条例》聚焦强化海洋生态环境保护和海域污染防治，坚持问题导向，注重与上位法相衔接，同时将深圳近年来海域污染防治方面的实践成果予以固化，在陆源污染防治、涉海工程污染防治、船舶污染防治以及海域污染应急处置等方面作出一系列制度安排。

10. 修订《深圳市人民代表大会常务委员会议事规则》

2023年9月1日，深圳市第七届人民代表大会常务委员会第二十次会议修订通过《深圳市人民代表大会常务委员会议事规则》，自公布之日起施行。《规则》修订有利于进一步提高议事质量和效率，确保常委会依照法定程序规范行使职权。

11. 制定《深圳经济特区城市燃气管理条例》

2023年9月1日，深圳市第七届人民代表大会常务委员会第二十次会议通过《深圳经济特区城市燃气管理条例》，自2023年11月1日起施行。《条例》通过"技防""人防"等手段织就燃气安全防护网；推行燃气企业公众责任保险制度，鼓励燃气企业对其生产经营活动中可能发生的第三者人身伤亡和财产损失购买公众责任保险，鼓励用户购买燃气意外险；就强化管道及设施保护作出一系列规定，实现"管网一张图""动土一张表"。

12. 制定《深圳经济特区居民生活用水电燃气价格管理若干规定》

2023年9月1日，深圳市第七届人民代表大会常务委员会第二十次会议通过《深圳经济特区居民生活用水电燃气价格管理若干规定》，自2023年10月1日起施行。《规定》旨在保护水、电、燃气使用人合法权益，维护水、电、燃气市场秩序。《规定》明确了政府应当统筹规划水、电、燃气基础设施建设的职责，水、电、燃气供应服务及计量、价格管理等，着力解决城中村房东乱收费问题。

13. 制定《深圳经济特区自然灾害防治条例》

2023年9月1日，深圳市第七届人民代表大会常务委员会第二十次会议通过《深圳经济特区自然灾害防治条例》，自2023年11月1日起施行。《条例》围绕建立高效科学的自然灾害防治体系、加强自然灾害防治综合统筹协调、适应机构改革后防灾减灾救灾体制机制变化，作出了一系列制度规定，通过自然灾害综合防治立法，提升深圳综合防灾减灾救灾工作的系统化、法治化、规范化水平。

14. 修订《深圳经济特区人才工作条例》

2023年10月31日，深圳市第七届人民代表大会常务委员会第二十一次会议修订通过《深圳经济特区人才工作条例》，自2023年12月1日起施行。《条例》推进科技人才评价、外籍"高精尖缺"人才认定标准等改革试点，深化境外专业人才执业便利化改革，完善不唯地域引进人才、不问出身培养人才、不求所有开发人才、不拘一格用好人才、不遗余力服务人才的机制。

15. 制定《深圳经济特区前海深港现代服务业合作区投资者保护条例》

2023年10月31日，深圳市第七届人民代表大会常务委员会第二十一次会议通过《深圳经济特区前海深港现代服务业合作区投资者保护条例》，自2023年12月1日起施行。这是全国首部区域性投资者保护立法。《条例》对接国际高标准的投资经贸规则，率先落实国务院高水平制度型开放的部署，通过运用特区立法权在投资便利、权益保障、优化监督、法治保障等方面制定创新性举措，以增强投资者的信心和安全感，进一步激发市场活力和

发展内生动力。

16. 制定《深圳经济特区国际船舶条例》

2023 年 11 月 29 日，深圳市第七届人民代表大会常务委员会第二十二次会议通过《深圳经济特区国际船舶条例》，自 2024 年 3 月 1 日起施行。《条例》提出一系列制度创新，探索建立与国际对接的国际船舶登记管理制度体系，根据授权变通国家相关规定，适当放宽外籍船员任职条件，构建与国际接轨的国际船舶检验制度，全力促进全球海洋中心城市的各类要素集聚，提升深圳国际航运综合竞争力。

17. 制定《深圳经济特区消费者权益保护条例》

2023 年 11 月 29 日，深圳市第七届人民代表大会常务委员会第二十二次会议通过《深圳经济特区消费者权益保护条例》，自 2024 年 1 月 1 日起施行。《条例》是深圳作为经济特区对新型消费业态标准和规范的创新制定，主要包括：细化经营者的安全保障义务、信息披露义务和"三包"义务；保护"一老一小"的合法权益；禁止网络经营者虚假刷单；规定会员自动续费，应征得消费者同意；盲盒商品要公示抽取概率；规范预收款经营行为等。

18. 废止《深圳经济特区失业保险若干规定》

2023 年 12 月 29 日，深圳市第七届人民代表大会常务委员会第二十三次会议通过《深圳市人民代表大会常务委员会关于废止〈深圳经济特区失业保险若干规定〉的决定》，自 2024 年 1 月 1 日起生效。深圳市失业保险政策统一按照《广东省失业保险条例》及国家、广东省有关规定执行。

19. 制定《深圳经济特区低空经济产业促进条例》

2023 年 12 月 29 日，深圳市第七届人民代表大会常务委员会第二十三次会议通过《深圳经济特区低空经济产业促进条例》，自 2024 年 2 月 1 日起施行。这是全国首部低空经济产业促进专项法规，为低空经济"腾飞"铺平法治跑道。《条例》共 9 章 61 条，在健全低空融合管理机制、统筹基础设施建设、拓展产业应用领域等方面作出制度创新，助力深圳低空经济中心建设，从基础设施、飞行服务、产业应用、技术创新、安全管理等方面助力深圳低空经济"高飞"。

20. 修改《深圳市制定法规条例》

2023 年 11 月 29 日，深圳市第七届人民代表大会常务委员会第二十二次会议表决通过《深圳市人民代表大会常务委员会关于修改〈深圳市制定法规条例〉的决定》，广东省第十四届人民代表大会常务委员会第七次会议于 2023 年 12 月 28 日批准，自 2024 年 1 月 11 日起施行。修改内容涉及总则、立法权限、立法规划和立法计划、市人民代表大会制定法规程序等各部分，从基本原则到具体程序共 40 项修改。

二　2023年深圳制定、修改和废止的政府规章

1. 废止《深圳市计划生育若干规定》

2023 年 3 月 28 日，深圳市人民政府七届七十一次常务会议审议通过《深圳市人民政府关于废止〈深圳市计划生育若干规定〉的决定》，自公布之日起施行。《规定》的有关内容已不适应国家现行政策、法律法规和实际工作需要，因此废止。

2. 废止《深圳市生活垃圾分类和减量管理办法》

2023 年 3 月 28 日，深圳市人民政府七届七十一次常务会议审议通过《深圳市人民政府关于废止〈深圳市生活垃圾分类和减量管理办法〉的决定》，自公布之日起施行。《深圳市生活垃圾分类管理条例》已对生活垃圾分类和减量提出新要求，《办法》已无实施必要，因此废止。

3. 制定《深圳市市级储备粮管理办法》

2023 年 3 月 28 日，深圳市人民政府七届七十一次常务会议审议通过《深圳市市级储备粮管理办法》，自 2023 年 6 月 1 日起施行。《办法》明确了储备粮的分类和承储企业的确定方式，在自主轮换模式的基础上新增了静态轮换模式，并明确了两种模式的轮换要求，同时在专仓储存要求、最低库存量设定、储备费用构成等方面进行了细化和调整，规范储备粮管理，构建高标准粮食安全保障体系。

4. 制定《深圳市人民政府关于规划和自然资源行政职权调整的决定》

2023 年 4 月 18 日，深圳市人民政府七届七十四次常务会议审议通过《深圳市人民政府关于规划和自然资源行政职权调整的决定》，自 2023 年 6 月 1 日起施行。制定《决定》是落实国家规范临时用地管理和进一步厘清市、区行政权责的需要，将直接面向基层、由基层管理更为便捷的审批事项，进一步交由区政府承担，继续下沉管理重心，打造科学高效、规范透明、协同共治的治理新格局。

5. 制定《深圳市公共租赁住房管理办法》《深圳市保障性租赁住房管理办法》《深圳市共有产权住房管理办法》《深圳市保障性住房规划建设管理办法》

2023 年 5 月 4 日，深圳市人民政府七届七十六次常务会议审议通过《深圳市公共租赁住房管理办法》《深圳市保障性租赁住房管理办法》《深圳市共有产权住房管理办法》《深圳市保障性住房规划建设管理办法》，自 2023 年 8 月 1 日起施行。四个《办法》分别对公共租赁住房、保障性租赁住房、共有产权住房三类住房的保障对象、申请条件、供应分配方式、租售价格标准、用地保障、建设筹集主体和渠道、建设标准、监督管理等进行了规范，将住房保障体系与国家住房保障体系全面衔接，保障各类住房困难居民住有所居。

6. 修订《深圳市预拌混凝土和预拌砂浆管理规定》

2023 年 6 月 6 日，深圳市人民政府七届八十次常务会议修订通过《深圳市预拌混凝土和预拌砂浆管理规定》，自 2023 年 10 月 1 日起施行。《规定》内容包括报建手续、站点备案、资质管理、绿色达标考核等，进一步规范深圳预拌混凝土和预拌砂浆行业管理。

7. 制定《深圳市人民政府关于将一批市（区）级行政职权事项调整由深圳市前海深港现代服务业合作区管理局在前海深港现代服务业合作区实施的决定》

2023 年 7 月 10 日，深圳市人民政府七届八十五次常务会议审议通过《深圳市人民政府关于将一批市（区）级行政职权事项调整由深圳市前海深港现代服务业合作区管理局在前海深港现代服务业合作区实施的决定》，自

2023年8月26日起施行。本次调整主要包括自然资源管理、规划建设、投资管理、法治建设等领域的行政职权事项101项。本次调整较大的方面包括将原由南山区和宝安区实施的城市更新全流程审批事项调整至前海管理局，此外还包括土地整备计划等事项。

8. 废止《深圳市行政执法证件管理办法》等8项规章

2023年8月28日，深圳市人民政府七届九十次常务会议审议通过《深圳市人民政府关于废止〈深圳市行政执法证件管理办法〉等8项规章的决定》，自公布之日起施行。废止的规章包括：《深圳市行政执法证件管理办法》《深圳市事业单位职员管理办法（试行）》《深圳市人民政府重大决策公示暂行办法》《深圳市政府信息公开规定》《深圳市行政过错责任追究办法》《深圳市行政决策责任追究办法》《深圳市规划土地监察行政执法主体及其职责规定》《深圳市行政电子监察工作规定》。这8项规章是在市政府规章专项清理工作中发现存在与现行上位法规定不一致或与新形势下管理工作不适应的情况，且废止后相关工作均有现行法律法规、规章等可以参照执行，因此予以废止。

9. 制定《深圳市医疗保障办法》

2023年9月4日，深圳市人民政府七届九十一次常务会议审议通过《深圳市医疗保障办法》，自2023年10月1日起施行。《办法》进一步规范深圳市医保制度体系，建立基本医保、大病保险、医疗救助"三重保障"制度体系；进一步完善医保筹资机制，缴费负担总体降低；进一步提升优化待遇保障水平，群众就医购药更有保障。

Abstract

The Shenzhen Rule of Law Development Report (2024) was compiled by the Shenzhen Academy of Social Sciences. This publication comprehensively examines the legislative work, rule-of-law governance, judiciary system, social rule of law, foreign-related legal framework, and other aspects in Shenzhen. It highlights the remarkable achievements in advancing the rule of law within the context of being a pilot demonstration Area for socialism with Chinese characteristics and a pilot demonstration city for socialist rule of law with Chinese characteristics. Furthermore, it provides valuable recommendations for future advancements in Shenzhen's legal development.

In 2023, Shenzhen adhered to the guidance of Xi Jinping's rule of law thought, continuously promoted the construction of a leading experimental city for rule of law, and continuously exerted the leading, promoting and safeguarding roles of legislation. The leading role of first-rate rule of law construction was fully promoted, the judicial service and guarantee role was fully played, the legal service industry developed rapidly, and the level of rule of law construction continued to improve. Good results were achieved in areas such as grassroots conflict resolution, intellectual property protection, bankruptcy system reform, high-level foreign opening safeguard。 The book conducts a special study on the legislation of industrial promotion and private economy , the evolution of emergency management, real estate registration, housing provident fund systems, registered capital system reform and Shenzhen's adaptation to the new company law. It also addresses issues such as the government's role in popularizing laws, fulfilling legal duties, the connection of civil litigation rules in the Greater Bay Area, prosecutorial suggestions, prosecutorial supervision, the development of international legal service areas, and foreign-related appraisals. The book also focuses on practical issues such as blue carbon property rights protection, infellectuac property protection of artificial intelligence and the effectiveness of internal penalties in e-sports league.

In 2024, Shenzhen should deeply implement the spirit of the 20th National Congress and the Second Session of the 20th Central Committee, adhere to the path of Chinese characteristics in rule of law, deepen the construction of a leading city for rule of law with Chinese characteristics with Xi Jinping's rule of law thought as the guide, continue to build a first-rate government by rule of law, optimize the rule of law business environment, better play the guarantee role of rule of law in consolidating the foundation, stabilizing expectations and promoting long-term effects, and provide legal support for the "double district" construction and "dual reform" demonstration in Shenzhen.

Keywords: Xi Jinping Thought on the Rule of Law; A Pilot Demonstration City for Rule of Law; Rule of Law Business Environment

Contents

I　General Report

Abstract: In 2023, under the guidance of Xi Jinping Thought on the Rule of Law, Shenzhen fully implemented the Opinions on Supporting Shenzhen in Building a Demonstration Pilot City of Rule of Law for socialism with Chinese characteristics . The leading, promoting, and safeguarding role of legislation continues to be played, the construction of a first-class rule of law government is comprehensively promoted, the judicial service guarantee role is fully played, the legal service industry is developing rapidly, and the level of rule of law construction is constantly improving. We have achieved good results in resolving grassroots conflicts and disputes, protecting intellectual property rights, reforming bankruptcy systems, reforming corporate compliance, and ensuring high-level opening up to the outside world through the rule of law. In 2024, Shenzhen should continue to adhere to the guidance of Xi Jinping Thought on the rule of law, with the goal of building a demonstration city under the rule of law, continuously optimize the law-based business environment, and provides legal guarantee for shenzhen to build a pilot demonstration zone of socialism with Chinese characteristics.

Keywords: Demonstration Pilot City of Rule of Law; Law-based Business Environment; Pilot Comprehensive Reform

Ⅱ Legislation

B . 2   Shenzhen's Practice of Ensuring High-quality Development

with High-quality Legislation   *Zhang Jing* / 027

Abstract: The report of the 20th National Congress of the Communist Party of China emphasizes that "high-quality development is the primary task of building a modern socialist country in an all-round way. " The rule of law is an important support for high-quality development, and high-quality development needs high-quality legislation to be guaranteed. Since 1992, Shenzhen has always adhered to leading and guaranteeing various reform actions through legislation, and legislation and reform and development have been accompanied, supplemented and complemented each other. In recent years, facing the new requirements of high-quality development, Shenzhen has given full play to the advantages of the legislative power of the special economic zone in solving the deep-seated problems of economic and social development and breaking through the bottlenecks of reform and development, providing a legal guarantee for promoting high-quality economic and social development. This paper summarizes the main practical achievements of Shenzhen in recent years in ensuring high-quality economic and social development through high-quality legislation, summarizes the problems faced by the legislative guarantee of high-quality development in the new era, and prospects for making full use of the legislative power of the special economic zone in the new stage of high-quality development.

Keywords: Legal Guarantee; High-quality Development; Shenzhen

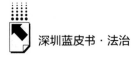

B . 3   Shenzhen's Industrial Promotion Legislation and Its

Enforcement   *Li Zhaohui* , *Wang Qing'en* / 041

Abstract: The wave of globalization and the rapid development of technology have further socialized production, leading to increasingly sophisticated and refined macroeconomic guidance and regulatory systems for contemporary nations. Legislation related to macroeconomic guidance and regulation has been on the rise, with industrial promotion laws being an important category. In recent years, the number of industrial promotion laws in our country has been increasing, especially in Shenzhen. Initially, industrial promotion laws were considered soft law with limited impact. However, reviewing the history of Shenzhen's economic development, it is observed that sectors where industrial promotion laws were enacted have all developed well, with the financial and cultural industries, which were early to have such laws established, becoming the pillar industries of Shenzhen's economy. Looking at the text of Shenzhen's industrial promotion laws, the methods of industrial promotion guidance have been continuously extended, with an emphasis on talent aggregation, infrastructure support, application scenario creation, standard establishment, and public services. In terms of implementation, legislation that was thought to be mainly composed of advocative provisions has become more enforceable, thanks to the government's effective execution and the foundational, leading, and supportive role of state-owned enterprises, thus turning "soft law" into "hard law." Industrial promotion laws have played a role in guiding value and providing institutional safeguards in economic development. However, the scientific nature of the increasing fragmentation of industrial promotion legislation, with more specialized laws for different industries, is debatable.

Keywords: Macroeconomic Guidance and Regulation; Industrial Promotion; Advocative Provisions; Enforcement of Law

B . 4   Legislative Guarantee for High Quality Development of

Shenzhen's Private Economy   *Huang Xiangzhao* / 058

Abstract: The high-quality development of Shenzhen's private economy urgently needs to strengthen legislative protection, further optimize the business environment of the private economy, and ensure that private enterprises have equal status, fair competition, equal supervision, and equal protection with other owner enterprises. At present, the focus should be on strengthening legislation, including optimizing the development environment of the private economy, ensuring fair participation of private enterprises in market competition, guiding private enterprises to operate in compliance, regulating law enforcement and supervision of private enterprises, ensuring equal protection of the private economy, and protecting the property rights and interests of private enterprises and entrepreneurs in accordance with the law.

Keywords: Private Economy; Legislative Guarantee; Shenzhen Special Economic Zone

B . 5   The Development of Legal Norms for Emergency

Management in Shenzhen   *Tong Han*, *Guo Ying* / 068

Abstract: Since the 18th CPC National Congress, Shenzhen has been committed to legislative innovation in the fields of urban safety, disaster prevention and control, and emergency rescue. It has established a "1 + 4 + N" emergency management regulatory framework and successively promulgated a series of laws and regulations such as the "Shenzhen Safety Management Regulations" and the "Shenzhen Emergency Preparedness Plan Management Measures", providing a solid legal foundation for emergency management. However, according to research, Shenzhen still has shortcomings in terms of the improvement of the emergency management regulation standardization system, the safety standards of

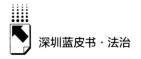
urban infrastructure, and the fit with economic and social development needs. To address these issues, Shenzhen needs to further improve the emergency management regulation and standard system, innovate the safety production supervision mode, standardize and strengthen safety supervision measures, and build a new social co-governance emergency management mechanism.

Keywords: Contingency Management; Legal Norm; Safety Supervision; Social Multi-component Governance

B.6 Research on the Legislative Evolution and Improvement of Real Estate Registration in Shenzhen *Zhong Cheng*, *Li Han* / 079

Abstract: The real estate registration system in Shenzhen initially adhered primarily to the relevant provisions of the national and Guangdong Province. In 1993, Shenzhen issued the "Shenzhen Special Economic Zone Real Estate Registration Regulations", presuming the unified registration of land use rights and house ownership, and later issued a number of regulations and policies, including the "Shenzhen Real Estate Registration Provisions (Trial)". The formal implementation of the Civil Code in 2021 has exerted a significant impact on the real estate registration system. In practice, Shenzhen real estate registration agencies also encounter many practical problems when registering. Including the review of the main creditor's rights contract in the real estate mortgage registration and related effectiveness, whether the right of residence and mortgage can be competitive and realize the sequence, whether the judicial sealing and administrative sealing can be repeated sealing or waiting sealing, how to identify the registration subject of public distribution facilities in residential areas, the registration method of public construction and historical legacy, etc. How to improve the real estate registration rules and practical problems remain to be further research.

Keywords: Shenzhen Special Economic Zone; Real Estate Registration; Legislative Rvolution

Abstract: The housing provident fund system is an important livelihood policy and economic policy, which not only plays an important stabilizing role in ensuring people's livelihood and realizing common prosperity, but also plays a powerful role in promoting the establishment of a new development model for the real estate industry and realizing high-quality economic development. In the process of development, in order to meet the needs of the people to live and work in peace and contentment, the housing provident fund system in Shenzhen has also been constantly adjusted and improved, and gradually formed a "1+N" policy and regulation system composed of the "Shenzhen Interim Measures for the Management of Housing Provident Fund" and several provisions on deposit, withdrawal and use. In the face of the new situation of the housing market, the housing provident fund also has problems such as insufficient coverage, relatively weakened role in solving the housing problem of employees, and the role of policy finance needs to be further strengthened. Based on the actual situation of Shenzhen, and drawing on the advanced experience of domestic and foreign cities, this paper puts forward suggestions on improving the policies and regulations of Shenzhen's housing provident fund from many aspects, such as increasing support for new citizens, young people and families with many children, optimizing policies on delaying or reducing the proportion of housing provident fund contributions, and promoting information construction.

Keywords: Housing Fund; Housing Reform; Housing Security; High-quality Development

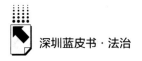
Abstract：The latest revision to the Company Law at the end of 2023 adjusted
the company's registered capital from the full subscription system to the time-limited
subscription system and clarified that the provisions on the period of capital contribution
are applicable to the existing companies, and the State Council has started to formulate
the implementation regulations for the transition and harmonization. This is
undoubtedly a challenge for Shenzhen, which was the first to carry out the reform of
the contribution system and has more than 2 million stock companies. Shenzhen should
actively study and take timely adaptive measures to ensure a smooth transition. As a
special economic zone and a Demonstration Pilot City of Rule of Law, it is suggested
that Shenzhen can use the right of legislation and alternative for the special economic
zone and in accordance with the actual situation to implement specific implementation
methods that are conducive to market stability and may be different from those in other
places, and to make good preparations for the transition and convergence to ensure that
the adjustment of the system does not affect the operation of enterprises and the stability
of the market, and to continue to safeguard healthy and fast development of the
economy with the optimal business environment.

Keywords：Registered Capital；Capital Subscription System；Time-limited
Capital Subscription System

Ⅲ　Government Ruling by Law

Abstract：In 2023, the rule of law construction of the Shenzhen government is flourishing. First, we should thoroughly study and implement the spirit of the 20th CPC National Congress and Xi Jinping's thought on the rule of law, adhere to and strengthen the Party's leadership over the construction of a rule of law government, and improve the mechanism for promoting the construction of a rule of law government. At the same time, in the process of building a rule of law government in Shenzhen, we will enhance government legal services, optimize the business environment, optimize legal services that are conducive to expanding high-level opening up to the outside world, and comprehensively enhance the level of public legal services. In addition, in the process of Shenzhen's rule of law construction in 2023, the legal administrative system will be continuously improved, and phased achievements will be made in the pilot reform of rule of law government construction. The reform of "streamlining administration, delegating powers, and improving services" will be deepened, major administrative decision-making procedures will be fully implemented, and the administrative law enforcement system and mechanism will be improved. Continuously improving the quality of administrative law enforcement, innovating law enforcement methods, enhancing law enforcement quality, and effectively resolving administrative disputes. In the process of building a rule of law government in the future, the Shenzhen government will continue to strengthen the Party's leadership in the construction of a rule of law government, increase legal support for the development of new quality productive forces, and continue to promote the construction of a first-class rule of law government.

Keywords: Shenzhen Rule of Law; Rule of Law Construction; Special Economic Zones; Pilot Demonstration Zone

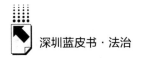
B.10 A Research Paper on the Application of "The Enforcer of the Law Should Bear the Responsibility for Promoting Compliance with the Law" in Shenzhen

Zheng Xiuli, Wang Danhong / 136

Abstract: The implementation of the "the enforcer of the law should bear the responsibility for promoting compliance with the law" responsibility system represents a pioneering and institutional breakthrough in legal publicity work, offering essential guidance for the transformation and advancement of legal publicity efforts in China. In order to enhance the dissemination of legal knowledge, enforce state organ responsibilities for legal publicity, and further bolster state organ-led legal publicity initiatives, pertinent policy documents on "the enforcer of the law should bear the responsibility for promoting compliance with the law" have been promulgated at national, provincial (Guangdong), and municipal (Shenzhen) levels. Shenzhen city has heightened its efforts to further the implementation of this responsibility system and actively advance institutional innovation based on practical experience, yielding positive outcomes in legal publicity endeavors. However, in the process of implementing the responsibility system in Shenzhen city, there are still areas requiring improvement. These include enhancing awareness and capabilities related to legal publicity among law enforcement agencies, strengthening personnel and financial support guarantees, and improving supervision mechanisms. Therefore, it is imperative for the city of Shenzhen to further implement targeted legal education initiatives by refining delineated responsibilities for promoting rule-of-law awareness among various entities involved in law enforcement activities; accurately identifying specific target audiences for legal education; and precisely determining effective methods for conducting rule-of-law promotion activities in order to enhance their relevance and efficacy.

Keywords: The Enforcer of the Law Bears the Responsibility for Promoting Popularize Law; Popularize Law Responsibility System; Interpreting Legal Principles through Case Studies; Precise Dissemination of Legal Knowledge

B . 11 The Function Orientation and Realization Path of Bankruptcy
Management Agency under the Background of
Bankruptcy Reform *Zhang Jiebo*, *Zhang Xinyu* / 149

Abstract: Under the socialist market economy system, the bankruptcy
system is an important means to effectively solve the problems of market entities'
treatment and exit and optimize the business environment. Under the background
of the national efforts to promote the bankruptcy reform, Shenzhen has established
a "four-in-one" bankruptcy handling system by setting up a special bankruptcy
management agency. In view of the problems existing in the current bankruptcy
handling mechanism, it is necessary to further release the efficiency of bankruptcy
management, promote the legalization and diversification of the functions of
bankruptcy management agencies, and promote bankruptcy management agencies
to become a new engine for optimizing the business environment and promoting
high-quality economic development.

Keywords: Bankruptcy Reform; Bankruptcy Management Agency; Personal
Bankruptcy; Business Environment

Ⅳ Judicature

B . 12 The Research on the Coordination of Civil Litigation Rules
and Mechanism Alignment in the GBA
Research Team of Shenzhen Intermediate People's Courts / 158

Abstract: The Guangdong-Hong Kong-Macao Greater Bay Area (GBA) has
a distinctive feature of "one country, two systems, three legal jurisdictions."
Actively promoting the coordination of civil litigation rules and mechanism
alignment is not only beneficial for mutual learning and reference in the rule of law,
enriching the legal practice under "one country, two systems," but also an
inevitable requirement to meet the diverse dispute resolution needs of market entities

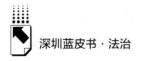

and promote high-quality development in the GBA. It is necessary to address the difficult and bottleneck issues in practice, such as jurisdiction over foreign-related, Hong Kong, Macao, and Taiwan disputes, the coordination of civil litigation rules, the identification and application of foreign laws, and inter-regional judicial assistance. Efforts should be made to break through traditional rule limitations and institutional boundaries, and to prudently expand the jurisdiction over foreign-related, Hong Kong, Macao, and Taiwan civil and commercial cases in accordance with the law. It is also important to explore the mutual recognition mechanism for commercial mediation agreements in the GBA, innovate the mechanism for identifying and applying foreign laws, and improve the judicial assistance system between the mainland and Hong Kong and Macao from a point to a surface. These measures will better promote the high-quality development of the GBA.

Keywords: GBA; Rule Coordination; Mechanism Alignment

B. 13　The Perfection of the Protection of the Minor's
　　Procedural Rights in Family Trial System
　　　　—*From the Perspective of the Construction of the Judge-centered*
　　　　Cooperation System　　　　　　　　　　*Luan Yuan* / 173

Abstract: Based on the high proportion of cases involving the rights and interests of minors in Shenzhen courts, it is urgent to set up a mechanism to match the realization of the rights and interests of minors in the family trial procedure. Due to the defects in legislation, in the current trial practice, there are problems such as the lack of attention to the status of minors as the main body of litigation, the imperfect mechanism of minors' independent expression of opinions, and the lack of qualifications for minors to participate in the procedure. The reason for the above problems is the lack of protection elements for minors' rights and interests in litigation, mainly reflected in the lack of provisions on minors' procedural rights, the lack of judicial intervention and minors' litigation ability, and the defects in the legislative technology of litigation ability. In order to solve the above problems, at the macro level, it is necessary to clarify the principle of "maximizing the interests of minors" in the law of proceedings. At the medium level, a dispute resolution model with judicial integration as the center should be established. At the micro level, on the premise of the existing litigation system remaining unchanged, the experience of family trial reform should be summarized and a cooperation system with judges as the center and professional auxiliary personnel community participation should be reconstructed.

Keywords: Minor; Family Trial; Procedural Rights

B. 14   The Quality and Efficiency of Procuratorial Proposals for
Social Governance

—From the Perspective of Criminal Prosecution of Shenzhen
Procuratorial Organs　　　　*Huang Haibo , Huang Ting* / 187

Abstract: Participating in social governance through prosecutorial work on crime is one of the important duties of procuratorial authorities. The criminal-prosecution departments plays a positive role on both social effects and legal effects. However through the practice in Shenzhen, some problems may still exist, such as the weakness of the supervision of the power, the insufficient awareness of participating in social governance when non-prosecution cases are dealt with, and the lack of close coordination between the procuratorates and the administrative agencies, as well. The article suggests that it would be an new way to expand the range of participating in social governance by further strengthening the supervision of the government power, the establishment of the system of "non-prosecution decision+procuratorial proposals for social governance" , and the promotion on the governance of litigation sources.

Keywords: Procuratorial Proposal; Criminal Prosecution; Social Governance

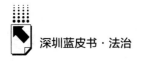

B.15　Research on the Practice of Procuratorial Supervision over
the Compulsory Drug Rehabilitation in Shenzhen

Research Group of the Luohu District People's Procuratorate / 199

Abstract: Compulsory Drug Rehabilitation, as a severe measure restricting personal freedom, has long lacked external supervision and urgently needs to increase its standardization. The exploration of procuratorial supervision over compulsory drug rehabilitation is a significant measure for procuratorial organs to deeply implement Xi Jinping Thought on the Rule of Law. The Luohu District People's Procuratorate (LDPP), through five aspects including signing cooperation documents, exploring data empowerment, increasing supervisory severity, enhancing " Government-Procuratorate Cooperation " and organizing a thematic forum, has made significant progress in the pilot project of procuratorial supervision. The LDPP will further optimize the procuratorial supervision mechanism from five dimensions: performing well on resident supervision, providing strong procuratorial support, improving the effectiveness of procuratorial suggestions, exploring extended supervision on other fields, and deepening theoretical learning, which will continue to contribute "Shenzhen's wisdom" to the improvement of procuratorial supervision over the compulsory drug rehabilitation.

Keywords: Compulsory Drug Rehabilitation; Administrative Compulsive Measure; Procuratorial Supervision

V　Law-Governed Society

B.16　Research on the Compliance of Shenzhen's Tobacco,
Alcohol, and Lottery Sales Points with the
"Law on the Protection of Minors"

Xu Yushan, Fu Qianxiang / 210

Abstract: The article aims to assess the compliance of tobacco, liquor and lottery sellers in Shenzhen with the newly revised "Law of the People's Republic of China on the Protection of Minors". The research organized minor inspectors to conduct on-site investigations of the sellers implementation. The investigator found that the compliance was not satisfied, especially at small stores and in urban villages, while specialized lottery sales outlets performed relatively better. The study also identified difficulties in enforcement, such as sales personnel's difficulty in accurately identifying minors, a lack of proper supervisory awareness among parents, and a regulatory vacuum in self-service and online purchasing channels. Based on these findings, the study recommends strengthening the promotion and education of laws and regulations, enhancing law enforcement efforts, using big data for supervision, and formulating stricter regulatory measures for online sales channels.

Keywords: Law on the Protection of Minors; Social Protection; Tobacco, Alcohol, Lottery

VI Foreign-related Rule of Law

B.17 The Current Development Status and Suggestions for the Qianhai Shenzhen-Hong Kong International Legal District in the Context of Institutional Opening

Abstract: Establishing a global legal district is a crucial step in serving the country's foreign-related legal work and promoting high-level openness. With the support of Qianhai's policies on cooperation and openness in legal affairs, significant progress has been made in constructing the Qianhai Shenzhen-Hong Kong International Legal District. This progress includes enhancing the international commercial dispute settlement mechanism, consolidating legal service resources, and aligning with relevant regulations. However, it also faces fierce competition from both domestic and foreign legal service industries as well as challenges posed

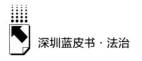
by digitalization. To enhance the competitiveness and attractiveness of the Qianhai Shenzhen-Hong Kong International Legal District, further collaboration with Hong Kong should be pursued to strengthen resource coordination, promote market orientation, and leverage technological advancements.

Keywords: Institutional Opening; International Legal Domain; Legal Service Sector; Commercial Dispute Resolution

B.18 Exploration of Foreign-related Judicial Expertise Mode

in Shenzhen *Zhu Jinfeng, Wei Hong* / 253

Abstract: Foreign-related judicial expertise is the specific application of judicial expertise in foreign-related legal field. Shenzhen is building a demonstration zone of socialism with Chinese characteristics, and in the process of building a demonstration city of rule of law, it has constantly explored and improved the foreign-related judicial expertise service system, forming a distinctive Shenzhen model. This report, starting from the general situation of the development of foreign-related judicial expertise in Shenzhen, analyzes the main difficulties and causes of foreign-related judicial expertise, and on this basis, puts forward suggest ing that through strengthening top-level design, formulating industry standards, establishing mutual recognition system, training professionals, and building a collaborative pattern, we will promote the healthy and orderly development of foreign-related judicial expertise, and provide a strong judicial guarantee for Shenzhen to build a world-class business environment and build a leading demonstration city of the rule of law.

Keywords: Foreign-related Judicial Expertise; Legal Service; Shenzhen

Ⅶ Frontier Research in the Rule of Law

B.19 The Legal Realization of Blue Carbon Property Rights Protection on Shenzhen's Exploration in the Context of New Quality Productive Forces

Xu Yingbiao, Liu Mingxin / 266

Abstract: New quality productive forces itself is green productive forces, and high-quality development requires green and low-carbon transformation. As the forefront of national reform and opening up, Shenzhen has consistently been playing a leading role in national economic growth and institutional innovation. As the world's first "International Mangrove Centre", Shenzhen explores the blue carbon sinks trading system, aiming to establish a bridge for the realization of the value of ecological products of marine natural resources owned by the whole people and to initially exemplify the transformation of advantages of natural resources into the advantages of new quality productive forces. Throughout the developing process of Shenzhen's blue carbon trading system, the city has conducted highly effective and efficient exploration and practice in the field of blue carbon sinks. Presently, being the guidance of intrinsic value of the construction of the blue carbon sinks trading system, the new quality productive forces constantly enriches and optimizes the external rules of the blue carbon sinks trading system. We should build a set of the property rights system and legal framework of blue carbon sinks with clear attribution, efficient utilization, and strict protection based on the attribution, utilization, and protection of blue carbon sinks property rights. Further more, it is necessary to clarify the special attributes of usufructuary right of blue carbon sinks, construct a multi-level blue carbon sinks trading market system, form a sequence of types of blue carbon sinks trading rules, and establish fair and reasonable dispute resolution rules to resolve trading disputes, so as to guarantee the exploration of legal guarantees for blue carbon sinks in China in Shenzhen's own way.

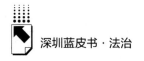
Keywords：Blue Carbon Sinks；Ocean Carbon Sinks；Marine Natural Resources；New Quality Productive Forces

B.20　Study on the Risk Prevention of Intellectual Property Rights in Generative Artificial Intelligence（AIGC）

Meng Hai，*Du Jinqiu* / 280

Abstract：The rapid development of artificial intelligence in generative content（AIGC）poses new challenges to intellectual property（IP）Risk Prevention Examining the current legislative status of AIGC services both domestically and internationally，both AIGC enterprises and service users face certain IP Risk Prevention. AIGC enterprises may encounter IP Risk Prevention in the process of obtaining training data and content generation. By analyzing typical cases such as the *New York Times* lawsuit against OpenAI and Microsoft，we can glimpse the judicial practice's tendentious attitude towards AIGC IP issues. AIGC service users also need to be vigilant against IP infringement risks，and the qualitative logic of AIGC-generated works is a crucial factor determining their compliance.

In response to these risks，both AIGC enterprises and users should pay attention to IP protection in specific aspects. Shenzhen，as a city with rapid development in China's AI industry，is also facing IP protection challenges and difficulties in its current legislative and policy environment. Appropriate strategies need to be adopted to ensure the healthy and orderly development of AIGC technology and the effective protection of intellectual property rights.

Keywords：Generative Artificial Intelligence；AIGC Services；Intellectual Property；Risk Prevention

Abstract: As the e-sports industry booming with absence of well targeted laws and regulations, it becomes an urgent issue to find a solution to effectively regulate the development of e-sports events, prove the legitimacy of the internal penalty power of e-sports leagues, and regulate the establishment and exercise of penalty rules. On the one hand, it is still a question that where the legitimacy of the power comes from to impose penalties on game participants of e-sports when sports event leagues are not administrative organs or industry associations. On the other hand, not only the penalty rules unilaterally formulated by the sports event leagues are often lacking in systematicity and standardization, but also the logic of the rules needs to be adjusted urgently. At this time when administrations of Shenzhen have recently proposed to vigorously build the city as an international e-sports capital, this paper is written with an intend to take the opportunity to discuss the issue of the sports event leagues' power of penalty. In this paper, by taking advantage of the concept of the association penalty, combined with the characteristics of the e-sports industry, and with the typical e-sports game rules as an example, it is suggested that the formulation of democratic procedures, the clarification of the content and logical structure of penalties, the establishment of a specification of the content and procedure of penalty disclosure, and the improvement of the path of external relief of the penalty power serve as optional ways to solve the above problems.

Keywords: E-Sports; Sports Event League; Penalty Power; Association Penalty

社会科学文献出版社

皮 书

智库成果出版与传播平台

❖ 皮书定义 ❖

皮书是对中国与世界发展状况和热点问题进行年度监测，以专业的角度、专家的视野和实证研究方法，针对某一领域或区域现状与发展态势展开分析和预测，具备前沿性、原创性、实证性、连续性、时效性等特点的公开出版物，由一系列权威研究报告组成。

❖ 皮书作者 ❖

皮书系列报告作者以国内外一流研究机构、知名高校等重点智库的研究人员为主，多为相关领域一流专家学者，他们的观点代表了当下学界对中国与世界的现实和未来最高水平的解读与分析。

❖ 皮书荣誉 ❖

皮书作为中国社会科学院基础理论研究与应用对策研究融合发展的代表性成果，不仅是哲学社会科学工作者服务中国特色社会主义现代化建设的重要成果，更是助力中国特色新型智库建设、构建中国特色哲学社会科学"三大体系"的重要平台。皮书系列先后被列入"十二五""十三五""十四五"时期国家重点出版物出版专项规划项目；自2013年起，重点皮书被列入中国社会科学院国家哲学社会科学创新工程项目。

皮书网

（网址：www.pishu.cn）

发布皮书研创资讯，传播皮书精彩内容
引领皮书出版潮流，打造皮书服务平台

栏目设置

◆ **关于皮书**

何谓皮书、皮书分类、皮书大事记、
皮书荣誉、皮书出版第一人、皮书编辑部

◆ **最新资讯**

通知公告、新闻动态、媒体聚焦、
网站专题、视频直播、下载专区

◆ **皮书研创**

皮书规范、皮书出版、
皮书研究、研创团队

◆ **皮书评奖评价**

指标体系、皮书评价、皮书评奖

所获荣誉

◆ 2008年、2011年、2014年，皮书网均
在全国新闻出版业网站荣誉评选中获得
"最具商业价值网站"称号；

◆ 2012年，获得"出版业网站百强"称号。

网库合一

2014年，皮书网与皮书数据库端口合
一，实现资源共享，搭建智库成果融合创
新平台。

皮书网

"皮书说"
微信公众号

权威报告·连续出版·独家资源

皮书数据库
ANNUAL REPORT(YEARBOOK)
DATABASE

分析解读当下中国发展变迁的高端智库平台

所获荣誉

- 2022年，入选技术赋能"新闻+"推荐案例
- 2020年，入选全国新闻出版深度融合发展创新案例
- 2019年，入选国家新闻出版署数字出版精品遴选推荐计划
- 2016年，入选"十三五"国家重点电子出版物出版规划骨干工程
- 2013年，荣获"中国出版政府奖·网络出版物奖"提名奖

皮书数据库

"社科数托邦"
微信公众号

成为用户

　　登录网址www.pishu.com.cn访问皮书数据库网站或下载皮书数据库APP，通过手机号码验证或邮箱验证即可成为皮书数据库用户。

用户福利

- 已注册用户购书后可免费获赠100元皮书数据库充值卡。刮开充值卡涂层获取充值密码，登录并进入"会员中心"—"在线充值"—"充值卡充值"，充值成功即可购买和查看数据库内容。
- 用户福利最终解释权归社会科学文献出版社所有。

数据库服务热线：010-59367265
数据库服务QQ：2475522410
数据库服务邮箱：database@ssap.cn
图书销售热线：010-59367070/7028
图书服务QQ：1265056568
图书服务邮箱：duzhe@ssap.cn

基本子库
SUB DATABASE

中国社会发展数据库（下设 12 个专题子库）

紧扣人口、政治、外交、法律、教育、医疗卫生、资源环境等 12 个社会发展领域的前沿和热点，全面整合专业著作、智库报告、学术资讯、调研数据等类型资源，帮助用户追踪中国社会发展动态、研究社会发展战略与政策、了解社会热点问题、分析社会发展趋势。

中国经济发展数据库（下设 12 专题子库）

内容涵盖宏观经济、产业经济、工业经济、农业经济、财政金融、房地产经济、城市经济、商业贸易等 12 个重点经济领域，为把握经济运行态势、洞察经济发展规律、研判经济发展趋势、进行经济调控决策提供参考和依据。

中国行业发展数据库（下设 17 个专题子库）

以中国国民经济行业分类为依据，覆盖金融业、旅游业、交通运输业、能源矿产业、制造业等 100 多个行业，跟踪分析国民经济相关行业市场运行状况和政策导向，汇集行业发展前沿资讯，为投资、从业及各种经济决策提供理论支撑和实践指导。

中国区域发展数据库（下设 4 个专题子库）

对中国特定区域内的经济、社会、文化等领域现状与发展情况进行深度分析和预测，涉及省级行政区、城市群、城市、农村等不同维度，研究层级至县及县以上行政区，为学者研究地方经济社会宏观态势、经验模式、发展案例提供支撑，为地方政府决策提供参考。

中国文化传媒数据库（下设 18 个专题子库）

内容覆盖文化产业、新闻传播、电影娱乐、文学艺术、群众文化、图书情报等 18 个重点研究领域，聚焦文化传媒领域发展前沿、热点话题、行业实践，服务用户的教学科研、文化投资、企业规划等需要。

世界经济与国际关系数据库（下设 6 个专题子库）

整合世界经济、国际政治、世界文化与科技、全球性问题、国际组织与国际法、区域研究 6 大领域研究成果，对世界经济形势、国际形势进行连续性深度分析，对年度热点问题进行专题解读，为研判全球发展趋势提供事实和数据支持。

法律声明